孙云晓教育作品集

孩子需要理性爱

孙云晓 著

江苏凤凰教育出版社

序一

家庭生活教育要义

洪 明

家庭"是大自然的杰作之一",是社会的基本细胞,也是人生的第一所学校,和谐幸福的家庭生活奠定人生健康成长的根基。构建覆盖城乡家庭教育指导体系,健全家校社协同育人机制是家庭教育工作的重中之重。指导家庭教育的根本要义是发现并遵循家庭教育的基本规律,让家庭教育回归到它应有的样子。与学校和社会相比,家庭教育的根本特征是生活教育,开展家庭教育指导的着力点是引领家长构建合理的家庭生活。

孙云晓老师是改革开放以来深耕于家庭教育事业并产生重大影响的资深家庭教育研究和实践专家,其新版的《孙云晓教育作品集》可谓恰逢其时。作者以独到的眼光、睿智的思考、丰富的案例、理性的分析,对家庭教育的生活属性、家庭生活教育的基本内涵与表现形式以及家庭教育指导进行了完整的阐释,是当下开展家庭教育研究、从事家庭教育指导重要的参考。新版的《孙云晓教育作品集》中,最具代表性的是《教育的魅力在生活》,我拜读之后获得以下几点重要启示。

第一,要引导家长充分认识到,家庭教育的根本特征是生活教育。相较而言,家庭教育有两个显著特征:一是"奠基的教育"。孩子从出生到入学前所受到的教育主要来自家庭,而这一时期是孩子成长的关键期,家庭教育奠定了学校教育的基础。二是"生活的教育"。生活就是为了生存、发展和提升生命质量而开展的各种活动,主要包括物质生活、精神生活、交往的生活。家庭是过日子的"组织",过日子是生活的俗称,过上好日子就是家庭的目标,在过日子过程中让孩子获得成长,这是家庭教育应有的样子。尽管学校也要注重教育与生活的结合,但学校教育毕竟是以课程为基础兼顾生活,而家庭教育是真正的生活的教育,是"生活所原有,生活所自营,生活所必需的教育"(陶行知语)。购物是家庭生活,家庭购物活动会对孩子的消费观产生很大影响;穿衣打扮是家庭生活,家庭穿着风格会对孩子审美产生很大影响;待人接物是家庭生活,与什么人交往以及如何交往会影响孩子的价值取向和文明礼仪;休闲娱乐是家庭生活,家庭休闲方式会对孩子闲暇教育产生很大影响;家务劳动是家庭生活,家务劳动的分配会对孩子的劳动素质和责任意识产生很大影响。过什么样的日子就受到什么样的教育,这是家庭教育最大的特点。

第二,要引导家长深刻认识到,家庭教育问题的根源在于教育与生活的背离。首先,家庭不良的生活方式影响了孩子的健康成长,背离了教育的宗旨。每个家庭都会基于对生活的理解而形成不同的生活方式,生活方式的外在表现是生活的习惯,其背后支撑是生活的理念。尽管家庭生活方式有地域性和文化性,有一致性和多样性,但我们不得不承认,有的生活方式是健康的,有的生活方式是不健康的,如有的家庭喜欢抱怨、作息不规律、晚睡晚起、贪图享乐、过度消费、喜欢攀比、好逸恶劳等,这些属于不健康的生活方式;有的家庭生活是符合道德的,有的是不符合道德的,如有的家庭爱占小便宜、举止不文明、做人不诚实,甚至不遵纪守法,这些属于不道德的生活方式,自然会对孩子的道德观念形成产生不利影响。其次,不当的教育观、成才观导致教育背离了生活,影响到孩子的健康成长。这种现象极为普遍。当下许多家长依旧坚持应试教育那套做法,把教育等同于升学,过度追求孩子的学业成功,致使家庭教育呈现出高期待、高投入和高焦虑的"三高"现象。在错误观念的引导下,许多家长打着"教育"

的旗号，对孩子的时间进行了"精心"的安排，使得孩子整日忙于各种竞争性学习活动之中，严重挤压了生活的时间，割裂的生活与教育的关系，极易使孩子产生"空心病"和"厌学症"，不仅生活没搞好，最终学习也受到影响。

第三，要真正认识到，优良的家风才是生活教育的源头活水。从根本上说，家庭生活教育就是在合理的生活中引导孩子学会做人，这就需要优良的家风作为保障。家风是父母长辈身体力行并用于约束和规范家庭成员的作风和风范，其核心是价值观。这里面要注重三个关键环节：一是家长要在中华优秀传统家风的基础上，以社会主义核心价值观为指导，构建形成适合新时代需要的优良家风。二是传承家风的关键在于家长的身体力行和严格要求，应该用行动来践行价值观而不是光说不做。三是传承家风的根本是将家风融入到日常生活之中，要让价值观像空气一样无所不在。2014年2月24日，中共中央政治局就培育和弘扬社会主义核心价值观、弘扬中华传统美德进行第十三次集体学习，习近平总书记在讲话中指出："要注意把我们所提倡的与人们日常生活紧密联系起来，在落细、落小、落实上下功夫。"比如，和谐是传统文化核心理念之一，又是当今社会主义核心价值观的重要组成部分，讲和谐并不是要掩盖矛盾，而是要用"和"的方法正确对待矛盾与分歧，就是要在具体生活中能够换位思考、理性表达、善意沟通、平等交流，并把这种思想传递给孩子。再比如，家长应该明白每个人应该有自由，应该追求自由，但自由的内核是基于规律和规范，并不妨碍他人，是真理无禁区、思维讲理性、行动有方向的统一，对孩子既严格要求，又行有依归。

第四，要引导家长能够真正掌握以儿童生命成长逻辑设计美好教育生活的基本规律。许多人能够认识到以生活为本的重要性，但如何让教育回归到美好生活是一个难题。笔者认为，家庭生活教育设计的基本规律是坚持一个中心和两个原则。一个中心是指以儿童生命成长为中心；两个原则是坚持"有意思"的原则与"有意义"的原则，并保持二者相统一。一方面，家庭生活教育中的生活是儿童的生活，不是成人的，不能用成人的生活或者成人自认为正确的生活简单代替或等同于儿童的生活。这正如陶行知所说："要是儿童的生活才是儿童的教育，要从成人的残酷里把儿童解放出来。"一方面，以儿童生命成长为中心的儿童生活应满足儿童需要，符合儿童认知与情感规律，并随着儿童发展的不同阶段而有所变化。儿童早期阶段的生活主要是在父母的养育下的体验行为之中，3岁以后主要体现在父母陪伴之下的各种游戏和探索行为之中，6岁以后主要体现在父母和老师引导下的学习、实践和交往活动之中，12岁以后主要体现在成人参与下的各种主体性活动之中。另一方面，儿童生活设计要符合"有意思"和"有意义"相统一的原则，也就是说，儿童的生活既要让孩子喜欢，又要符合教育目标。要做到这些，首先就要注重生活的多样性。生命的样态决定生活的样态，生命是多姿多彩的，生活也本应该是多姿多彩的，单调枯燥的生活是教育的大敌。其次要处理好他主与自主的关系。要坚持先他主再自主，他主时尊重儿童真实意愿，自主时家长要起到参谋和把关作用。最后要处理好学与玩的关系。一般来说，学龄前的儿童玩就是学，学在玩中；到了小学低年级，学与玩要并重；到了小学高年级以后，应该以学为主，会学会玩。

家庭是生活的"组织"，生活是家庭教育的载体，读懂生活就读懂了家庭教育，学会构建合理而美好的生活，就找到了家庭教育的密码。真正的家庭教育就是要基于对美好生活的向往，学会生活、反思生活、重构生活，如此往复，从而营造完满的人生，成为生活的主人。这是新版的《孙云晓教育作品集》传递给我们的教育信息。

是为序。

洪明，中国青少年研究中心研究员、中国青少年研究会副秘书长

序二

一位跨世纪新教育的忠实守望者

陆士桢

在世纪之交中国教育观念和思想的改革进程中，孙云晓无疑是一位领军人物。从20世纪90年代推动的"夏令营中的较量"大讨论，到21世纪初关于培养孩子习惯养成的奔走呼喊，从"分数是学生隐私"的评判，到"家长应该称父母"的提议，孙云晓关于当代教育的话题常常引起社会强烈的反响，也震撼着众多父母和教育者的心灵。

孙云晓以一名作家的敏锐，加之青少年理论工作者的深邃，更有对青少年那种理性的、透彻的爱，在对当代青少年生存、学习、发展环境及状况深入观察思考的基础上，提出了一系列关于青少年权利价值及当代教育思想观念的精辟观点，尖锐、强烈地批判了现存教育在观念、体制、方法等方面与时代发展相背离的误区与弊病。孙云晓的一系列教育作品，是他对当代教育，特别是家庭教育的真诚、系统的建议，也是他教育思想的理论总结和阐述。

阅读孙云晓的教育作品，我们可以深切地感受到作者对青少年儿童的信任和关爱，感受到他对当代教育深深的忧虑和反思，更能领悟其理论上的深刻及其独有的思想魅力。

首先，孙云晓的教育思想具有深刻的批判性。批判是创新的基础和前提，也是一切有价值的思想理论的共同特征，是一种理论的力量所在。孙云晓关于中日孩子夏令营的思考和呐喊，给了国人以"孩子的教育与综合国力"间重要关联的警醒和深思；孙云晓关于孩子与父母之间位置、关系，乃至称呼等全方位的、多次反复的思考，让更多的国人更急迫地从儿童权利的视角去审视亲子关系，去反思在教育过程中自身的态度和方式；孙云晓率中国青少年研究中心研究人员进行的关于中国少年儿童学习压力、身心健康、同伴关系等生存状态的多项调查，提醒国人重视孩子现实生活中的实际状况，并从儿童健康发展的基础条件角度，进一步认识目前教育中存在的问题。特别值得一提的是，他提出了"德育为什么成了一壶烧不开的水"等关键问题以及"良好习惯是健康人格之基"等重要观念。作为一项研究成果，问题的提出、研究的设计、结果的分析、对策的建议，都立足于对现实儿童成长问题，对教育，特别是家庭和社会教育中误区的质疑、反思、批评，都渗透和体现了一种强烈的现实批判精神。

改革开放以来，对教育的反思是社会整体改革发展的重要组成部分，也是全社会共同关心的重大社会问题之一。反思与批判视角不一，多种多样。在众多的批判声中，孙云晓的批判不仅尖锐犀利，而且紧紧抓住了当下教育的根本弊病，即对少年儿童自身的忽略。自古以来，教育就是人类繁衍、传承知识技能的社会性行为，教育以社会为本，强调为社会培养需要的人才，这正是传统社会中教育社会功能的一种定位。

正是这样一种过分强调，往往忽略甚至扭曲受教育者的个体人格，以至于酿成中国教育的种种悲剧。孙云晓对传统教育的批判涉及方方面面，但其核心紧紧抓住了这一根本问题，这也就使其批判在理性、价值、系统等诸多方面具备了理论批判在内涵上的生命力和力量。

其次，孙云晓的教育思想核心价值明确，凸显了受教育者的主体地位和儿童权利观念[①]。近年来，孙云晓经常发表一些有关教育批判或教育问题

[①]《儿童权利公约》中的儿童与《中华人民共和国未成年人保护法》中的未成年人一样，都是指18岁以下的任何人。

的文章等，有的甚至震动社会；他还提出了不少积极的教育建议，有的十分生动具体。我们在《孙云晓教育作品集》中可以看到丰富多彩的内容。

平常在我们眼里司空见惯的教育现象，孙云晓却有了新的发现，关键是他有一种不同于传统教育者的视角——儿童视角。他善于从儿童自身出发，去观察并思考教育，去认识教育过程中的各种关系。这就使他有了不同于他人的视野，也使得他的教育论述具有了面向未来的超前性和创新性。社会的发展和变迁直接影响了教育的功能、使命、目标，也影响了教育过程中教育者与被教育者之间的根本关系。现代社会以人为本，强调人在社会发展中的主动性和自由充分发展的功能，教育的目标逐渐定位于促进个体的持续性发展，在教育的过程中，人不再是被动的被塑造者，而是具有发展潜能的、独特的、自主的主动者。

在社会发展中，儿童往往会比成人更快、更直接地接纳新的观念和价值，也会因此与成人社会发生越来越多的冲突。孙云晓研究中的儿童视角，不仅表现在他对当代儿童生存状态的多重描述上，也表现在他研究整体的一种超前与创新上。

从一定意义上说，在当代儿童社会教育的研究领域里，孙云晓很多时候充当的是一种儿童代言人的角色。这种代言，绝非简单地为儿童说话，而是代表儿童发展本质需求的代言，是面向未来的代言。创新是一种精神，也是一种理论品质。教育理论的创新不在于提出什么新的、未曾使用过的方法，甚至是别人没有说过的观点、意见；教育理论的创新，最主要的是基本价值和核心理念，是体现于外在形式上的一种内在精神。孙云晓的教育理论，闪光之处恰在于此。

此外，孙云晓的教育理论体现了现代理论研究的特色，重视实践指导性。从书斋走向实践，从空泛的理论阐述走向具体的实证研究，是现代理论研究的发展趋势。在越来越多的领域里，一种理论的价值不仅取决于其核心观点、学术体系、理论的严谨性等传统元素，更多的还取决于其对实践的指导意义和具体的实践功能，研究过程也由重视理论的逻辑推断，转化为重视实证的、个体性的描述和研究。

《孙云晓教育作品集》中的众多论证，既体现了理论研究的科学严谨，也突出了对现实教育，特别是社会教育、家庭教育的指导作用，较好地体现了现代社会研究的发展趋势。阅读孙云晓的一系列教育作品，我们会发现，他在提出问题引起父母和教育者的警觉、分析原因、讲清道理之后，总会认真详细地作出对策性建议。

读孙云晓的书，可以深切地感受到：他所提出的问题大都是我们家庭、学校、孩子父母身边的，甚至是我们每日每时都会遇到的；他所作的分析，也都是我们熟悉的，贴近我们所思所想的；他给予的指导，是我们能够做到的，是生动具体的。

读孙云晓的书，总能够使我们在获得思想启迪的同时，更获得一些具体生动的教育建议、教育行为指导。这在今天各种教育思想流派流行共存，各类家教指导人物、书籍众多，"专家""大师"泛滥的情况下，具有特别重要的意义。教育是科学，在社会变迁、整体价值多元的情况下，教育的指导更需要科学和理性。而只有建立在相关研究基础上的具体、实际的家教建议，才是真正有指导意义的、有效能的好建议。

孙云晓是一个儿童工作者，他牢固树立了一个儿童工作者的职业伦理——热爱儿童、尊重儿童、以儿童为本，这样的伦理深入到他的研究和写作之中，就使得他的研究在整体上恪守了很多人很难获得的一种基本价值体系，并以此构建了自己的教育思想，准确地说，是社会教育的研究体系和理论框架。

孙云晓是一个青少年理论研究人员，他坚持理论研究的科学性和严谨性。多年来，他主持了多项关于少年儿童的课题，团结了一大批教育学、心理学、社会学、法学、传播学等专业学科的专家学者，发表了一系列有关少年儿童生存发展的研究成果，这就使得他的教育方面的书籍和文章具备了一种科学的底蕴，有了在研究基础上的学术底气，并以此确立了他在少年儿童研究领域里的独有地位。

孙云晓以一名作家的细腻和敏锐，以一个文人的独立思维，去观察儿童的生活，去观察教育过程中的种种现象，去思考相关的问题。曾经的记者生涯给了他笔耕的勤勉，给了他责任赋予的力量，也给了他在细微之处思索社会大问题的习惯，这就使得他的书籍和文章在科学理性的基础上还颇具文学性，哪怕是一项研究成果的发布，也更多地具有了人文气息，具有读者易于认识与理解的特点。

正是凭借这样的多重身份，孙云晓在教育研究领域拥有了属于自己的特点；也正是这些特点，成就了他的多彩与成功。

以上是我从儿童社会工作，从青少年研究，从教育变革角度，对孙云晓多年来的努力所作的思考，是为序。

陆士桢，著名青少年教育专家、中国青年政治学院教授

序三

孙云晓：童年的捍卫者

卜 卫

认识孙云晓对我来说是一件非常快乐的事。就在写序的头天晚上，我们在儿童剧场一起观看了第一部由儿童与成人一起主演的儿童剧《弹珠巫婆魔法国》，我们都对剧中出现的"巨婴"形象非常感兴趣。哭着的"巨婴"几乎占据了大半个舞台，他一出现，便引起小孩子们的惊呼，而那个魔法无边却总是烦小孩子的巫婆奶奶倒比他小好多好多。孙云晓说，这让他想起了陶行知的一句诗："你若小看小孩子，便比小孩还要小。"

当时，我几乎与他同时脱口而出。我们都很喜欢这首《小孩不小歌》，全文是：

人人都说小孩小，
谁知人小心不小。
你若小看小孩子，
便比小孩还要小。

认识孙云晓的快乐就来自这种寻找儿童世界的共同感觉。从1988年相识，到1991年开始合作进行儿童研究，至今30多年了，我们一直试图研究如何从儿童的视角来理解这个世界以及这个世界对儿童成长的影响。

我不能忘记孙云晓的报告文学作品《"邪门大队长"冤屈》。因为在成长过程中，几乎每个孩子都有被冤枉的历史，几乎每个孩子都有想说而难以说出口或不敢说出口的话，几乎每个孩子都渴望得到大人的理解和尊重。回顾我们刚刚成长为大孩子，还没有学会尊重小孩子时，我们往往对比我们小的孩子不屑一顾；但当我们再长大些，我们就逐渐知道了：人，无论大小，都应该受到尊重。我们的社会化不仅应该包括学习与各种文化层次不同、社会背景不同的人沟通，也应该包括学习与各种年龄的人沟通。因为这个世界上不仅有大人，还有儿童。真正成熟的人应该是尊重儿童并有能力与儿童沟通的人。

儿童需要教育，但如何教育儿童，是一个非常值得讨论的问题。在这里，我想分享陶行知的《教师歌》：

> 来！来！来！来到小孩子的队伍里，发现你的小孩。
>
> 你不能教导小孩，除非是发现了你的小孩。
>
> 来！来！来！来到小孩子的队伍里，了解你的小孩。
>
> 你不能教导小孩，除非是了解了你的小孩。
>
> 来！来！来！来到小孩子的队伍里，解放你的小孩。
>
> 你不能教导小孩，除非是解放了你的小孩。
>
> 来！来！来！来到小孩子的队伍里，信仰你的小孩。
>
> 你不能教导小孩，除非是信仰了你的小孩。
>
> 来！来！来！来到小孩子的队伍里，变成一个小孩。
>
> 你不能教导小孩，除非是变成了一个小孩。

孙云晓任主编多年的《少年儿童研究》杂志的封面上，曾经有一行醒目的标语："教育孩子的前提是了解孩子"。

多年过去，今天，当我问孙云晓，什么是他最重要的教育观点时，他说是"发现孩子""解放孩子""发展孩子"。从他发表的各种著作中，不难看出，陶行知的尊重和平等的思想深深地影响了他。

与其他儿童研究者不同，孙云晓是从数万封儿童与青少年的来信开始进入儿童教育研究领域的。我清楚地记得，20世纪90年代初期，在他简陋的办公室里，有一张堆满书籍和杂物的单人床，床下有成箱的儿童和青少年来信。他曾对我说："我对教育的看法主要不是来自理论，我真说不出那些流派，我的看法主要来自生活，来自对中国儿童命运的思考。"1990年少年儿童报告文学集《16岁的思索》（该作品集荣获全国优秀儿童文学奖）出版以后，他收到了2500多封少男少女的来信，并对其中1500多封信作了回复。无论讨论什么话题，或分析什么现象，发现和理解儿童的世界永远是孙云晓研究问题的起点。

教育从发现和理解儿童开始，这对许多大人来说，并不是一件容易的事情。因为多数大人想当然地认为，儿童有什么好理解的，有什么可发现的，他们那点儿事一目了然；也因为大人总认为自己比儿童"高明"。可即使在我们能够发现和理解儿童以后，我们将对儿童进行什么样的"教育"也是个需要严肃讨论的问题。这个问题的背后其实是儿童观问题，即童年生活的价值是什么。是为成长为现在标准的成人（或成人理想中的成人）作准备，还是应当享受童年生活，日后成长为儿童自己愿意成为的那种人？历史上已有很多教育学家探索过这一问题。

卢梭认为，儿童期是个体生命发展的重要时期，其重要意义不仅仅是成人生活的预备，儿童应该享受大自然赋予的童年生活。只有经过这样的阶段，儿童身心的健康发展才有可能。儿童的现在和将来是一个连续发展的过程，教育不应为儿童的未来牺牲儿童的现在，而使他们受到各种各样的束缚，教育应该重视儿童的现在。

美国教育家杜威同卢梭一样，主张儿童的心理需求要从儿童现在的角度来考虑，而不是从儿童未来的角度来考虑。杜威也充分肯定了童年生活的价值，他指出："生活就是生长，所以一个人在一个阶段的生活，和在另一个阶段的生活，是同样真实、积极的，这两个阶段的生活，内容同样丰富，地位同样重要。因此，教育就是不问年龄大小，提供保证生长或充分生活的条件的事业"，教育者要"尊重未成熟状态"。①

对教育的这种反省和批判，同样也出现在意大利著名教育家蒙台梭利的论著中。她在《儿童教育》一书中指出："像所有别的人一样，儿童有着他自己的人格。他自身具有创造精神的美和尊严。"现代教育的错误在于"经常注意的是儿童的明天，他将来的生活。现在从来没有被严肃地考虑过。所谓现在，我的意思是儿童为了要能按照儿童期的心理需要充分地生活，他要求些什么……"②

在对教育目的的探讨中，美国现代教育家克伯屈提出，在现代，我们应该提倡一种新的教育理论。这种理论把出生后的儿童看作有行为、有感觉的人，而且借助于尊重和利用儿童现在的状况，帮助儿童把目前的生活变成更有效、更高质的生活。"这种强调儿童的现在并不否定适当重视儿童的将来。""我们希望这种对更广大、更遥远前景的重视是从内部发展起来的，即逐渐发展起来的，而不是如陈旧教育的通常办法，是从外部强加于儿童的。"③

如果承认儿童是完全的独立的个体，那么，教育的目的也需要相应改变。以往教育的目的是为了更好地延续种族或为了更好地完成成人社会赋予儿童的使命，但是现代教育就要考虑儿童如何能更好地发展自己的天赋能力，以获得个人完善、幸福，进而促进人类社会的进步。1996年，联合国教科文组织的国际21世纪教育委员会发布了题为《教育——财富蕴藏其中》的报告，报告从理论上针对"学会生存"这一主题进行了阐述。报告指出："教育新概念应该使每一个人都能发现、发挥和加强自己的创造潜力。"④教育

---

① 杜威. 民主主义与教育[M]. 北京：人民教育出版社，1980：29—33.
② 蒙台梭利. 儿童教育[M]. 北京：人民教育出版社，1980：90—91.
③ 克伯屈. 学习的现代理论[M]. 北京：人民教育出版社，1980：54—55.
④ 联合国教科文组织. 教育——财富蕴藏其中[M]. 联合国教科文组织总部中文科，译. 北京：教育科学出版社，1996：76.

不仅是一种手段（如达到技能、经济目的等），也是获得幸福的目的本身，其基础是乐于理解、认识和发现。教育对个人的作用不仅表现在扩大自己的潜力方面，还应该表现在获得对外界的选择和判断能力方面。在这方面，报告指出："教育的首要作用是使人类有能力掌握自身的发展。教育应当促进每个人的全面发展，即身心、智力、敏感性、审美意识、个人责任感、精神价值等方面的发展。应该使每个人尤其借助于青年时代所受的教育，能够形成一种独立自主的、富有批判精神的思想意识，以及培养自己的判断能力，以便由他自己确定在人生的各种不同的情况下他认为应该做的事情。"在21世纪，"教育的基本作用，似乎比任何时候都更在于保证人人享有他们为充分发挥自己的才能和尽可能牢牢掌握自己的命运而需要的思想、判断、感情和想象方面的自由。"①

总之，学会生存要求更充分地发展自己的人格，并能以不断增强的自主性、判断力和个人责任感来行动。正如这份报告所指出的："未来的学校必须把教育的对象变成自己教育自己的主体"，而"受教育的人必须成为教育他自己的人"。孙云晓正是在这个意义上挑战传统的教育观，挑战"应试教育"，因为原有的教育观点和教育方法没有"尊重儿童的生命状态"，也没有尊重儿童的个性。在他看来，发现和理解儿童不是为了更有效地用成人既定或僵化的标准来教育儿童，而是为了更好地"尊重儿童的生命状态"。他针对父母们的各种不尊重儿童发展需求和个性的"强为"现象，倡导"父母无为乃大为"，提出"教育的核心不是传授知识，而是培养儿童的健康人格"。

我曾参加央视《实话实说》中的一个关于动画片的节目，当主持人问孩子们为什么喜欢看动画片时，许多孩子一齐拉长声说"受——教——育"。孙云晓曾将这类现象概括为"集体失语"。孩子们按照统一的成人的标准

---

① 联合国教科文组织. 教育——财富蕴藏其中[M]. 联合国教科文组织总部中文科，译. 北京：教育科学出版社，1996：85.

塑造着自己，结果失去了自己。教育应该使每个人发现自己，发展自己的潜能，并对自己影响、控制环境的能力感到越来越自信，而不是相反。教育不是机器，儿童也不是批量生产的产品。

多年来，孙云晓挑战了无数在大家看来非常正常的教育方法，提出了许多与其相反的教育观点，诸如："向孩子学习""教育孩子的前提是了解孩子""没有信任就没有教育""'听话'儿童可能是问题儿童""教子应有平常心""为确保小学生10小时睡眠而奋斗""让孩子对自己的过失负责""给孩子自由支配的时间，人的幸福离不开自由的选择""世上没有坏孩子""考试分数应当成为学生的隐私""没有秘密的孩子长不大""让每个孩子都体验成功""儿童教育从体育开始""孩子没有朋友比考试不及格更严重""好的关系胜过许多教育""没有尊重的爱是一种伤害""父母要做童年的捍卫者""要像保护眼睛一样保护孩子的创造精神""让孩子成为他自己""打开孩子身上的枷锁""教育就是唤醒孩子心中沉睡的巨人""让每个孩子都有梦想"，等等。以上罗列的只是其中一小部分。这些观点，并不是煽情的口号，孙云晓用事实论证了这些新的观点比传统观念更有益于儿童的幸福生活和健康发展，并针对每一个观点，为教师和儿童父母提供了如何具体实行的建议。

现在看来，这些观点已为大多数人所接受，但有些观点在刚提出时遇到了甚为激烈的质疑和反对，例如"考试分数应该成为学生的隐私"等。这也就是为什么我要把孙云晓的做法称作挑战的原因。1997年，我在孙云晓主编的杂志《少年儿童研究》上发表了题为《儿童的权利》的文章，尽管当时中国政府已经签署了联合国《儿童权利公约》达七年之久，但此文还是遭到了"儿童如果有这么多权利，我们还怎么教育儿童"的质疑，并导致某个地区集体退订《少年儿童研究》。当我向孙云晓表示歉意时，他说："这是正常的，这也正是我们工作的价值和意义。"

在我的心目中，孙云晓的形象就是儿童的发现者的形象，也是一个挑战者的形象，一个为了儿童利益而随时准备出发的挑战者。谁都不能保证孙云晓的每一个观点都是正确的，但至少，他的发现和挑战使人们重新思考以往许多看似自然合理但可能束缚儿童发展的观念，由他的这些挑战引发的广泛的社会讨论，产生了许多新的有关儿童教育的观点。《夏令营中的较量》所引发的全国范围内的素质教育大讨论就是一个明证。他的发现和理解儿童的能力，使他始终保持了对儿童问题的高度敏感性，而他与儿童共悲欢的性格则使他似乎命中注定要成为这样一个挑战者。我们的社会实在需要更多像孙云晓这样的发现者和挑战者。

孙云晓是一个研究儿童问题的专家，但他永远真诚地面对自己的长处和短处，既不在他不懂的方面自命为专家，也不盲从专家。他会从他所观察到的有关儿童的社会事实中鉴别专家的看法，尽量用科学的思维方式来思考。他以一颗赤子之心尊重科学和有经验、有思想的研究者，并始终对科学研究怀有敬畏之情。

《孙云晓教育作品集》从发现儿童的视角出发，记录了孙云晓自20世纪80年代以来挑战传统教育的过程，对所有关心儿童教育的人来说，这套书都值得一读。

卜卫，中国社会科学院新闻与传播研究所教授、博士生导师、媒介传播与青少年发展研究中心主任

前言

养成阅读习惯 50 多年了,我每读到一本书,脑海中都会跳出这样几个问题:作者是什么样的人?他为什么写这本书?他会怎样写这本书?如今,这一套新版《孙云晓教育作品集》出版了,或许读者朋友也会有一些类似的问题,作为作者,我愿意如实回答读者朋友的疑问。

我在青岛一个工人家庭长大,11 岁(1966 年)养成阅读的习惯,并开始顽强而持久的文学梦。1973 年,17 岁的我走上教师岗位,担任青岛市某区的少先队总辅导员,1978 年被推荐进入中央团校学习。没想到,结业后我被团中央调入《中国少年报》社做编辑和记者,9 年采写儿童的实践让我产生了研究儿童的强烈愿望。于是,1987 年,我主动调入中国青年政治学院青少年研究所,1991 年转入中国青少年研究中心,专职做少年儿童研究 28 年,主持了"习惯养成""中美日韩中小学生比较"等许多研究课题。2015 年退休至今,先后在中国教育学会家庭教育专业委员会、中国家庭教育学会、教育部家庭教育指导专业委员会等机构任职,专门做家庭教育研究。到 2023 年 1 月,我做儿童教育整整 50 年。

在做儿童教育的后 30 多年,我越来越关注家庭教育。《孙云晓教育作品集》收入的 5 本著作正是聚焦于我特别关注的五大问题。

第一本是《教育的魅力在生活》。家庭教育究竟是什么样的教育？或者说，什么样的家庭教育最有利于孩子的成长？2016年12月，中国教育三十人论坛邀请我做讲演，我发表了《新家庭教育宣言》，并在《中国教育报》刊出。我的一个核心观点是家校合作的方向不是把家庭变为学校，而是要让家庭更像家庭，因为家庭教育的本质属性是生活教育，越有魅力的家庭生活越有利于孩子的发展。2016年，首都师范大学聘请我担任该校家庭教育研究中心特聘教授，随后担任两届家庭教育方向硕士研究生的导师，我带领研究生宿金金、梁丹及往届研究生卢宇等人，专门进行了家庭生活教育方面的研究，并发表了系列成果，本书也选用了当时的部分研究成果。2021年10月23日，第十三届全国人大常委会第三十一次会议通过了《中华人民共和国家庭教育促进法》，将"道德品质、身体素质、生活技能、文化修养、行为习惯"确定为家庭教育的核心内容，这是对家庭生活教育的完整概括，也改变了长期以来家庭教育沦为学校教育附庸的扭曲地位。经过几年的用心积累，我撰写了《教育的魅力在生活》一书。特别感谢著名家庭教育研究者洪明博士认真阅读本书并作序，从"家庭生活教育要义"的高度深刻论述了生活教育的核心内容及相互关系，可谓高屋建瓴、言简意赅。然而，时至今日，家庭生活教育依然被严重忽视，相信《教育的魅力在生活》一书自有其特殊价值。

第二本是《孩子需要理性爱》。2021年11月3日，《人民政协报》第9版"教育在线周刊"发表我的长篇文章，题为《新时代，如何做强大的父母》，引起强烈的反响。我为什么提出这样一个问题，因为今天的青少年儿童被称为强国一代，没有强大的父母，怎么可能有强大的一代？父母们不应该总是被指责、被训斥，而是需要得到更多尊重、支持和帮助。我提出："只要做到陪伴、榜样、发现、尊重、支持、成长，就是好父母，就是强大的父母。"多年前，我与研究团队曾经总结出一个规律性的发现：父母能否教育好孩子不是取决于学历、收入和社会地位，而是取决于教育素养，即教育理念、教育方法和教育能力三个要素。经过沉淀和思考，我发现所谓强大的父母是理性的父母,因为孩子成长最需要理性的爱。《孩子需要理性爱》一书,是我对新时代父母教育素养的最新思考与核心建议。

第三本是《良好习惯缔造健康人格》。在中国青少年研究中心工作多年,我养成一个习惯,即习惯于以研究为基础来讨论问题,本书正是基于本人连续十年主持教育部关于儿童习惯与人格关系研究的国家课题而写成。如美国著名的人格心理学家奥尔波特所说,人格是决定人的独特的行为与思想的个人内部的身心系统的动力组织。需要、动机、兴趣、理想、价值观和世界观等人格倾向性,影响着能力、气质和性格等人格心理特征。我们在北京十一所小学开展的为期一年的实验研究表明,良好习惯的养成有助于健康人格的发展。习惯的养成一般要经过暗示、惯常行为和奖赏三个环节,其中奖赏包括内心满足和成功体验,决定了惯常行为能否养成习惯。我们的研究发现,习惯是由被动到主动再到自动的过程,而习惯养成需要经过六个步骤,即激发动机、明确规范、榜样教育、持久训练、及时评估、形成环境。当然,好习惯的养成是人的解放而不是枷锁,所以,习惯的养成需要尊重儿童的主人地位和权利。《良好习惯缔造健康人格》一书有两个特色:一是突出了习惯养成与人格培养的关系,二是从多角度提供了习惯养成的策略与方法。

第四本是《文化反哺呼唤共同成长》。本书原名《向孩子学习:一种睿智的教育视角》,也是基于本人主持的中国青少年研究中心相关课题,并感谢康丽颖教授和受访专家及课题组其他成员的贡献。当代的父母与教师经常会发现,信息时代动摇了成年人的权威地位,青少年儿童身上有许多新品质与新能力影响着成年人的生活,而这就是文化反哺或后喻文化的鲜明特征。《中华人民共和国家庭教育促进法》倡导的9种家庭教育方法之一,即"相互促进,父母与子女共同成长",可以视为《文化反哺呼唤共同成长》的主题。显然,父母依然是孩子的教育者,甚至是家庭教育的主体责任人,但如果能够敏锐地发现孩子的优点并真诚地向孩子学习,将会获得更为亲密的亲子关系,取得良好的教育效果。师生关系同样如此。

《文化反哺呼唤共同成长》有三个特色：一是转变观察儿童的观念与视角，二是倾听孩子心灵深处的声音，三是提供许多与孩子共同成长的方法。

第五本是《梦想是成长的发动机》。本书是我第一次与大家分享的"私房菜"。我从 15 岁（1970 年）开始坚持写日记，至今已经有 50 多年了。本书将 50 多年的若干日记浓缩为 250 余篇，并伴以多篇回忆和分析的文章，让读者朋友看到本人真实的成长轨迹。人生看似杂乱无章，甚至充满了意外，实际上是有规律可寻的。在《孩子需要理性爱》一书中，我引用飞向太空的宇航员刘洋 2022 年 6 月给孩子的信，她的感悟很深切："人生一定要有梦想，那是你生命中的光。心中有梦想，生命中就有光，即使身处困境，即使身处黑暗，也总能看到方向。那束光，将引导你走出泥淖，走向万丈光芒。"我年近七旬，回首往事时，最惊讶的是少年时代养成的阅读、写作和讲演三个习惯改变了我的命运，而最重要、最强大的内驱力就是文学梦和教育梦。所以，我以《梦想是成长的发动机》命名本书。北京师范大学心理学家陈会昌教授率其团队坚持 24 年跟踪 200 多名孩子的成长经历，最终发现是主动性、自控力和情绪稳定性起了关键作用，而这"三颗种子"是健康人格的核心要素。我用半个多世纪的成长体验证明，主动性就像引擎一样，需要人生理想或梦想的熊熊燃烧提供巨大的动力。从某个角度来说，《梦想是成长的发动机》以个案的方式，印证了《良好习惯缔造健康人格》一书的结论，证明良好习惯成就幸福人生。父母们如果能够引导孩子养成三到五个重要的好习惯，就是最好的教育，最理性的爱，自然也是给予孩子终身受益的珍贵礼物。

前面说这是新版的《孙云晓教育作品集》，莫非还有旧版？是的，早在 2007 年，江苏教育出版社曾经出版了一套《孙云晓教育作品集》，其中包括《教育的核心是培养健康人格》《教育就是培养好习惯》《捍卫童年》《教育从尊重开始》《与孩子一起成长》《唤醒孩子心中沉睡的巨人》等。当时，我在前言里写下"作者的话"："我叹服江苏教育出版社的非凡胆识，是他们说服了我，并付出艰辛劳动，才使我的第一套教育作品集问世。"

这是我从事儿童教育34年的一个总结，尤其是代表了我专职做少年儿童研究20年的主要收获。我还特别写道："当一种思想或理论提出的时候，最好的结果不是被赞颂而是被讨论或争鸣。这就需要立论者回应，并适当修改自己的思想或理论，从而给社会留下真正的财富。从这个角度看，任何人的作品集都应当尽可能在头脑清醒时出版。"

转眼16年过去了，在头脑非常清醒的状态下，我完成了新版的《孙云晓教育作品集》，虽然目前只有5本，却是经过长期积淀后的新思想、新总结，尤其是对于家庭教育规律与特点的新认识和新观点，也是对广大读者与同行朋友反馈的用心回应，自认为新版质量远胜于旧版。

2022年是《中华人民共和国家庭教育促进法》实施元年，这是一个伟大事业的新起点，自然有太多的问题需要探索。我殷切希望新版的《孙云晓教育作品集》能够给予父母与教师朋友切实的帮助，并有益于学校、家庭、社会协同育人的和谐发展。

孙云晓

2023年10月于北京云根斋

目 录

序一　家庭生活教育要义（洪明）/ 001
序二　一位跨世纪新教育的忠实守望者（陆士桢）/ 005
序三　孙云晓：童年的捍卫者（卜卫）/ 010
前言 / 001

第一章
新时代需要强大的父母

> 面对时代的机遇和挑战，一代代父母承担了家庭教育最主要的责任，而一代代孩子的健康成长足以证明，绝大多数父母都是称职的，许多父母是强大的。父母靠什么教育好孩子？我们的研究发现，关键不在于父母的学历、收入、社会地位，而是取决于父母的教育素养。教育素养包括教育理念、教育方法和教育能力。教育素养高的父母并不是强势的父母，而是理性的父母。

第一节　新时代需要理性的父母 / 003
第二节　父母失职可能导致三代人的悲剧 / 010
第三节　父母是家庭教育的主体责任者 / 018
第四节　新时代强大父母有哪些重要特点 / 024
第五节　有强大的父母才有强大的后代 / 035

第二章
家庭教育的核心是培养健康人格

> 孩子健康成长特别需要成功的体验。因为当体验较多次成功的时候,孩子的自我概念、自我激励就比较强,他的自信力也比较强,并由此化为一种积极、健康的人格,而这正是成功的关键因素。反复成功的孩子越来越好,反复失败的孩子越来越差。

第一节　自信迎来成功,自卑导致失败 / 041

第二节　爱心成就未来 / 055

第三节　没有责任心的孩子长不大 / 064

第四节　敢于面对挫折才能健康成长 / 073

第三章
关系好坏决定教育成败

> 亲子关系、师生关系、同伴关系共同构成了少年儿童成长的生命线。要呵护少年儿童的成长,就要关心这三条生命线的质量。

第一节　两个怀孕少女的不同命运 / 083

第二节　好的亲子关系是一种平等和谐的关系 / 090

第三节　孩子没有朋友比考试不及格还糟糕 / 106

第四节　尊重孩子,建立支持性人际关系 / 120

第四章
再忙碌的父亲都可以成为好父亲

> 孩子的成长是不能等待的,父教缺失会让孩子一辈子都"缺钙"。再好的母亲也不能代替父亲,再好的父亲也不能代替母亲,父母携手共育才是教子成功最可靠的保障。

第一节　爸爸去哪里了 / 131

第二节　父教缺失对儿童成长有着破坏性的危害 / 138

第三节　好父亲是孩子不可或缺的榜样 / 143

第四节　好父亲的八个角色 / 150

第五章
权威民主型家庭的孩子成才率最高

> 儿童的健康发展需要平衡的教育,即把自由宽松与严格管理结合起来,也就是权威民主型的教育,平衡的教育才能培养出平衡的孩子。

第一节　尊重成长规律,保护儿童的理性 / 169

第二节　延迟满足,让孩子学习自制 / 174

第三节　让孩子远行,培养顽强独立的品格 / 177

第四节　确定人生目标,让孩子找到成功的方向 / 180

第五节　惩戒孩子的前提是尊重 / 185

第六章

性教育是孩子的必修课

> 2019 年发布的调查结果显示,中国男生的性成熟年龄从 14.43 岁提前到 13.03 岁,而女生则从 13.38 岁提前到 12.21 岁。在初中,12.6% 的男生与 8.7% 的女生有恋爱体验;在高中,48.9% 的男生与 38.1% 的女生有恋爱体验。就性交体验比例而言,高中男生和女生的这一比例分别为 13.3% 和 4.6%。

第一节　孩子的成长是不能等待的 / 200

第二节　告诉孩子,性是美好的 / 205

第三节　性教育的核心是培育健全人格 / 211

第四节　呼唤阳光法性教育 / 217

第七章

培育两颗良种,成就孩子一生

> 通过对 208 个孩子 20 多年的跟踪对比研究,北京师范大学心理学家陈会昌教授得出一个重要结论:那些发展理想的孩子最为突出的特点,就是自制力与主动性两颗种子发达,而这是健康人格的核心要素。

第一节　自制是做人的准则 / 225

第二节　培养孩子学会选择 / 229

第三节　网络时代的教育最需要赋权和赋能 / 234

第四节　提升教育素养是强大父母的成长之路 / 243

附录　孙云晓个人著作目录 / 248

后记 / 251

第一章 新时代需要强大的父母

面对时代的机遇和挑战,一代代父母承担了家庭教育最主要的责任,而一代代孩子的健康成长足以证明,绝大多数父母都是称职的,许多父母是强大的。

父母靠什么教育好孩子?我们的研究发现,关键不在于父母的学历、收入、社会地位,而是取决于父母的教育素养。教育素养包括教育理念、教育方法和教育能力。教育素养高的父母并不是强势的父母,而是理性的父母。

第一节　新时代需要理性的父母

> 教育爱之所以伟大,因为这是一种理性的爱,或者说是一种智慧的爱。

衡量家庭教育事业发展最重要的标准,不是家庭教育指导服务机构如何庞大,而是父母的教育素养如何提升,因为家庭教育的主体责任者是父母。换句话说,家庭教育固然需要学校、社会乃至国家的支持,但其成败得失,主要取决于父母的觉醒程度和养育水平。新时代需要强大的父母,没有强大的父母就没有强大的后代,也不会有强大的民族与希望。

面对时代的机遇和挑战,一代代父母承担了家庭教育最主要的责任,而一代代孩子的健康成长足以证明,绝大多数父母都是称职的,甚至可以说是强大的。在全国妇联的全国家庭教育状况调查中发现,九成左右的父母对未成年人家庭保护的法律法规表示认同;觉得自家的家庭关系比较好、非常好的父母高达九成以上;多数父母的生育观更注重家庭生活充实和自身人生美满。[1] 然而,家庭教育指导工作有一个明显的误区,就是对父母的指责过多,例如到处宣扬"在问题孩子的背后,一定有一个问题父母""没有教不好的孩子,只有不会教的父母"等流行语。的确,青少年儿童的成长深受家庭的影响,但互联网时代的社会影响力有可能让家庭防不胜防,而这些指责将复杂的成长问题简单化,明显夸大了父母的责任,不利于增强父母的自信心,也不利于家庭教育事业的发展。

它山之石,可以攻玉。在同一个时代,其他国家的家庭教育有什么经验值得借鉴呢?当我阅读了一套德国的家庭教育课程,我被其主题吸引了:

---

[1] 孙云晓. 中国家庭教育蓝皮书(2015)[M]. 北京:教育科学出版社,2016:327-328.

《强大的父母——强大的子女》。这套课程最为突出的特点，就是相信父母，相信父母具有强大的能力，相信孩子同样具有强大的潜能。在这样的前提下，该课程教父母们如何理性地爱孩子，包括坚持正确的价值观、尊重儿童的权利、划清是非界限等。我从德国的家庭教育课程中发现了德国强大的基础，德国的经验是值得我们借鉴的。从历史的传承来说，中国的家庭教育具有更多的优势，我们完全可以更有信心。

当我倡导新时代需要强大的父母时，绝不仅仅是因为读了一套德国的家庭教育课程，而是见证了无数个中国家庭教育的成功，其中包括全国评选出的最美家庭和文明家庭，包括国本家庭教育研究中心年年评选的"新父母"，也包括几十年来我跟踪采访的若干家庭，这些鲜活而有力量的案例，不断证明了中国父母的强大。更为重要的是，强大的父母不是在"鸡娃"，不是以分数论英雄，不是以考入名校为成功的标志，他们是以幸福为目标，培养真正健康发展的人。

我深知，好父母都是渴望成长的，渴望自己成为强大的父母，期盼借鉴更多更好的经验。因此，我愿意将自己多年来在研究与实践中获得的经验与大家分享，让我们共同来探讨究竟什么是新时代的强大父母。其实，强大的父母，并非超人，而是有自信、有智慧、有定力的好父母，例如今天的许多年轻父母，特别是二孩甚至三孩的父母，他们不依靠父辈，自己把孩子养育得健康阳光，他们就是强大的父母。当然，由于要工作，有些年轻父母需要祖辈或保姆的帮助，这是完全正常的，处理好这些关系，同样是强大的父母。中国教育学会家庭教育专业委员会的专项课题研究发现，以父母为主、祖辈适当参与的联合养育模式是有利于孩子健康成长的。

一、新时代父母都面临着机遇和挑战

（一）学习型父母是新时代父母的典型特征

我做儿童教育50年，专注做家庭教育是从1994年担任《少年儿童研究》杂志主编开始的。我认为这么多年来，有一个很大的变化：越来越多的父母认同家庭教育的重要性，关注家校合作，开始主动学习，与孩子一起成长。2020年9月，应青岛市教育局邀请，我在母校青岛第十六中学举办《如何让孩子拥有强大的成长动力》的讲座，145万人在线收看，这足以说明中国的父母现在非常渴望学习，这是一个非常大的进步。

（二）新时代父母也有新困境

但是，现实中还有很多问题没有解决，比如父母对承担家庭教育主体责任的认识还不够，教育观念较为模糊（如家庭教育学校化、知识化），对儿童的权利不够尊重，等等。据全国妇联的调查，只有不足一成的父母认真学习过保护儿童的法律法规[1]，所以家庭教育工作还任重道远。

新时代父母也面临新的困境，一方面是随着信息时代的到来，网络是获取信息的主要渠道之一，面对网络，孩子往往比父母更灵敏、适应性更强，这时候产生的一个问题就是父母的权威性下降；另一方面是少子化的问题，虽然已出台二孩及三孩政策，但独生子女依旧是一个庞大的群体，过去孩子在与兄弟姐妹相处的过程中学习解决问题，少子化就意味着这一学习方式的影响力逐渐在削弱。

二、新时代家庭教育，父母该怎么做？

我想给父母们提出三个"一"：坚持一个原则，提升一个认识，掌握一种方法。

（一）坚持一个原则：儿童友好是家校社共育的根本原则

2021年9月30日，国家发展改革委等23个部门联合印发《关于推进儿童友好城市建设的指导意见》。该文件开篇即指出："儿童友好是指为儿童成长发展提供适宜的条件、环境和服务，切实保障儿童的生存权、发展权、受保护权和参与权。"显然，儿童友好既是城市建设的指导方针，也是家校社共育的根本原则，甚至是第一原则。儿童友好的本质是尊重儿

---

[1] 孙云晓. 中国家庭教育蓝皮书（2015）[M]. 北京：教育科学出版社，2016：330.

童的权利，做到儿童优先。这不是一个选项，而是一个不容改变的原则。

要做到儿童友好，就要理解儿童的特点和需要，要知道儿童虽然弱小，但也是一个权利的主体，是受特殊保护的人，是具有巨大潜力和希望的人，是具有个性差异并需要被尊重的人。比如孩子四五岁了还喂饭，就是对孩子自主权利的一种剥夺，因为许多一岁多的孩子都可以自己吃饭了，学会自己吃饭会让儿童更自由、更自信，然而许多大人不相信孩子的能力。生活中这类对儿童不友好的现象比比皆是。

（二）提升一个认识：家庭教育的本质是生活教育

家庭教育本质上是生活教育，生活教育是最有利于儿童全面发展、身心健康的教育。但现在，很多家庭都过于注重知识，对孩子没有及时进行好的生活教育，甚至把生活教育的时间挤压得极少，这导致孩子的成长有重大缺失，也影响了良好亲子关系的建立。

关于生活教育，陶行知的生活教育理论提供了完整系统的理论支撑。美国心理学家斯腾伯格的成功智力观也从一个侧面给予支持，他认为成功智力包括分析性、创造性和实践性三方面的智力。分析性方面用来解决问题，创造性方面决定了主体去解决什么样的问题，而实践性方面则保证了问题解决的顺利进行[①]。显然，实践性智力也是生活智力，这是一个人的直接经验，是一个人立足于社会发展的一个基础，也是个人进行认知和创造的基础，而这方面的智力培养是以生活为根基的。

很多忙于孩子学习的父母可能会说不知道如何进行生活教育，其实我们生活中的教育资源特别丰富。比如，都说民以食为天，可以引导孩子关注生活中的食物，因为食物来源于大自然，这就会让孩子产生好奇心，激发孩子对自然的敬畏，从而更加喜爱、珍惜食物，学会做饭，这样的孩子就会热爱生活，这是他生命的基础，也是了解世界的基础。再比如，每个孩子的故乡都有丰富的资源，和孩子一起走进故乡，了解父母以及祖祖辈

---

① R.J. 斯腾伯格. 成功智力[M]. 吴国宏，钱文，译. 上海：华东师范大学出版社，1999：36-37.

辈的生活场所，了解家族关系、开启寻根之旅，都是特别有价值的生活教育的课题。关于家庭生活教育，我在《教育的魅力在生活》一书有较为详细的论述和建议，欢迎朋友们阅读。

生活教育并不是说一切的生活都是好的，生活教育的原则是不仅要熟悉生活、热爱生活，也要反思生活、批判生活、引领生活，这个引领就是以儿童友好为根本的原则，即什么样的生活是有利于儿童发展的，什么样的生活是不利于儿童发展的，这个原则就是一个坐标。从这个角度出发，我们的生活就需要不断反思和改进。

（三）掌握一种方法：良好习惯缔造健康人格、成就幸福人生

提到好习惯，我自己有非常深刻的体验，阅读、写作、讲演是我在童年时代养成的三个习惯，这三个习惯影响了我的一生，甚至可以说改变了我的命运。我从15岁开始写日记，一直坚持到现在，这个习惯坚持了50多年，让我受益匪浅。当然，关于习惯的认识并非只是个人经历，在中国青少年研究中心工作近30年，其中10年我在主持全国教育科学规划课题，进行少年儿童行为习惯与人格的关系研究。我认为儿童良好品质的培养如果不能落实到习惯上，就等于空中楼阁，就像一壶烧不开的水，正是因为品质外化为像每天要刷牙、洗脸这样自然而然的习惯之后，才会更加稳定和牢固。

特别需要注意的是，习惯的培养绝不只是单纯的行为训练，它应该注重三个环节：一是认知层面，孩子知道为什么要这么做和该怎样做，它的价值在哪里；二是情感层面，孩子要有兴趣和动机学习，要有主动性；三是行为层面的训练或者要求。这三个环节是密切关联的，只有在认知层面上了解习惯的重要性，才可能产生主动性，所以也会更容易接受行为层面的训练。以刷牙为例，孩子不仅要学习刷牙的正确步骤，这是行为层面的训练，更要对刷牙的重要性有所了解，父母也需要通过趣味的游戏和互动让孩子对刷牙这件事产生兴趣，解决了认知和情感层面的问题，行为才能主动和持久。

> 孙云晓
> 生活感悟

1. 教育爱之所以伟大，因为这是一种理性的爱，或者说是一种智慧的爱。如谢维和教授所分析，父母的慈爱可以让子女获得安全感和对社会的亲和力，但同时也有演变为溺爱的可能，进而使子女形成某种"放纵"和"无法无天"；而父母也由于不忍心，使某些教育的要求不能到位，因而埋下隐患。

2. 家校合作不能忽视孩子的参与权。该怎么做呢？上海奉贤区解放路小学探索出了经验，甚至开始破解隔代教育的难题。比如在该校三年级的一堂课"爸爸妈妈该不该让爷爷奶奶（外公外婆）管教我"上，父母听了学生们述说的委屈，在向学生解释的同时也反思了自己的教育行为。父母们纷纷表示，要让爷爷奶奶（外公外婆）用微信视频等方式与孩子进行交流，还要定期见面，原来祖辈的爱在孩子们心目中是如此不可替代。孩子的参与有益于三代人的成长，并可能将教育的难点变为积极的生长点。

3. 北京育英学校是我们合作多年的学校，曾创造出"假日小队""新模式家长会"和习惯养成等经验。2020年5月去育英学校，我发现又有许多新变化，校长于会祥告诉我，经过8年的新探索，育英的校风可以用一句形象而耐人寻味的话来表达："静静挂在枝头的桃子"。我是这样理解的：静是捍卫童年自然成长，静是专心办学心无旁骛，而桃子是师生共同创造的丰硕果实。这不正是儿童教育的桃花源吗？人是环境的产物，儿童最需要儿童友好（即儿童优先）的环境。

4. 若想养成好习惯，既需要智慧，更需要坚持。2019年10月16日《中国教育报》刊发李一慢的文章，题为《别让父母不良习惯影响孩子》。为了3岁的孩子能养成良好的睡眠习惯，他们夫妇每天晚上9点与孩子一起上床睡觉，即使有紧急任务，也等孩子睡后再起身工作。坚持一年左右，孩子养成到点即睡、到点醒来的习惯（生物钟）。直到10年后，孩子上初三，才推迟到晚上11点入睡。一个好习惯，让孩子受益10年之久，这就是父母的理性之爱。

第二节　父母失职可能导致三代人的悲剧

如果父母失职，可能导致三代人的悲剧：首先是孙辈缺少亲子依恋，导致一生缺乏安全感和幸福感；其次是父辈失去了成长为合格父母的机会，人生不免遗憾；再次是祖辈以晚年的辛苦导致儿孙两代人的人格扭曲，可能与痛苦相伴终老。

在中国，家庭教育中的祖辈参与是一个普遍的现象，这既是中国的优势，也存在许多误区。我赞同朱小蔓教授的观点："三代人的互动才是完整的家庭教育。"也就是说，正常的家庭教育是需要祖辈参与的，让孙辈看到父母怎么对待其父母，让父辈看到祖辈如何与孙辈交流，都是很有益处的。所以，在家庭教育中，祖辈的适当参与是必要的，主要问题在于祖辈过度参与，甚至取而代之成为主导主责。

一、父母的主体责任没有人可以代替

对人的发展影响最大的是家庭，而家庭建设是有规律的，也是有传统的。古代《三字经》中有"养不教，父之过"之说，就是说父母在教养儿女方面负有第一责任，这是天经地义的责任。著名社会学家费孝通在其《生育制度》中提出，无论在什么结构的家庭中，只要父母健在，都应当是"抚养孩子的中心人物"。[①]

为什么父母是"抚养孩子的中心人物"？社会学研究员关颖在《家庭教育指导者培训教程》里将父母角色分析得十分透彻："父母角色的主要特点：一是天然的不可转移性。父母对子女来说是唯一的，无论是夫妻关

[①] 费孝通.生育制度[M].北京：商务印书馆，2008：6.

系、亲子关系受到多么大的冲击，父母的天然的角色身份都不会发生改变。二是角色的持续性。父母的角色持续的时间是从孩子孕育直到自己的生命结束，对子女的影响是终身的。三是父母角色与子女角色的对偶性。父母角色与孩子的角色相对应而存在，具有的互动功能，是相互关系、相互制约的关系。四是对子女影响的深刻性。父母的角色在子女身上会打上深刻的烙印。"[1]

所以，我有一个基本的观点，亲子关系好坏决定家庭教育的成败。亲子关系的基础是依恋关系。

依恋关系是亲子关系中非常重要的一个方面，是形成良好亲子关系的根本。对于儿童个人来讲，它不仅存在于儿童早期，而且会对人的一生发展产生重要的意义，会对青少年、成年甚至老年期的心理状态产生深远影响。

依恋理论最初由英国精神分析师约翰·鲍尔比提出，他试图理解婴儿与父母分离后所体验到的强烈苦恼。鲍尔比观察到，被分离的婴儿会以极端的方式（如哭喊、紧抓不放、疯狂地寻找）力图抵抗与父母的分离或靠近不见了的父母。

中国人民公安大学教授、犯罪心理学专家李玫瑾对依恋关系的建立有深刻理解。她认为，人的心理发展有顺序性，未成年人的心理问题滞后反应。任何生命都是过程，任何过程都有开始，生命发展是轨迹式，人的命运取决于早期。少年儿童的成长大致有三个时期，即1~6岁，6~12岁，12~18岁。12~18岁时，人已经进入青春期，其独立意识与逆反心态就决定了这一时期已经不是家庭教育的优势时期，所以，家教的最佳时期是12岁之前，即依恋期。在依恋期中，1~6岁又最为关键。

建立良好的依恋关系有什么好处呢？明尼苏达大学少儿发育研究所的专家曾就依恋问题对174名孩子进行了长达16年的考察。他们首先考察了孩子们的家庭背景，比如婴儿对父母依恋的模式、孩子的自主性、孩子的

---

[1] 关颖.家庭教育指导者培训教程[M].天津：天津社会科学院出版社，2017：166.

自我调节能力、其家庭的整体状况以及母爱程度等。随后，他们又考察了这些孩子在学校中的表现,考察他们在学校环境中的适应程度,以及在数学、阅读能力、阅读理解、拼写等标准化考试中的成绩。得出的结论令人瞩目：在孩子智商一定的情况下，婴儿对父母依恋的模式与程度是影响孩子日后学术成就最明显的因素。

总之，婴儿对父母的依恋与孩子日后的学业成就密切相关，而在此基础上发展起来的这种良好的人际关系也同样与孩子日后的学业成就有密切的关系。①

此外，从法律的角度来说，依法履行监护人的职责是为人父母的底线，父母要尊重和维护未成年孩子的生存权、发展权、受保护权和参与权。这不是一个选择，而是一个原则，这是任何人都不能改变的基本原则。

基于上述分析可以得出一个结论，即父母的主体责任是任何人都无法代替的，只要父母健在，就要在养育孩子的过程中履行主角的责任，而祖辈只是适当参与。

二、学习做父母是年轻父母最好的成长

中国教育学会家庭教育专业委员会 2017 年的研究报告，根据被访儿童父母的报告，自被访儿童出生到小学阶段，近八成（79.7%）的家庭存在祖辈（包含祖父母和外祖父母）参与儿童家庭教养的现象。同时，祖辈参与教养呈现阶段化特点：将儿童成长阶段划分为幼儿园前、幼儿园和小学三个阶段，有超过七成的家庭，在幼儿园前（77.7%）和幼儿园期间（72.9%）这两个阶段，存在祖辈参与家庭教养的现象；到小学阶段，祖辈参与家庭教养的比例虽然有明显下降，但仍是多数家庭的选择（60.1%）。②

有一个现象非常令人纠结：为什么许多高学历、高职位、高收入人士

---

① 孙云晓. 亲子关系——决定孩子一生幸福的密码 [M]. 杭州：浙江文艺出版社，2016：5.
② 岳坤. 父辈为主、祖辈为辅的教养方式有利于儿童的健康成长——中国城市家庭教养中的祖辈参与状况调查 [J]. 少年儿童研究，2018（1）：3-20.

的孩子成长问题多多，甚至令人无计可施？而为什么许多普通人的孩子却成长顺利，甚至是捷报频传？这当然不是一个逻辑严密的规律，却可以得出一个深刻的启示，即决定父母能否教育好孩子的关键因素不是学历、职位和收入，而是教育素养。所谓教育素养，包括教育理念、教育方式和教育能力。这正是我们要探究的核心主题，即什么是父母的教育素养，以及如何在家庭教育的实践中逐步提升父母的教育素养。实际上，家庭教育指导的根本任务就是提升父母的教育素养。

特别需要指出的是，父母的教育素养不是天上掉下来的，也不是从书本上就可以得到的，而是需要在亲自抚养孩子的实践中逐步探索的，首要的职责就是陪伴。抚养孩子的确辛苦，但抚养孩子的过程是父母成长最为重要的过程，是任何人都无法替代的。

就中国的家庭教育现状而言，母亲的"尽职尽责"程度远远高于父亲，而父亲的失职不仅让孩子终身"缺钙"，也导致许多男人难以成为成熟的男人。所以，我与李文道博士专门写了《好好做父亲》一书。其实，父亲积极担负起孩子教育的责任，既是个人成长的需要和孩子的福音，也是对母亲的最深情的关爱与支持。作为祖辈特别要理解和尊重父母成长的需要。

三、建立良性的三代人互动机制

据中国教育学会家庭教育专业委员会的报告，参与家庭教养的祖辈当中，93.8%的祖辈乐意参与（42.6%属于"非常乐意，主动积极要求参与"，51.2%属于"比较乐意"）；而参与教养的祖辈中，"不太乐意"和"非常不乐意"比例分别为5.7%和0.5%。①

由此可见，在中国，隔代抚养具有深厚的基础和传统，也不乏成功的案例，究其成败之差别，关键在于机制。所谓良性机制就是彼此尊重、各

---

① 岳坤.父辈为主、祖辈为辅的教养方式有利于儿童的健康成长——中国城市家庭教养中的祖辈参与状况调查[J].少年儿童研究，2018（1）：3-20.

司其职、积极配合、相互学习、共同成长。

对于祖辈来说，要给予子辈和孙辈理性的爱，以力所能及的适当方式参与孙辈的抚养。具体原则：

一是鼓励儿女自己的孩子自己带，尽可能履行父母养育孩子的主体责任，祖辈给予必要并且可能的支持。

二是如果非常需要祖辈直接帮助抚养孙辈，也要维护儿女的父母形象，充分发挥父母的主导作用。例如，在儿女是双职工的家庭，祖辈白天带孩子，父辈晚上和休息日自己带孩子。

三是坚持学习家庭教育的新知识和新观念，与儿女共同协商，确立科学的教育原则与方法，而不是简单地固守传统，更不是对儿女说："你不是我带大的吗？我还不知道怎么养育孩子？"据中国教育学会家庭教育专业委员会的报告，祖辈获取育儿知识的渠道，排在前三位的依次是：祖辈个人经验（68.8%）、从上一辈传承（46.1%）和广播电视/书报杂志（35.7%），这一发现证明了学习新知识的重要性。

四是祖辈抚养孙辈最需要防止陷入溺爱的误区，要以培养身心健康的孩子为目标，坚持教育原则，敢于对孙辈的不良行为说"不"，并且给孩子做言传身教的好榜样，这是对孩子成长最为有益的理性之爱。

对于父辈来说，要克服困难，积极主动地履行抚养孩子的主体责任，适当发挥祖辈的作用。具体原则：

一是坚持一个最重要的原则，就是自己的孩子自己带。一边坚持学习，一边勇于实践，父母要担负起养育孩子的主体责任，特别是在孩子6岁之前，最需要与父母建立依恋情感。因此，只有在最困难时，才应寻求祖辈给予必要并且可能的支持。

二是如果没有办法自己直接抚养孩子，必须请求他人帮助，这是生命之托，首先要做必要的评估。祖辈可以优先考虑，但也需要做评估，例如抚养人的品质是否优良？身体是否健康？是否可以做到长期稳定抚养？居住环境和其他生活条件是否具备？如果是监护权转移，则需要更加严格的评估。

三是如果委托祖辈抚养孩子，不是仅仅保证吃喝拉撒和睡觉，更需要与祖辈认真确立科学的教育原则和方法，要保留父母教育孩子的主导权。

四是尽管已经委托祖辈帮助抚养孩子，父母依然是父母，依然负有主体责任，要采取各种各样的方法，与孩子保持密切的、信任的联系，与孩子建立牢不可破的亲子依恋情感。

五是要注意维护祖辈的身心健康及有关权利。据中国教育学会家庭教育专业委员会的报告，在36.5%的城市家庭中，存在祖辈为教养孙辈而从原居住地流动到孙辈居住城市的情况。进一步分析发现，被访城市家庭中的"老漂"祖辈，有59.4%为祖辈夫妻共同流动，有40.6%为祖辈夫妻中一方流动，其中34.8%为祖辈夫妻中女性单独流动，5.8%为祖辈夫妻中男性单独流动，女性祖辈单独流动比例明显高于男性祖辈[1]。试想一下，祖辈夫妻如果一方流动，另一方该如何独自生活？

六是自己带孩子的父母，也要防止与祖辈的疏远，可以经常带孩子去看望祖辈，让孩子看到父母是怎样对待自己父母的，给孩子做一个好榜样。

对于子辈（孩子）来说，虽然是被抚养者，但并不是完全被动的、无奈的，而是一个权利的主体，受到《中华人民共和国未成年人保护法》的保护。具体原则：

一是要听从父母和祖辈的教导，从小热爱学习，努力做一个有良好品德的人。

二是要对长辈的关爱葆有感恩之心，自觉养成良好习惯。

三是不论父母在何方，都要理解和信任父母，尽可能与父母保持密切的联系，因为父母是孩子的监护人。

以上分别为建立三代人良性互动机制尝试着确立了四条、六条、三条不同的原则，可以看出：父母的责任最重，列出六条原则；祖辈次之，列出四条原则；孩子虽小，也有三条原则。

---

[1] 岳坤.父辈为主、祖辈为辅的教养方式有利于儿童的健康成长——中国城市家庭教养中的祖辈参与状况调查[J].少年儿童研究，2018（1）：3-20.

对于三代人来说，还有一个共同的原则是相互信任、相互学习、相互理解、相互尊重、相互帮助。今日中国，已经进入"后喻文化"的社会，即年轻人有"文化反哺"的能力，能够在某些方面影响或教育老年人。据中国教育学会家庭教育专业委员会的报告，有28.2%的祖辈从儿童父母那里获取育儿知识，在祖辈学习渠道中排第四位，可见在家庭教育知识传递上，家庭中存在着父辈向祖辈"反哺"的现象。因此，在许多时候，祖辈要向子辈学习，子辈也要向孙辈学习，孙辈当然要向长辈学习，这样才能实现三代人的共同成长。

早在1997年至1998年，我与康丽颖教授在中国青少年研究中心曾经主持过向孩子学习的课题研究，确立了六大原则：向孩子学习的前提是了解孩子，了解时代的变化；了解孩子的前提是尊重孩子；欣赏孩子的优点是向孩子学习的主要条件；努力做孩子的好伙伴应成为父母与教师的神圣追求；向孩子学习应以真诚为本；建立对话式、交互式、融合式的教育模式。①

总之，完整的家庭教育需要三代人的良性互动，互动的最为重要的原则是：充分发挥父母的主体责任，祖辈的适当参与和支持，尊重儿童的权利，三代人相互学习、共同成长，缔造幸福而完整的家庭生活。

**孙云晓
生活感悟**

1. 为什么多数祖辈带孩子不如父辈呢？上海的研究发现，祖辈带孩子往往采用"低要求、高回应"的溺爱型教养方式，使孩子总是处于主动地位，导致孩子缺乏规则意识，难以自我控制和尊重别人。另外的调查发现，约三分之一的祖辈带孩子较为成功。显然，无论祖辈还是父辈都需要科学的育儿方法。

---

① 孙云晓.向孩子学习：一种睿智的教育视角[M].南京：江苏凤凰教育出版社，2016：175-176.

2. 祖辈参与孙辈的抚养益处甚多，但是父母的主体责任是无人可以代替的。在青岛等地流传隔代教养新民谣："妈妈生，姥姥养，姥爷天天菜市场，爸妈回来就上网，爷爷奶奶来欣赏。"这显然是一个不正常的状态，一是祖辈责任大于天，过于劳累有损健康；二是父母失职也失去了自身成长的机会；三是亲子关系疏远甚至对立，可能会成为两代人终身的障碍和困扰。所以，除极特殊情况外，应确立家庭养育的基本原则，即父辈不可缺位，祖辈不可越位，而孙辈不可缺爱。

3. 祖辈适当参与孙辈的抚养，这是中国家庭教育的传统优势。朱永新教授认为，隔代亲是隔代教养的文化基础。他戏言："没有孙子想孙子，有了孙子做孙子。"从华南师范大学张国超博士的国际比较研究中可以看出，美、英、法、德等国都是强化父母的主体责任，祖辈很少参与，更少干预，这自然有助于人的独立成长。但中国的优势也不可忽视，祖辈适当参与孙辈教养，可能会增强家庭建设，为三代人创造幸福。

4. 无论是在小区里还是公园中，随处可见的是老人追着小孩子跑，满满的慈爱，谁见了能不感动？谁还忍心指责祖辈的溺爱？祖辈参与孙辈的养育，的确缓解了年轻父母的压力，也给孙辈增添了童年的快乐。但是，教育毕竟是理性的爱，如果祖辈包办过多甚至成为主角，对三代人的发展都是不利的。父母是养育孩子的主体责任人，如果失职，既难以建立亲子间的依恋关系，自己也失去了成长机会，并且加重了祖辈的负担与压力。所以，最好的隔代养育模式，还是以父母为主，祖辈适当帮忙。

第三节　父母是家庭教育的主体责任者

《中华人民共和国家庭教育促进法》（以下简称《家庭教育促进法》）自2022年1月1日开始实施，这是一部与千家万户关系极为密切的法律，因为关系到如何教育未成年人，也就关系到国家的未来与民族的希望。《家庭教育促进法》最为重要的原则，就是明确了家庭责任，即父母或其他监护人是家庭教育的主体责任者，国家和全社会对家庭教育给予指导和帮助。那么父母或其他监护人为什么要承担家庭教育的主体责任？父母或其他监护人应该承担家庭教育中的哪些主体责任？父母或其他监护人又该如何承担家庭教育的主体责任？

一、父母或其他监护人为什么要承担家庭教育的主体责任？

《家庭教育促进法》总则第四条规定："未成年人的父母或者其他监护人负责实施家庭教育。"第二章家庭责任的第十四条规定："父母或者其他监护人应当树立家庭是第一个课堂、家长是第一任老师的责任意识，承担对未成年人实施家庭教育的主体责任，用正确思想、方法和行为教育未成年人养成良好思想、品行和习惯。共同生活的具有完全民事行为能力的其他家庭成员应当协助和配合未成年人的父母或者其他监护人实施家庭教育。"

树有根，水有源，父母或其他监护人为什么要承担家庭教育的主体责任？简单来说，或许可以从两个方面来理解，一是生命责任，二是社会责任。先说生命责任，是父母的爱情孕育了新的生命，新的生命最需要父母的呵护与照料，父母的亲自养育最有利于孩子的生长。再说社会责任，孩子都会逐渐长大并走向社会，而家庭教育，尤其是家风，会对孩子产生最深远、最持久的影响。孩子能否学会做人，父母是第一责任人。将生命责任与社会责任结合起来看，又可以发现养和育的关系密切相连，育以养为前提，没有养就没有育，亲子依恋关系对家庭教育成败得失影响巨大。一代代人经历艰苦岁月长大，为什么最感恩父母的养育之情？如俗话说"儿不嫌母丑"，就是依恋关系的反映。因此，父母承担家庭教育的主体责任是责无旁贷的。

二、父母或其他监护人应该承担家庭教育中的哪些主体责任？

家庭教育是生活教育，在生活实践中教孩子学会做人。长期以来，家庭教育出现一个重大的误区，就是家庭教育趋向学校化和知识化，这是极不利于未成年人健康成长的。《家庭教育促进法》的一个重要贡献，就是将家庭教育从学校教育附庸的状态中解放出来，回归家庭教育的正道。《家庭教育促进法》总则第二条规定："本法所称家庭教育，是指父母或者其他监护人为促进未成年人全面健康成长，对其实施的道德品质、身体素质、生活技能、文化修养、行为习惯等方面的培育、引导和影响。"第三条规定："家庭教育以立德树人为根本任务，培育和践行社会主义核心价值观，弘扬中华民族优秀传统文化、革命文化、社会主义先进文化，促进未成年人健康成长。"

那么，父母该怎么做呢？《家庭教育促进法》如同形象具体的教科书，为父母们提出了五条要求、六大内容和九种方法，可以概括为一句话：记住五六九，教子不发愁。

首先来看家庭教育的五条要求：（一）尊重未成年人身心发展规律和个体差异；（二）尊重未成年人人格尊严，保护未成年人隐私权和个人信息，保障未成年人合法权益；（三）遵循家庭教育特点，贯彻科学的家庭教育理念和方法；（四）家庭教育、学校教育、社会教育紧密结合、协调一致；（五）结合实际情况采取灵活多样的措施。可以说，这五条要求明确了家庭教育的基本原则，也是做好家庭教育的重要条件和保证。五条要求的其中两条都从尊重开始,深刻体现了儿童友好的精神。

父母具体该承担哪些主体责任呢?《家庭教育促进法》在家庭责任的第十六条给出明确规定:"未成年人的父母或者其他监护人应当针对不同年龄段未成年人的身心发展特点,以下列内容为指引,开展家庭教育:(一)教育未成年人爱党、爱国、爱人民、爱集体、爱社会主义,树立维护国家统一的观念,铸牢中华民族共同体意识,培养家国情怀;(二)教育未成年人崇德向善、尊老爱幼、热爱家庭、勤俭节约、团结互助、诚信友爱、遵纪守法,培养其良好社会公德、家庭美德、个人品德意识和法治意识;(三)帮助未成年人树立正确的成才观,引导其培养广泛兴趣爱好、健康审美追求和良好学习习惯,增强科学探索精神、创新意识和能力;(四)保证未成年人营养均衡、科学运动、睡眠充足、身心愉悦,引导其养成良好生活习惯和行为习惯,促进其身心健康发展;(五)关注未成年人心理健康,教导其珍爱生命,对其进行交通出行、健康上网和防欺凌、防溺水、防诈骗、防拐卖、防性侵等方面的安全知识教育,帮助其掌握安全知识和技能,增强其自我保护的意识和能力;(六)帮助未成年人树立正确的劳动观念,参加力所能及的劳动,提高生活自理能力和独立生活能力,养成吃苦耐劳的优秀品格和热爱劳动的良好习惯。"

上述规定确定了家庭教育的重要原则和基本内容,强调家庭教育是生活教育,其根本任务是立德树人,同时也明确了父母的主体责任。一般来说,父母们都是很重视孩子学会做人的,但为什么会出现知识至上、重智轻德的倾向呢?这自然与制造焦虑的社会影响有关,也与忽视成长与教育规律相关,似乎在学业竞争中胜出的人才会拥有成功的人生。实际上,只有丰富的生活实践才能形成良好的道德品质,才能真正学会做人。如果没有良好的品行,即使孩子成为"学霸",也可能误入歧途。

三、父母或其他监护人该如何承担家庭教育的主体责任?

父母能否教育好孩子取决于教育素养的高低程度,重点是教育理念、教育方法、教育能力三个要素，这是父母承担家庭教育主体责任的关键性条件。在拥有了正确的教育理念之后，方法和能力就是家庭教育的关键。

父母应该采取什么样的教育方法呢？《家庭教育促进法》第十七条规定："未成年人的父母或者其他监护人实施家庭教育，应当关注未成年人的生理、心理、智力发展状况，尊重其参与相关家庭事务和发表意见的权利，合理运用以下方式方法：（一）亲自养育，加强亲子陪伴；（二）共同参与，发挥父母双方的作用；（三）相机而教，寓教于日常生活之中；（四）潜移默化，言传与身教相结合；（五）严慈相济，关心爱护与严格要求并重；（六）尊重差异，根据年龄和个性特点进行科学引导；（七）平等交流，予以尊重、理解和鼓励；（八）相互促进，父母与子女共同成长；（九）其他有益于未成年人全面发展、健康成长的方式方法。"

《家庭教育促进法》第十七条的规定说明了什么呢？它确立了两个重要原则，一是要从孩子身心发展的实际出发，二是要尊重儿童或未成年人的权利，即生存权、发展权、受保护权和参与权，这是教育孩子的原则与前提，也是教育孩子最根本的方法。简而言之，可以概括为：家庭教育的方法就是儿童友好的方法，即儿童利益最大化，怎样做对儿童发展有利，就应该怎么做。

具体该怎么做来承担家庭教育主体责任呢？《家庭教育促进法》明确了上述九种方法，第九种方法是开放性的，鼓励父母们在实践中探索。前八种方法都是很有针对性和实用性的：第一种亲自养育，因为养育不可分，没有养就没有育，亲自养育才可能形成亲子依恋的密切情感，为良好的家庭教育奠定坚实的基础。第二种发挥父母共同的作用，不能把父母的主体责任变为母亲独力承担的责任，也要重视父亲的教育作用。第三种强调在生活中育人，如陶行知所说，好的生活就是好的教育。第四种是身教与言教结合，既为孩子做好的榜样，又学会以积极的解释引导孩子。第五种严慈相济，国内外的研究都证明，对孩子既关爱尊重又严格要求是最好的家庭教育。第六种尊重差异，就是不要盲目攀比，而要发现自己孩子独特的潜能优势，采取适合的教育方法。第七种平等交流，这是现代亲子关系的核心原则，就是要尊重儿童的权利和人格尊严。第八种相互促进，共同成长，这是家庭教育的宽定义，也是现代家庭教育的鲜明特征。孩子一般都会以父母为榜样，现代父母也要发现孩子的优点，自觉地学习孩子的优点，在信息化时代尤其需要共同成长。

当今一代的青少年儿童是强国一代，强国一代需要强大的父母，这是时代的呼唤，是孩子和家庭的呼唤，是民族与国家的呼唤。广大父母们在国家和全社会的支持下，自觉地承担起家庭教育的主体责任，并且努力按照《家庭教育促进法》的要求去做，就是强大的父母！

孙云晓 生活感悟

1. 要从根本上解决"留守儿童"的安全健康成长问题，需要唤醒父母，让他们主动承担主体责任，这比任何社会关爱都重要。儿童在12岁，特别是6岁之前，能否与父母建立起亲密的依恋关系，对其一生的安全感和幸福感至关重要。实际上，父母过早离开孩子，是孩子发生各类危险的根本原因，也是长期危及孩子成长的潜在因素。而且，学校传授知识，家庭培养情感，家庭在儿童情感发展上起着主要的、不可替代的作用。所以，应采取多种措施让父母们尽可能陪伴年幼孩子，至少父母有一方陪伴孩子，这是保障孩子健康成长最好的措施。

2. 在隔代教养的家庭里，教育孩子的事情谁说了算？这是杭州一位听众的提问。我回答说："自然是父母说了算，因为父母对于家庭教育负有主体责任。如果祖辈说了算，父母可能失去权威性，不利于亲子关系的正常发展。"在我讲座后，许多人讲出家庭隐秘性的矛盾与困扰，只求难题尽快解决。因此，家庭教育指导必须深入到生活深处。

3. 《家庭教育促进法》2022年1月1日开始实施，我接受多家媒体采访，谈家庭教育立法的有关问题。这次家庭教育立法有两个关键点，一是明确了父母在家庭教育中的主体责任，二是明确了政府在家庭教育指导服务中应承担指导责任，这两个明确对于家庭教育健康发展具有重大意义。当然，家庭教育立法并不能解决所有问题，需要以法为依据，逐步深化和变革。比如，家庭教育能否回归与创造美好生活，越来越成为检验家庭教育成败得失的关键标。这不是法律的任务，而需要人们的反思与觉醒，也需要社会各方面的支持。

第四节　新时代强大父母有哪些重要特点

成长与教育都是有规律的，并且在实践中会有大量发现。究竟什么是强大的父母？或者说，好父母有哪些最重要的特点呢？也许，我们用12个字即可基本概括，那就是：陪伴、榜样、发现、尊重、支持、成长。

2022年6月5日10时44分，神舟十四号飞船飞向太空，陈冬、刘洋、蔡旭哲3名宇航员执行飞行任务。6月12日，《中国教育报》等媒体发表刘洋给一儿一女的感人肺腑的家书，她对于"什么是强大的父母"做出了深刻而温馨的示范和诠释。

已经是第二次执行太空飞行任务的刘洋写道：

亲爱的宝贝：

　　此时此刻，妈妈已经到酒泉卫星发射中心的问天阁了，2022年这个六一儿童节，妈妈不能陪伴在你们身边，只能坐在电脑前给你们写下这封信，心中千般柔情，万般不舍。妈妈马上就要执行神舟十四号任务了，半年的时间，真是舍不得你们，其实好几次想写，一动笔就止不住流泪，只好作罢。再有几天妈妈就要飞上太空了，于是在这个特殊的节日写下这封信。

　　宝贝，每次想起你们，妈妈心中都像阳光融化巧克力般无比甜蜜温暖，每次想起你们我的心中就会泛起阵阵幸福的涟漪，仿佛炎炎夏日饮下一杯清泉。无论多么疲惫，立即恢复元气。真的谢谢你们来到我的身边。

　　亲爱的宝贝，原谅妈妈拒绝你们到现场送行的要求，因为我爱你们。你们既是妈妈的铠甲，也是妈妈的软肋。我是妈妈，也是军人。那一刻，妈妈是要出征上战场：临危忘身，受命忘家，这是一个军人职责。在那一刻看到你们，我怕我会有太多的牵挂和不舍，我怕我会忍不住，我怕我会哭。

宝贝，妈妈有妈妈的梦想和使命。就让妈妈尽可能地放下牵挂，奔赴妈妈的星辰大海吧。妈妈答应你们，等妈妈凯旋的时候来接妈妈，那时我会张开双臂，把你们紧紧拥在怀里。

宝贝们，我们曾经无数次讨论妈妈执行任务的事，你们总是红着眼眶万般不舍，妈妈何尝不是。妈妈答应过你们要好好完成任务，要在太空建一座大大的房子，装进很多人很多人的梦想；我答应过你们要照很多美丽的照片，回来和大家分享；我答应过你们要把祝福和梦想写进满天繁星。妈妈答应你们的事一定会做到。

宝贝，你们答应妈妈的事也一定要记得：爷爷奶奶身体不好，爸爸工作繁忙，你们要帮着爸爸分担，多照顾爷爷奶奶；姥姥姥爷上了年纪，他们想念你们，也牵挂妈妈，要记得多给姥姥姥爷打电话，让他们开心。宝贝，人生至善莫大于孝，一定要记得尊重和孝敬老人。

宝贝，人生一定要有梦想，那是你生命中的光。心中有梦想，生命中就有光，即使身处困境，即使身处黑暗，也总能看到方向。那束光，将引导你走出泥淖，走向万丈光芒。

亲爱的孩子，现在尚未明确自己的梦想并不可怕也不必慌张，慢慢成长，终会发现心中挚爱。但亲爱的孩子，实现梦想的道路不会一帆风顺，不要怕困难挑战失败。困难就像纸老虎，你强它就弱，要有勇气打败它。记得妈妈给你们讲的小熊的故事，失败并不可怕，再来一次，再来一次——

要记得做有挑战的事，这样才能进步。心定磐石之间，行有日月之衡。道阻且长，行则将至。

孩子，记得读书运动，记得守时自律。养成良好的习惯将成为你一生挚友，是你实现梦想的助手，让你一生受益无穷。

亲爱的姐姐，你就要上三年级了，那是小学重要转折。亲爱的弟弟，你也要背上小书包成为小学生了，妈妈见证了姐姐背上小书包第一次走进校门，但很遗憾，这一次妈妈没有办法亲自把你送到学校，见证你背上小书包那一瞬间的长大。你们要知道，妈妈不得不缺少对你们的陪伴，但妈妈对你们的爱不会逊色、不会减少，如海之深，如天之阔。爱你，爱你们，我的宝贝。

离开家的那天，你们抱着我，泪水涟涟不舍得我走。妈妈强忍着泪水，又何尝舍得。但我知道你们理解妈妈，爱妈妈，支持妈妈。只是，只是不舍。宝贝，等着妈妈，等着妈妈凯旋，等着妈妈拥抱完星辰大海，再来拥抱你们。

信写至此，夜已深。不禁想起你们睡梦中甜美的面庞，真想再抱抱你们，亲亲你们。你们总是问我："妈妈，我们想你怎么办呢？"

宝贝，想妈妈的时候，就抬头看看星空吧，漫天星辰闪烁，那是我在对你们说，我爱你。

深深爱着你们的妈妈
2022年6月1日

这封饱含浓郁母爱的家书之所以感动国人，既是因为强烈的家国情怀，也是因为理性的亲子之爱。理性在哪里呢？这封信写于分别之后，刘洋不仅写了对儿女的挚爱与思念，写了对孩子进步的期待，更写了母亲的责任，写了梦想的力量，写了战胜困难的勇气，甚至写了浩瀚的星辰大海。对于小学三年级的女儿和即将读小学一年级的儿子来说，这样的信显然会有许多似懂非懂的内容，但妈妈语重心长的话语是一种神圣的召唤，犹如灯塔的灯光照亮人生航道，对孩子的一生都可能产生巨大的影响力。因此，这样的家书，其价值远远超出了儿女情长。

可以说，刘洋是一位强大的母亲，她为天下父母做出了榜样。人们自然会好奇，刘洋怎么会如此独立坚强、智勇双全？怎么会如此富有孝心和爱心？

作为中国首位进入太空的女航天员，刘洋在结束第一次航天任务后曾说："我最大的感慨就是，在太空中离地球越远，祖国、家、亲人、亲情这种概念就会越近。飞得再远，都走不出亲人的牵挂；飞得再高，也离不开祖国的怀抱。"

据 2022 年 6 月 8 日《潇湘晨报》报道，72 岁的父亲刘士林看了女儿刘洋这封信后瞬间落泪："我一看，叫我好哭，写得太深情了！"

刘洋是独生女，1978 年出生于河南郑州的一个普通家庭。刘士林、牛喜云夫妇从小就很重视女儿规矩意识的培养，从不无原则地由着她的性子，也不会把女儿努力的成果视作理所当然。"我们从不娇惯孩子，好习惯从小养成。"妈妈牛喜云说。刘洋的父母对女儿从小就比较严格，教育她要保护好眼睛、按时吃早饭、必须写完作业再出去玩等等。

"直到现在，姑娘还保持着这样的习惯，就是吃东西时总要先给长辈们。"牛妈妈说，从小他们就教育孩子要特别尊重长辈、懂得感恩。爸爸刘士林至今难忘那一幕：刘洋上初二那年，得到了人生中第一笔奖学金，看到父亲球鞋破了却一直舍不得换，女儿就用这笔奖学金悄悄地给父亲买回一双回力球鞋。

由此我们看到，刘洋的父母虽然普普通通，却是强大的父母，所以能够养育出强大的女儿，而这就是良好家风的传承。

从刘洋一家三代人的成长，可以得出许多有益的启示。那么，究竟怎样做才是强大的父母呢？

一、陪伴

就像幼苗离不开阳光雨露，未成年人，尤其是幼儿是非常需要陪伴的，并且是需要爱与智慧的陪伴。犯罪心理学专家李玫瑾教授的心理养育理论告诉我们，父母在养育孩子的过程中，与孩子建立亲密的依恋关系，是家庭教育的基石，没有养就没有育。因此，父母的第一职责就是爱的陪伴。请注意，孩子需要的不是母亲一个人的陪伴，同样需要父亲的陪伴。

我的小外孙 10 个月时，虎头虎脑很是可爱，我总有抱他的冲动，却发现他更需要也更喜欢爬行。于是，我就给他创造爬的机会。他爬行速度飞快，转弯也颇为迅速，却不知道危险。因此，他在大床上爬行时，我就像足球场上的守门员一样，必须随时观察他爬的方向，避免他摔下来。小外孙却觉得有趣，以为我和他做游戏，爬得更加来劲。

陪伴需要爱心，需要体力，也需要恒心。2008 年北京奥运会时，国际奥委会驻中国首席顾问李红在天津市长大，自小学一年级开始，爸爸天天带她跑步，一直跑到高中毕业。12 年的陪伴，12 年的坚持，即使李红进入大学以及后来出国留学，她一直坚持跑步。李红养成了坚持锻炼的良好习惯，成长为一个自信自强、品学兼优的大学生。中小学时期可谓成长的关键期，可能伴随多少矛盾与坎坷？父亲坚持陪伴跑步，让女儿进入了成长的绿色通道。这就是陪伴的魅力。英国伦敦大学的习惯研究课题发现，养成一个习惯平均需要 66 天，复杂的习惯需要更长的时间来养成。长期坚持陪伴的最大收获是养成良好习惯，进而形成健康人格。

二、榜样

常言道，孩子是看着父母的背影长大的，所以身教重于言教。家风对于人的成长影响巨大，而父母的一言一行就是形成家风的关键因素。如洪明博士所说，对于一个人来说，价值观在其人格结构中居于核心地位，对其行为方式、思维方式、道德品质起着决定性作用。家庭是一个人价值观形成的摇篮，一个人价值观形成的关键是由其家庭价值观（家风）所决定的。① 因此，父母的榜样作用就成为最直接、最有效，也最重要的家庭教育。例如，要

---

① 全国妇联.家庭教育指导者培训教材——理论篇[M].北京：中国妇女出版社，2021：55.

求孩子做到的事情，自己首先做到；不让孩子做的事情，自己也不做。父母带头读书影响孩子爱上阅读的例子比比皆是。

家庭教育是生活教育，如教育家陶行知所说，好的生活就是好的教育，坏的生活就是坏的教育。储朝晖研究员认为，与旧教育仅仅从道德约束角度反复强调"做人"不同，陶行知大大丰富了"做人"内涵，将培养"生活力"作为"做人"的基础，创造理想社会作为"做人"的目标。生活力包括"健康的体魄，劳动的身手，科学的头脑，艺术的兴味，改造社会的精神"。[①] 举例来说，如果父母热爱生活，做饭能够做得色香味俱佳，就是为孩子做了好的榜样，孩子很可能也热爱生活，愿意做家务。如果父母讨厌做家务，家里缺少烟火气，总习惯于叫外卖，家庭生活贫乏无趣，孩子怎么会喜欢家庭生活？更不可能喜欢做家务劳动。

2021年国庆节前夕，我回青岛家乡给97岁老母亲过生日。因为老人病卧在床，我提出减少在家里吃饭的次数，老母亲却坚持"离家饺子还家面"，即离开家要吃饺子，回家要吃面条。细细想一想，我离开家乡40多年，每一次回家都享受这一待遇。不仅如此，家里的面条和饺子都有"妈妈的味道"。所以，我感慨老母亲真正是生活的英雄，也是我们全家的榜样。

三、发现

我有一个基本观点，儿童教育的全部使命可以概括为12个字，那就是"发现儿童、解放儿童、发展儿童"。首先就是发现，好父母会及时发现孩子的变化与需要，给予孩子必要的理解、帮助和支持。那些离家出走或自伤自杀的孩子，一般都会有某些预兆的蛛丝马迹，父母如果细心发现，则可能避免悲剧的发生。

特别值得注意的是，我为什么说新时代需要强大的父母？因为强大的父母才能较早发现孩子的潜能优势，这是强大父母的特殊而神圣的使命。

[①] 储朝晖. 为教育功利化、应试化开药方：今天，需要重温陶行知 [J]. 未来教育家，2021（10）：14.

没有人比你更关注、更了解你的孩子，你不发现谁发现？而人的一生是依靠优势发展的，甚至可以说是靠优势活着，没有发现优势的人生可能是浑浑噩噩的一生。就理论依据而言，加德纳的多元智能理论为我们描绘了框架，每个人都有 8 个以上的智能，但每个人的智能组合或者说优势是不同的。中国的俗语"三百六十行，行行出状元"也道出了其中的奥秘。问题在于，孩子的潜能优势并不容易被发现，这不仅需要细心，也是需要条件的，尤其是需要丰富多彩的实践。

当然，发现孩子的优势有一个过程，从假优势到真优势，从小优势到大优势，不断的发现就是成长，发现越早越可能掌握教育的主动权。与此同时，父母要多与孩子交流，尤其注意孩子的自我发现。我就是在 11 岁时体验了阅读的强烈幸福感，并开始了改变一生的文学梦。这个发现犹如在我内心装上了强大的引擎，给予我成长的动力，也像火炬，照亮了我漫长的人生道路。如果没有这个发现，我难以想象自己现在会是什么样子。

四、尊重

对于许多父母来说，最难做到的就是尊重孩子，而强大父母的显著特点恰恰就是尊重孩子。举例子来说，许多父母都期待孩子进入名校，获得高收入又安全体面的职业。中国青少年研究中心 2005 年关于中小学生学习与生活状况研究的调查发现，中学生的父母最希望孩子选择的前 3 位职业为公务员、医务人员、教师，显然是更喜欢稳定和有保障的工作。可是，当孩子做出与父母期望迥然不同的选择时，你会采取什么样的态度呢？

青岛一位母亲告诉我，她女儿高考成绩非常优异，完全可以进清华北大，却选择了读一所拥有涉外警务专业的大学，因为她的梦想是当一名现代警察。这位母亲内心很纠结，但还是尊重了女儿的选择。今日父母应注意一个变化，随着中国小康社会的全面建成，孩子的选择可能发生明显的变化，即不再以寻求温饱为目标，而更多看重个人兴趣的发展与梦想的实现。这自然是文明的进步。

中国青少年研究中心 2016 年提供的调研数据证明了这一点：从 2005 年到 2015 年，少年儿童对学历期待的主要顺序仍然首选博士，其次是硕士、本科。但"00 后"对博士学历的期待比"90 后"下降了 16.3%，父母对孩子的学历期待也呈现同样的下降趋势，逐渐回归理性态度。教育家蒙台梭利有一个基本的教育观点，就是父母不要做孩子的塑造者，而要做孩子成长的协助者。用联合国《儿童权利公约》和中国的《中华人民共和国未成年人保护法》的法律原则来说，我们要尊重未成年人的四项基本权利，即生存权、发展权、受保护权和参与权，简而言之就是"儿童友好"，即儿童优先，儿童利益最大化。

当然，必须看到未成年人存在不成熟的一面，尊重孩子并非意味着唯孩子意见是从，而是要认真听取孩子的意见，接纳其合理的意见，分析引导其不合理的意见。例如，某集团一位女高管的女儿高中时去国外参加夏令营，回来情绪低落，抱怨父母给的 300 美金零花钱太少，与花几千美金的同学相比就像穷人。母亲问女儿几个问题：中学生出国花谁的钱？拿着父母的钱比阔是真本事吗？母亲言之有理，女儿茅塞顿开，恢复了自信与阳光。深圳翠北实验小学等学校有一个很好的家庭教育模式，就是经常举行家庭会议，既保证了儿童参与家庭生活的权利，又解决了困扰孩子的诸多问题。这是真正的尊重。

五、支持

儿童是最需要支持的人，因为儿童有五彩斑斓的梦想，却又缺乏实现的能力与经验，他们最渴望得到成年人的帮助。毫无疑问，有爱心的父母最有可能给予孩子支持，特别是解放孩子。教育家陶行知有一个重要主张：要解放孩子的头脑、双手、脚、空间、时间，使他们充分得到自由的生活，从自由的生活中得到真正的教育。

实践证明，孩子健康成长特别需要父母理性的爱。例如，拥有积极的解释风格，摒弃消极的解释风格，因为父母的解释风格深刻影响孩子人格健全程度。解释或评判孩子的行为，是父母教育孩子最经常使用的方式，可以说是家常便饭。童年既是初生牛犊不惧虎的年龄，又是犯错误最频繁的时期，父母的解释有可能影响孩子未来的人生走向，积极的解释收获自信和乐观，消极的解释导致悲观和绝望。孩子健康成长特别需要父母的另一种支持，就是在成长的关键时刻给予鼓励和引领。很多时候，孩子已经发现了自己的潜能优势，做出了适合自己的选择，却未必能够坚持下来，因为任何方面的学习都离不开克服困难这一环节。

一位歌唱家在一次接受采访时表示，后悔自己在教育孩子的过程中一直崇尚"快乐教育"，尊重孩子的任何想法，不强迫孩子做她不想做的事情。结果，很有音乐天赋的女儿小时候喜欢乐器，后来却不愿意练琴。其实，这并不是"快乐教育"的错，而是家长没有唤起孩子克服困难的勇气，也可能没有找到适合孩子逐步提高的方法。我曾经问上海一师附小老校长、愉快教育的创造者倪谷音："你们学校的愉快教育就是降低学习的难度吗？"她回答："不，我们是培养学生战胜困难的勇气，享受成功的快乐！"

我为坚持成功教育 20 多年的上海闸北八中写过长篇报告文学《唤醒巨人——成功教育启示录》，后改名为《成功智力——比智商更重要的潜能》。我在书中总结出该校成功教育的操作秘诀："低起点，小步子，多活动，勤反馈。"意思是说，对于学业有困难的孩子，要将难度分解，激励孩子爬坡过坎，让成功的体验给予孩子自信，这才是真正给予孩子的支持。那位歌唱家也感悟道："有天赋的孩子，还是可以推一把。""其实你迫使她练一练，她可能就很好。"北京大学一名学生回答"什么是好父亲"时说："好父亲就是 90% 的温柔，加 10% 的冷峻。"这说明，孩子的成长需要父母的爱心，也需要父母的理性。

六、成长

成长作为强大父母的六个特征之一，放在最后绝不是无足轻重，而是特别重要，具有非凡的价值，甚至可以说是新时代强大父母最为本质的特征。

为什么这样说呢？因为我们面对信息化世界，面对几千年未有之大变局，更是面对在互联网时代长大的孩子，家庭的墙再厚也无法挡住社会的影响，没有哪一个父母可以轻松应对。新时代父母的唯一出路就是与孩子一起成长，学习学习再学习，成长成长再成长。信息化社会具有许多"后喻文化"或"反哺文化"的特征，即在某些方面，前辈需要向晚辈学习，所以，学习孩子的优点已经成为强大父母的新特点。

在家庭教育中，只要做到陪伴、榜样、发现、尊重、支持、成长，就是好父母，就是强大的父母。新时代需要父母们强大起来，孩子们需要父母强大起来，强大的父母是振兴家庭教育的希望，也是中华民族伟大复兴的希望！

孙云晓
生活感悟

1. 儿童如果远离父母，年龄越小，伤害越大，可能会缺乏安全感和幸福感。尽职的父母是在孩子12岁之前经常陪伴孩子。犯罪心理学专家李玫瑾教授的分析值得注意，即孩子6岁之前最需要母亲，6岁至12岁需要父母共同陪伴，12岁至18岁特别需要父亲。亲子依恋情感是孩子一生安全与幸福的基石。

2. 我完全清楚，一个不爱学习的孩子不仅缺乏竞争力，也会缺乏幸福感，所以，父母与教师的神圣责任在于，从小培养孩子浓厚的兴趣和良好的习惯。其实，孩子生下来就是一个学习者，学习是人的本能，是生存的需要，也是快乐的源泉。因此，真正的儿童教育就是发现儿童、解放儿童和发展儿童。

3. 教育就是以爱育爱。好父母是孩子最重要的榜样，而好榜样就是好教育。读江苏省兴化市茅山中心校六（二）班学生张楷欣的《原谅》（指导老师张年扣），用儿童的逻辑来验证："当我，调皮捣蛋，屡犯错误时，爸爸原谅了我。当我，丢三落四，忘写作业时，妈妈原谅了我。当爸爸妈妈心情不好，冲我发火，把我当成出气筒时，我也原谅了他们。"多么朴素，多么真实，多么可爱！最需要读儿童诗的人其实是父母和老师。

4. 中美家庭教育差别在何处？久居美国的华人看得最清楚。麻省大学波士顿分校终身教授严文蕃说，许多中国孩子放学回家，写作业是第一要务，别的都可以不做。许多美国孩子却必须要完成个人负责的各种家务之后，才可以写作业。美国的考试制度改革也特别重视培养学生的责任感。另外，美国父母重视陪伴孩子并为之做榜样。他外孙女仅两岁，每次见外公来都拉他取书翻书，因为她见爸爸每天都专心看书。可见，父母自觉提高素质，比什么样的家庭教育指导都管用。

第五节　有强大的父母才有强大的后代

《家庭教育促进法》的颁布与实施，是国家综合治理的重大举措，是完善国民教育体系的有力改革，也是家庭幸福、民族昌盛的重要保障。历史的机遇和挑战告诉我们，新时代呼唤并造就强大的父母，有强大的父母才会有强大的后代，才能够实现中华民族伟大复兴的中国梦。

毫无疑问，家庭教育主要是做人的教育，其实现途径是积极向上而丰富多彩的生活教育。然而长期以来，家庭教育存在着学校化和知识化倾向，以追求考试名次靠前和升入名校为竞争目标，严重扭曲了孩子们的健康成长，这种危害家庭幸福和民族希望的状态再也不能继续下去了。

家庭教育以立德树人为根本任务，而立德树人离不开生活实践，所以，坚守家庭教育的生活本质，让家庭教育回归与创造美好生活，才是立德树人的基本途径。

如果对强大父母的特征做出更简练的概括，即有责任感、有理性的爱、不断成长。也就是说，强大父母是勇于承担家庭教育主体责任的，给予孩子理性的爱，并且与孩子一起成长。强大的父母不是在"鸡娃"，不是以分数论英雄，不是以考入名校为孩子成功的标志，他们是以幸福为目标，培养真正健康发展的人。

家庭教育任重道远，《家庭教育促进法》是一部家庭教育的支持法，是积极协调国家与全社会的力量来支持父母成长与家庭建设的根本大法。

《家庭教育促进法》犹如及时雨，将国家和相关机构对家庭教育的支持做出了制度安排，并确定了法律责任。中小学和幼儿园要承担起家庭教育指导服务的重要责任。这些重要的支持措施需要逐步协调落实，同时需要引导全社会深刻认识家庭教育的重要性和父母的责任。

家庭教育关系到每一个孩子的成长，也关系到国家的未来与民族的希望，而父母是家庭教育成败得失的关键。因此，《家庭教育促进法》要求各级政府和全社会都来尊重和支持家庭教育。每一个孩子都是我们自己的孩子，每个父母的成功与失败都与我们息息相关。我们所追求的理想社会是让父母成为受人尊敬并内心幸福的神圣职业。

孙云晓
生活感悟

1. 并非天才也并非富豪子女，却能够进入哈佛等名校深造，或者未进名校也充分实现自我价值，养育这些成功的孩子有什么秘诀吗？哈佛资深经济学家罗纳德·弗格森与美国名记者塔莎·罗伯逊合著的《高成就孩子的教养法则》，深入探究为什么许多高成就孩子都有相似的成长经历，并将原因归结为大师级父母的教育智慧。不同于虎爸虎妈，大师级父母有意把孩子培养成独立思考者和具有创新精神的决策者。细读此书的印象是，大师级父母实为用心陪伴并有高目标和高智慧的父母，即使连续住过9个无家可归者收容所，也激励孩子接受最好的教育（如母亲伊丽莎白·李教育儿子贾雷尔，儿子后来成为一名校长）等等。无论是东方还是西方，在杰出孩子的背后，都站立着强大的父母，即教子有方的大爱之人。

2. 何谓大师级父母？《高成就孩子的教养法则》一书将其概括为8个角色，即早期学习伙伴、飞航工程师、救援者、启发者、哲学家、榜样、谈判专家、全球定位系统。孩子终究会长大独立，走向远方，因此父母留在孩子记忆中的忠告与智慧，能否引导孩子走向自己选择的人生目标，即全球定位系统是否有效，就是对父母8个角色效果最重要的检验。回想我多年的采访与研究及个人经验，或许可以概括为"父母的榜样、价值观和习惯"三要素，能够给予孩子终身受益的影响。榜样是形象鲜明的，价值观是融入心灵深处的，而习惯是稳定的、自动化的行为。由此也可以反思：家庭教育的重心何在？强大的父母强在哪里？

第二章 家庭教育的核心是培养健康人格

孩子健康成长特别需要成功的体验。因为当体验较多次成功的时候，孩子的自我概念、自我激励就比较强，他的自信力也比较强，并由此化为一种积极、健康的人格，而这正是成功的关键因素。反复成功的孩子越来越好，反复失败的孩子越来越差。

第一节 自信迎来成功，自卑导致失败

> 一个孩子至少需要一百次释放潜能，才可能成为一个杰出的人。我们怎能仅给孩子一次或几次机会，就奢望他们变成一个百折不挠的英雄呢？

采访刘京海校长的时候，他对我说："人格的核心是自信心，而十岁左右是自信心形成的关键期。为什么十岁即三、四年级几乎成了一道坎呢？一般来说，小学一、二年级和毕业班师资较强，三、四年级师资偏弱，而此时的教材难度又增加了，孩子们的心理也趋于复杂……此时，形成自信或自卑的自我概念，将会影响到人的一生，全世界都是这个规律。"

自信心是至关重要的，但这种重要性并未被人们真正认识，即使那些挚爱孩子的父母，也往往忽略了自信心对孩子发展的决定性意义。

一、唤醒孩子们心中沉睡的自信与自尊

2000年7月中旬，应四川省教委的邀请，我和刘京海校长一同赴成都讲课。虽然神交已久，见面还是第一次，在我的诚恳请求下，一天晚上，刘校长谈了许多关于成功教育的思考。

刘校长心中总是装着"差生"，似乎走到哪里都会感受到教育的不公平，这令他愤慨不已。自1987年开始，作为上海闸北区教育科学研究室主任，他受命主持闸北八中的成功教育实验。

提起闸北八中，熟悉内情的人都会摇头叹息。是啊，由于地区环境恶劣，生源又极差，有人称此校为"垃圾学校""流氓学校""差生集中营"。可是，刘京海校长对闸北八中却情有独钟。他相信，只要变反复失败为反复成功，再差的学生也会昂起头走路，成为有希望的人。经过多年的努力和坚持，

成功教育获得了巨大的成功。

2003年在深入采访上海闸北八中后，我写了一本书《唤醒巨人——成功教育启示录》，并获得第十四届中国图书奖（后更名为《成功智力——比智商更重要的潜能》）。

有人说，这本书是为"差生"正名，洗刷他们身上的歧视与污点的教育纪实作品。是的，"差生""傻子"，这些对于孩子来说是一个个可怕的污名，可以让一个原本能奋发向上的孩子变得自暴自弃，从此走上与社会、学校、家庭对抗的道路。书中记录的上海闸北八中在所谓"差生"教育中以发展的观点看待学生的成功，让从来没有体验到成功快乐的"差生"体验反复成功的快乐，从而唤醒孩子心中沉睡已久的巨人——自信与自尊，提出了成功教育最核心的命题：成功即发展，学生在原有的基础上得到发展就是成功。

在上海闸北八中，人们时常争论起关于聪明和愚笨的问题，因为"差生"太多了，是否有不可改变的客观原因呢？

作为成功教育实验班的班主任，楼老师为帮助"差生"呕心沥血，但是，许多教育难题也常常让她感到困惑。

刘京海校长常与她聊天，反复讲他的"猴子论"，即智力障碍的孩子也比猴子聪明，要相信孩子的潜能，同时要找出适合不同孩子的方法。

刘京海说："我们不一定马上找到适合孩子的方法，但当我们一时教不会孩子，不应怀疑孩子是学不会的。只要我们有爱心和恒心，一定能找到适当的方法，而寻找的过程就是师生共同成长的过程。"

张爱华（化名）的出现，曾经让楼老师差点儿绝望，因为她的物理测验仅得7分！

张爱华生活在一个普通的知识分子家庭里。在小学里已经留过三级，加上年龄偏大，人偏胖，被同学们起了个绰号，叫"傻大姐"。放学后，楼老师留下了张爱华，批评她回家不好好复习功课。

"我哪有时间？我要做好多家务活儿。"张爱华低着头不敢看老师，嘴巴却咕哝着不太服气。

"你是独生子女吗？"

"是。"

"独生子女每天有很多家务？"

见张爱华还是点头，楼老师吃了一惊，因为她任教多年，这样的事极少碰到。

家访的时候，张爱华父亲说出了一番令人心酸的话："不怕老师笑话，我们的女儿智商很低，不是读书的料。她将来唯一的出路就是嫁人，没有其他本事，只好干活，以后也好告诉人家，家里的活她样样会干。所以，为了她的将来，我们在家里培养她做家务。"

楼老师听了，心中一阵痛楚，说："如果她没有什么文化，只知做家务，那她将来嫁了人，会幸福吗？"

"可有什么办法呢？我们何尝不想让女儿读书呀！骂也骂了，打也打了，不管用啊。"

楼老师摇摇头，说："哪个孩子不是人呀？咱们还是要为她一辈子的幸福着想啊！努力吧，总会有办法的。"

第二天，楼老师请物理老师来辅导张爱华，她自己坐在一边观察。物理老师讲了一些题，问张爱华：

"懂了吗？"

"懂了。"

张爱华礼貌地点了点头。但是，楼老师从她茫然的面部表情可以断定，她肯定没真正弄懂，而是不敢承认。

楼老师想，也许请同学来帮助她更好，有时同学会比老师讲得更通俗易懂。征求意见后，她把张爱华带到了本班学习委员的家里进行辅导。只要一看到张爱华有疑惑的神情，楼老师就请学习委员停下来，再讲一遍，把难点攻破为止。

回家的路上，楼老师笑眯眯地说："小张呀，我告诉你一个秘密，这可是全班都不知道的秘密呀！""什么？"张爱华的心跳加快了，全神贯注地望着老师。只听楼老师低声说:"我上初中的时候,物理成绩也很糟糕,还哭过鼻子呢。""真的?"张爱华瞪大了眼睛,问道,"那您怎么办?""我骂了自己一通,有什么了不起的,我就是头拱地,也要把物理攻下来。"

"后来呢?"

"过关了呀!"

"可是我不行!"

"谁说的?记住,相信自己的人才会成功!"

"我试试吧。"

第二次物理测验就要开始了。楼老师找张爱华谈话,发现她非常紧张,身子不由自主地抖动着。

楼老师微笑着说:"我相信你会有进步的!"

"不,我肯定考不好,我……"张爱华的眼泪都快流下来了。

但是,楼老师还是轻松的样子,问:"你能考8分吗?"

张爱华羞愧地说:"8分考得到,可还是不及格呀!"

楼老师目光炯炯地望着她,说:"放开胆子考吧,只要比上一次多考一分,就是进步!就是成功!"

物理考试成绩出来了,张爱华考了37分。虽然没有及格,但楼老师在班上说:"物理老师表扬咱班了,说咱班在全年级进步最大。我想知道,谁在咱班里进步最大呢?"

不少同学举起了手,嚷着:"我91分,进步了12分!""我87分,进步11分!"……"张爱华进步了30分!"

楼老师几乎惊叫起来,她兴奋地说:"这是一个了不起的进步啊!同学们,你们有哪一位的进步幅度有她那么大?第一,她在失败的时候没有气馁,而是在不断地奋斗;第二,她认真总结了失败的经验,找到了成功之路。就凭这两点,我相信她还会继续进步的!"

全班响起了真诚而热烈的掌声。是啊,他们谁没有过失败的经历呢?

楼老师走到张爱华身边,深情地拥抱了这个屡遭挫折的姑娘。这一举动更感染了同学们，但他们不会表达，只能用"噢——噢——"的欢叫宣泄自己激动的情感。

37分的奇迹改变了张爱华的命运。

从此，父母"承包"了较多的家务，而让张爱华把更多的时间投入学习。父母甚至发现女儿并不傻，家庭生活的账目算得清清楚楚。下学期时，闸北区的物理统考刚好抽中了实验班。结果，张爱华考出了74分的好成绩，而全班的平均分是80多分。更重要的是，她恢复了自信与自尊，她看到了一个美好的未来在向自己招手。

现代教育相信人是千差万别的，却更相信人人潜能无限，人人都能成功！

当然，教育是一个艰难的过程，是一个连续的过程，并且是一个家庭、学校、社会协同合作的过程。一个孩子至少需要一百次释放潜能，才可能成为一个杰出的人。我们怎能仅给孩子一次或几次机会，就奢望他们变成一个百折不挠的英雄呢？

其实，一百次并不算太多。每一个爱唠叨的父母或教师，如果把自己对孩子的训斥累计起来，恐怕都在百次之上。假如，您把百次训斥改成百次唤醒，一个难以想象的好孩子可能就站在了您的面前。

教育是一种唤醒的艺术，唤醒孩子们（包括所谓的差生）心中沉睡的自信与自尊。教育家眼里没有差生，相信每一个学生都有成功的愿望，相信每一个学生都有成功的潜能，相信每一个学生都能获得多方面的成功。

父母应该怎么做呢？我的建议是：

第一，改变观念。父母要重新审视自己的观念，要认识到现代教育是适合孩子的教育，不是让孩子去适合的教育。教育的艺术是发现的艺术，是唤醒的艺术，是欣赏的艺术，与训斥和改造无缘。只要真正给孩子适当的条件，就有希望激发出孩子的潜能，而潜能得以释放的孩子，其新形象美好得连他自己都会大吃一惊！

第二，不要对孩子漠不关心。孩子需要父母的关心和喜爱，尤其在他们遇到烦心事时，更希望得到父母有力的帮助。当父母将援助的手伸向孩子的时候，孩子会感受到家的温暖，从而满怀信心地迎接生活的挑战。

第三，让孩子体验成功。儿童特别需要成功的体验，因为当体验较多次成功的时候，孩子的自我概念、自我激励就比较强，他的自信力也比较强，并由此化为一种积极、健康的人格，而这正是成功的关键因素。反复成功的孩子越来越好，反复失败的孩子越来越差。父母和教师既要给孩子创造成功的机会，也要及时给予鼓励性的评价，使孩子信心越来越足，行为越来越自觉。正如刘京海的成功探索告诉我们：不错，失败是成功之母。但是，与失败相比，成功是更重要的成功之母！

二、警惕"习得性无助"

上海闸北八中的刘京海校长对我讲过一段令人难忘的事。

有一天，刘校长去幼儿园接女儿回家。女儿高兴极了，坐在爸爸的自行车上，一路上滔滔不绝，说："爸爸，你在研究'差生'，我告诉你，我们班上有五个傻瓜！"

刘京海一愣，问："是不是你们老师说的？"女儿连连摆手，答："我们老师没说过。"刘京海更奇怪了，他从未意识到，还没上学的女儿也能与他探讨"差生"问题。他饶有兴趣地问："那你是怎么知道傻瓜的？而且还有五个！"女儿见爸爸感兴趣，更来劲了，骄傲地回答："只有傻瓜才不知道什么叫傻瓜。他们五个小朋友，总是回答不出老师的提问，不是傻瓜又是什么呢？""噢，是这样啊，爸爸明白了。"

刘京海一边回答一边沉思起来。反复失败的孩子，在幼儿园就成了"傻瓜"，即使老师不说他们傻，小伙伴也会自动把他们说成"傻瓜"。久而久之，这些"傻瓜"便可能认定自己是傻瓜，是"差生"，并且在生活中表现得又傻又差。这是一个多么可怕的让孩子变傻变差的现象啊。

这不禁让我想到了"习得性无助"。1967年被发现的心理学现象"习得性无助"源于塞利格曼等研究者的经典实验。起初把狗关在笼子里，只要蜂音器一响，就开启电击，狗关在笼子里逃避不了电击。多次实验后，蜂音器一响，在给电击前，先把笼门打开，此时狗不但不逃，不等电击出现，就先倒在地上开始呻吟和颤抖。本来可以主动地逃避，却绝望地等待痛苦的来临，被动地接受和不愿意改变，这就是习得性无助。

长期以来，人们对成功的理解，总是片面地将高升学率作为学校教育成功的唯一标志，将考高分、进名牌大学作为学生成功的唯一标志，造成了很多家庭、学校与学生的悲剧。传统的缺乏人性化的应试教育，将正常的义务教育扭曲为选拔教育，而选拔教育本质上是淘汰教育，从而导致了一大批被淘汰者——"差生"的产生。这些孩子由于长期遭受歧视，自己也认同"差生""坏孩子"等污名，更严重的是，他们的内心充满了失败感甚至仇恨，这必然给社会安定带来巨大的隐患。这不正是现实中残酷的"习得性无助"的表现吗？"习得性无助"给"差生"带来的最大伤害与摧残就是破坏了他们良好的自我概念。

什么是自我概念？这是心理学上的一个概念，即个体对作为一个整体的自己的意识和体验相对稳定的观念系统。也可以说，自我概念是自我意识的一种认知活动形式。通俗地说，自我概念即认为自己是什么样的人，对自己有一个基本的认识。你认为你是个什么样的人，你就会怎样去生活。

在我看来，培养儿童积极的自我概念，实际上就是要让孩子相信自己是个好人。

在孩子的成长过程中，有许多关键期（或者叫作敏感期）。十岁左右是孩子形成自我概念的一个关键时期，在这个时候，做父母的和老师要千方百计地让孩子相信自己是个好人，让他从小就相信自己。因为如果一个人认为自己是个好人，他就会像好人一样生活；当他认为自己是个傻人，是个笨人，他就会像个傻人笨人一样生活；当他认为自己是个坏蛋，他就会像个坏蛋一样生活。

我的建议是：

第一，永远相信孩子都渴望成为好孩子。每个教育者都要充分相信，没有本质上的坏孩子，并且，每个孩子都具有巨大的发展潜能，而我们要为其创造正向发展的适宜条件。对于父母来说，要坚定不移地相信自己的孩子是好孩子。只有信任孩子，孩子才能真正成为一个好孩子。非常遗憾的是，有些父母却在生活中常常会不自觉地让孩子相信自己是个坏人、笨人。比方说考完试，有些父母就会训斥考不好的孩子："我看你这个样子，将来就是扫大街的料！""我算是白生你了，我这辈子真是没指望了！"这些话听起来让人很沮丧，这些话实际上会让孩子怀疑自己：我是个好孩子吗？我还有希望吗？这样的怀疑有可能使孩子丧失了自信，走向了自卑，导致心理问题，甚至酿成悲剧。

第二，引导孩子形成积极的自我概念。要让孩子从小在积极的、成功的体验中建立积极的自我概念，相信自己是个好孩子。只有当孩子建立了积极的自我概念，相信自己是一个好人、聪明的人，他才能自信、自尊地生活。

第三，别逼孩子考试拿第一。许多父母总是希望孩子考试拿第一，对孩子的学习成绩十分紧张，这样的期望会让孩子憎恨比自己强的同学，可能考试拿不了第一，便会采取不正当的方式去冒险，如作弊、篡改成绩单，甚至伤害同学等，以博得父母的认同。所以父母要了解孩子的情况，对孩子的要求不能超过孩子的实际能力，只要孩子尽力了，就应该对孩子表示满意，不要给孩子增加压力，更不能以学习成绩高低作为评定孩子"好""坏"的唯一标准。

三、让孩子相信"我能行"

北京光明小学的老师曾经教给学生"我能行"八句话：

相信自己行，才会我能行；
别人说我行，努力才能行；
你在这点行，我在那点行；
今天若不行，明天争取行；
能正视不行，也是我能行；

不但自己行，帮助别人行；

相互支持行，合作大家行；

争取全面行，创造才最行。

这八句话说得多好！让孩子相信自己"行"，其实就是激发孩子内心中的自信，使孩子勇敢地面对生活、学习上的压力。

众所周知，在孩子成长过程中，高考是压力最大、矛盾最多的一关。我的女儿从小学到初中再到高中从来没有进过重点学校，面对高考也经受了不少压力。我深知，孩子的压力越大，越不能好好学习，压力越大，成就需要越低。所以，在女儿考前报志愿时，我尽量为她减压，建议她从低往上报志愿。我说："考不上大学是正常的现象，能考上大专也不错，以后可以续本科嘛。"

女儿瞪我一眼，说："太小瞧我了，大专还能考不上吗？我考上普通本科也没问题。"

后来女儿渐渐缓解了紧张的心情。有一天，她说："我特别想考复旦大学，去上海读书是我的梦想！"我当即鼓励她说："有梦想才有成功的希望。再说，每个考生都可以报四批志愿，录取时是根据成绩从高往低录。既然你做好了去普通本科或大专的准备，重点大学的梦不做白不做，完全可以一试！"

女儿决心已定，把报考复旦大学作为第一志愿报了。可是，好事多磨。第一次高考模拟考试成绩出来，女儿就哭了，因为她的成绩仅够普通本科往年的录取线。妈妈给她写了一封长信，肯定她的进步，激励她要自信。我们请一位教师帮女儿做实力分析，那位教师说："你很有潜力！咱们区往年考生有的高考成绩比一模上升100分呢，你拼搏一下，也能创造奇迹！"

为了圆女儿的复旦梦，高三那个寒假，妈妈陪她去了一趟上海。女儿在复旦大学门口照了相，并摆在书桌上，每时每刻激励自己。高考前20天，我对她说："墨子说得好，志不强者智不达。你既然梦想考入复旦大学，每天早晨起来，把复旦大学赠考生的三句话大喊三遍。"这三句话是："相信自己！相信自己的选择！相信自己选择了成功的人生！"女儿第一次去阳台上喊时，声音细小，毫无气势。我为她一遍遍加油，女儿声音越来越大，底气越来越足，逐步进入了精神抖擞的状态。

高考时，女儿果然创造了奇迹，考试成绩整整上升了100分，以第一志愿被复旦大学社会学系录取。进入复旦大学之后，女儿写了一篇回忆文章，题为《高考：我人生中的一场精彩战役》。她写道：

> 我的高考结果并不是最完美的，但对于我来说，实现了自身的突破。这个突破既指我选择离开家去上海读书，又指我克服了一切不稳定因素，考出了我的真实水平。高考的成功同父母和老师的帮助是分不开的……经历了高考，让我坚强了许多，我有信心再经历更大的挑战，并且相信我会做得更好！

我女儿从复旦大学毕业后，进入《中国新闻周刊》当记者，4年后被评为资深记者。2010年初，受中国新闻社的委派，担任常驻日本的记者，并报道了福岛大地震等重大事件。由于成绩突出，她荣获中央国家机关青年五四奖章。

在每一个孩子的成长过程中，几乎都会经历许多痛苦，而作为父母的我们应该如何陪伴孩子，并给予孩子鼓励与帮助，让孩子勇敢地面对人生路上的无数挑战，我的建议是：

第一，用积极的态度鼓励孩子。当孩子遇到失败的时候，父母可提出一些建议，不应抱怨孩子，也不要抱怨别人，而是要用积极的态度去鼓励孩子，让他尝到从失败到成功的滋味。

第二，发现孩子"变好"的痕迹。父母或教师鼓励孩子时不要太"吝啬"，不要觉得孩子没有什么优点，没有值得鼓励的地方。其实，只要您做个有心人，就一定能够发现孩子的长处。孩子表现不好，或者犯错误的时候，常常是教育的最佳时机之一。要注意的是，父母或教师此时最重要的不是观察孩子的缺点，而是发现其转变的痕迹，找到孩子进步的点滴迹象，并对孩子的每一点进步进行鼓励和肯定。

第三，鼓励之后要给孩子切实的帮助。孩子们都是需要帮助的，当您鼓励了孩子以后，当孩子的自信心有所增强以后，还需要成年人用实际行动帮助孩子巩固这份来之不易的自信心。所以，您需要给他最实际的帮助，如寻找适合孩子的方法来引导孩子等。

四、不要吝啬赞美孩子

自信就是相信自己的潜能，凡事做出积极的选择。孩子自信心的树立需要赞美，而这是成人送给孩子最好的礼物。

然而，现实令人感慨万千。我主持中国城市独生子女人格状况课题时发现，只有三分之一的教师能经常鼓励学生，但他们表扬的80%以上都是学习尖子和学生干部。我常找机会与孩子聊天。北京某小学五年级学生告诉我："我们的老师整天阴着脸！"见我愣住了，别的孩子又争着解释："我们的老师特爱发火，一发起火来，五官错位，紧急集合！"多么精辟而形象的评论。我对作家们讲儿童生活时说："我们谁能用八个字，描绘出一个人发怒时的表情？"作家们自愧不如。这不值得我们深思吗？

每次考试成绩出来，多少个家庭在大呼小叫？有的家长还揪着孩子的耳朵，大声责问："你把平时那些好东西吃哪里去啦？怎么考这么点分？你没长脑子吗？""人家考一百分，你怎么才七八十分？准是贪玩不用功，不打你屁股，你是不知道努力的！"其实，这些指责并无科学依据，还会让孩子恐惧学习，可能成绩还会越来越差。

我们必须相信，孩子是千差万别的，都考第一是不可能的，也是不必要的。鲁迅、郭沫若在中小学时的成绩，大都在七八十分，甚至还有些课不及格，可他们为什么能成为伟大的文学家和思想家呢？说明成功在于发展和选择，在于潜能的激发。因此，我建议广大父母朋友，当您的孩子又闯祸时，您的第一句话是否可以说："你是好孩子！不过，今天这件事不好，为什么会这样呢？仔细找找原因好吗？"当您的孩子考砸了，您的第一句话是否可以说："你是个有潜力的孩子！我们知道你爱学习，也一定能够学好。可这次没考好，咱们来好好找找原因，好吗？"您如果这样开始谈话，孩子就不仅不会崩溃，而且会认真思考，找出原因，重新奋斗，直至成功！

事实上，孩子渴望表扬就像人需要阳光和氧气一样强烈。小孩子认不清自己，需要靠成年人的表扬来认识自我、增强自信。所以，父母们请不要吝惜您的赞美，该出口的要出口。要知道，不管是良好的行为习惯，还是惊天动地的成绩，都是与一件一件的平凡小事分不开的，只要孩子做了好事，父母就应当慷慨地给予表扬。清朝的颜元说："数子十过，不如奖子一长；数过不改也徒伤情，奖长益劝也且全恩。"经常鼓励孩子、肯定孩子、赞扬孩子是成年人神圣的责任。父母的首要任务是把孩子做对的事情从平凡的生活中挑出来，大加赞扬。

从许多父母的成功经验中可以发现，表扬孩子时不能说些假大空的话，而要关注孩子成长中的每一个优点、每一个进步。更为重要的是，不要对孩子的优点视而不见，却用放大镜来看待孩子的缺点。我的建议是：

经常发现孩子的优点。我曾以开玩笑的方式给父母们一个严肃的忠告：如果您能发现孩子身上有 10 个优点，您是优秀的父母；如果您能发现孩子身上有 5 个优点，您是合格的父母；如果您在孩子身上连一个优点都发现不了，您就是不合格的父母。

我接触过数不清的孩子，我可以绝对地说，至今为止，还没有见过一个没有优点的孩子。但有的父母会说："我怎么发现不了孩子的优点呀？我总觉得孩子一无是处，怎么夸奖他呀？和别人家的孩子比，他简直差远了，我怎么表扬他呀？"这正是有些父母习惯于挑剔缺点而出现的"后遗症"。我们并不反对父母用"挑剔"的眼光看待孩子，关键问题是您"挑剔"的是什么。如果您"挑剔"的是孩子的缺点、短处，那么您传达给孩子的肯定是消极的信息。如果您"挑剔"的是孩子的优点，那么，您自然会肯定孩子、赞扬孩子，给孩子善意的评价。也许有些孩子很淘气，但成年人要学着换个角度去评价孩子。同样是面对孩子的淘气，有的父母会觉得孩子太烦、惹人讨厌，有的父母却会觉得这是孩子天真的表现，会给予宽容甚至赞扬。所以，建议父母经常给孩子善意的评价，不要轻易把孩子划入坏孩子之列。

父母要善于挑出孩子做对的事情。一般情况下，父母们会认为："我觉得我的孩子太不如人家了，哪里还有什么做对的事情呢？"其实，所谓"做对的事情"，是相对于孩子的既定目标而言的。当孩子完成了自己设定的目标，或者和自己相比有了进步，这些都是孩子做对的事情。哪怕您的孩子上次考了 20 分，这次考了 21 分，对于孩子来说，也是个进步。您不能因为孩子考试不及格就训斥孩子，而要看到孩子已经取得了难得的一分的进步。如果父母总是拿自己的孩子和别人的孩子比，就很难发现孩子在哪些方面是高于他人的。因为"别人"是一个多数，您的孩子很难永远是所有人中的第一名，总会有人比您的孩子强。心中只有攀比，父母就会很失落，就会觉得孩子没有优点可以夸奖。

父母要宽容孩子的失败。作为父母，总希望自己的孩子优秀一些，但要考虑到孩子的年龄。如果您对孩子的期望值过高，就容易产生焦虑情绪，不能宽容孩子的失败，因此会常常把不能达到您的目标的孩子看成笨孩子、坏孩子。其实在历史上经常挨罚的达尔文、被逐出校门的爱迪生，都是这样一些"坏孩子"。孩子是在犯错误中长大的，孩子犯错误不可怕，重要的是父母怎么样面对孩子的错误。无论如何父母都要充分相信，没有本质上的坏孩子，宽容孩子的失败，并给予孩子一个"迷途知返"的机会。

夸奖孩子要具体。父母给孩子的夸奖必须是具体的，越具体真好。如果您只是虚情假意地对孩子说"你真聪明""你真棒"，孩子听了以后会觉得很茫然，不知道自己到底好在哪里，也不知道自己怎样才能变得更好。而且，对于大一些、已经有了思考能力和判断能力的孩子来说，他们会觉得父母的话很虚伪，因而父母的话也不会起到太大的作用。

要管好事情，先管好心情。有的父母训斥孩子时会说出一些侮辱孩子的话，这往往也是一时冲动，过后会后悔。我建议，当您要训斥孩子的时候，千万要注意，特别是当您发怒的时候，可以给自己立一个规定：训斥孩子之前先数数，从 1 数到 100。实际上，您数数的过程就是一个让您冷静的过程，冷静一些，教育孩子才会理智，也就能避免您说出伤害孩子的话，事后后悔不已。

> **孙云晓生活感悟**
>
> 1. 对于儿童来说，越是简单明确的奖励，引导效果越好。如中国青少年研究中心教授张先翱所说，奖励儿童的标准宜实不宜虚，要突出技能而非意识，不要鼓励竞争而是鼓励进步。有一些儿童组织的奖章标准非常具体，例如能够游泳 15 米可以获得游泳章，会做四菜一汤可以获得炊事章。
>
> 2. 习得性无助现象的发现者之一马丁·塞利格曼教授说，约有三分之一的人或狗从未表现出无助，而百分之十的人或狗一开始就很无助，这样的观察使他开始研究习得性乐观。否定性教育导致最具灾难性的后果就是让人产生习得性无助，儿童是其中最容易受伤害的人。科学家发现，乐观是成长的主要因素。
>
> 3. 从发现习得性无助（即反复失败）导致完全失去自信，到倡导实现蓬勃人生的积极心理学，马丁·塞利格曼教授的研究成果勾画出幸福蓝图。积极情绪、投入、人际关系、意义和目的、成就，幸福人生的这五个元素都是教育要素。如果父母和教师重视这五个元素，就会给予孩子积极的影响。
>
> 4. 兴趣与习惯对孩子的发展无疑是重要的，有兴趣才有动力，有习惯才有保障。但是，比兴趣与习惯更重要的是自信，甚至可以说，没有自信就没有一切。过高的期望、过重的压力和过度的包办，都可能让孩子失去自信，因为自信来自成功的体验。你认定自己是什么人，才可能成为什么人。

第二节 爱心成就未来

爱的前提是理解和尊重，爱的定义是奉献和责任，爱的方法是关心和帮助……实际上，任何一个人的成长都离不开他人之爱，任何人的成熟都离不开爱他人。学会做人是教育之本，拥有一颗爱心是做人的基础。

一、培养孩子有孝心

要培养孩子的爱心，首先要培养孩子有孝心，孝敬长辈。但据我观察，如今的父母对孩子都很有爱心。父母都知道孩子的生日是哪天，但至少有一半的孩子不知道父母的生日。父母都很重视给孩子过生日，但有几个孩子重视父母的生日？

其实，每一位父母都特别希望孩子懂得爱，学会爱，做一个好孩子。那么怎么样来引导呢？其实爱在点点滴滴处，爱在日常生活中，爱就在我们的周围，关键看我们能不能发现。父母要培养孩子拥有一双能够发现爱的眼睛，有一颗灵敏的心来感受生活。这个时候就需要大人点拨，让孩子明白，在这些行为的背后，有一颗颗关爱的心，让他去理解大人为什么这样做，让他懂得爱、珍惜爱、学会爱。我想，一个有爱心的孩子，就是一个真正的人。

孩子的心灵是最纯净的，他们能从点点滴滴的生活小事中感受到父母的爱，从而渐渐唤醒内心关爱父母的意识。我女儿8岁那年，写过这样一篇日记，叙述了一件有关"鸡腿"的小事：

> 我特别喜欢吃鸡腿，平时家里买了鸡，两只鸡腿都是我吃。我还问爸爸："为什么鸡不长四只、八只鸡腿呢？"现在我长大了，懂事了。今天我家又买了一只烧鸡，本来我觉得两个鸡腿都是我的，可是我

又想：爸爸妈妈关心我，我也应该关心爸爸妈妈，再说他们每天上班多辛苦啊！于是我就把两只鸡腿分给了爸爸妈妈。妈妈表扬了我。

两只鸡腿事小，对父母的关爱事大，这是女儿回报给父母的丝毫不掺假、没有任何杂质的爱。我们欣喜地发现，女儿一天天长大，一天比一天懂事。

今天是国际妇女节。妈妈平时很忙，既要做好工作，又要干家务，还十分关心我的生活和学习，十分辛苦，我决定让妈妈过个快乐的三八节。

我拿着平时爸爸妈妈给我的零花钱，来到一家精品店。我左挑右选，终于选中了一件珍贵的礼物：小花篮。回到家里，妈妈正在做家务活。我让妈妈坐在沙发上，闭上眼睛，然后把小花篮放在妈妈的手上。妈妈睁开眼睛一看，十分高兴，看着我的目光是那样可亲。

晚上，我和妈妈一块下厨房。妈妈择菜，我洗菜；妈妈要炒鸡蛋，我就从冰箱里取出鸡蛋，打在碗里搅好。过了一会，饭菜做好了，端上桌来。嘿！真是色、香、味俱全。

吃饭时，我们全家举起杯子，祝贺妈妈节日快乐。爸爸最后发言，表扬我懂事了。我得意地说："那是当然了。"这句话说得全家哈哈大笑起来。

女儿的成长让我们欣慰。我们对孩子的爱让孩子学会了爱。让人惊喜的是，女儿不仅仅是对我们有爱心，对于其他人也一样。当然，这是我们做父母的乐于见到的，也很愿意支持和帮助她。1995年的一天，我们就帮她实现了为缉毒英雄捐款的愿望。后来，女儿写了这样一篇日记：

从6月26日开始，中央电视台播出了一部反映我国禁毒领域的纪录片《中华之剑》。它真实地拍摄了与贩毒分子的战斗、吸毒者的懊悔和惨状，呈现了缉毒干警所做的大量工作和那些鲜为人知的感人事迹。我们全家被深深地吸引住了，每到播出时间，我们就早早地坐在电视机前，等着节目的开始，几乎是集集不漏。我们全家已经有很长时间没有像这样喜爱一个节目了，因为它十分真实。听爸爸妈妈说，这个节目有好多人在看，这正表示了人们对吸毒问题的重视。

其中，最让我感动的是那些缉毒英雄们。他们不计名、不图利，在艰苦的工作环境中顽强战斗，甚至献出宝贵生命。他们是中华民族的脊梁，是当代最可爱的人。

今天，我和爸爸妈妈谈起了《中华之剑》，谈到缉毒干警每月只有三百元的生活费。我突然说了一句："咱们应该给缉毒干警捐些钱！"话一说完，马上得到了爸爸妈妈的赞成。我拿出了自己的25元稿费，父母更加慷慨，凑齐了1000元。爸爸给《中华之剑》剧组写了一封充满感情的信，请他们把这笔钱送给有困难的缉毒英雄们，并转达我们的崇高敬意。

我真希望这些钱能早一点到缉毒干警的手中，多少改善些生活，身体棒棒的，好去把那些毒枭打得落花流水！

女儿是善良的，我们真心希望她能永远保护好心中这颗爱的种子，爱自己、爱父母、爱他人、爱社会。

如何培养孩子成为有孝心有和有爱心的人呢？我建议父母们在教育过程中注意：

一是不要让孩子吃独食。从小让孩子吃独食，会让他觉得他吃好东西、拥有好东西是理所应当的。如果孩子习惯了被奉献，只知道索取，很难在以后的生活中考虑别人的感受。一个不懂得关爱别人、体贴父母的人，将来很难成为一个有爱心的人。

二是不要"有求必应"，更不要"无求先应"。对孩子提出的需求，父母应先思考一下是否合理，如果不合理，则应该否定，并且要告诉孩子为什么不合理。父母不要预先为孩子承诺太多，一手包办孩子的成长，面面俱到，不要总想着孩子没有这个、没有那个。如果父母总是包办代替，时间长了，孩子会觉得一切东西都来得太容易，也不懂得珍惜。

三是父母要为孩子做出榜样。如果家中有老人，有好吃的先给老人吃，逢年过节给老人送礼物；如果老人离得较远，经常给老人打打电话。要让孩子看到父母不仅对自己有爱，对长辈也有爱。身教的力量远远大于言传。

二、珍惜孩子的爱心

著名教育家苏霍姆林斯基感叹过："要呵护和培养一个孩子的爱心不是一件容易的事啊！"

苏霍姆林斯基当校长的时候，学校的花园里开出了一朵极大的玫瑰花。一天早晨，苏霍姆林斯基在花园里散步时，发现一个4岁的小女孩摘下了那朵玫瑰花，正拿在手里快活地往外走。

试想一下，如果我们看到孩子摘花的时候，第一个反应是什么呢？一般来说，我们都会意识到这是一个错误，应当进行批评教育。进一步分析，还会发现，我们一见到此类现象，往往会从坏的方面去揣度孩子，批评与处罚的念头更强了。让我们看看，苏霍姆林斯基会怎么做呢？

苏霍姆林斯基根本没有去批评小女孩，而是蹲下身子，亲切地问道："孩子，你摘这朵花是送给谁呢？能告诉我吗？"小女孩有点羞怯地说："我奶奶病得很重，我每天都陪着她说话。我告诉她校园里有一朵非常大的玫瑰花，奶奶就是不相信。我现在摘下来送给她看看，看过了我就把它送回来。"

听了小女孩天真的回答，看着小女孩淳朴的小脸，苏霍姆林斯基心里很感动。他牵着小女孩的手又回到了花园里，摘下两朵大玫瑰花对她说："这一朵是奖给你的，因为你是一个懂得爱的孩子；这一朵是送给你奶奶的，感谢她养育了你这样好的孩子。"

苏霍姆林斯基不愧为教育家，他后来和老师们谈起这件事："批评一个孩子所犯的错误很容易，可是要培养和呵护一个孩子的爱心并不是一件容易的事啊！因为孩子在成长的过程中，他的爱心会慢慢地融化或吸纳他的错误，可无情的批评和处罚可能会毁掉孩子爱心的火花。"

孩子是在犯错误中长大的。譬如这个小女孩，她摘下玫瑰花的确是个错误，但这个错误与她的年幼无知有关，她以为摘一朵花就像借一样东西，用过了还回来就行了。苏霍姆林斯基的高明之处在于，他不但看到了这个小女孩的错误，更看到了这个错误背后的爱心。孩子总是把对与错"搅拌"在一起，教育者的责任当然包括发现"错"，但首要的责任是把"对"找出来，并用"对"来消化和引导"错"。正如苏霍姆林斯基所说："培养孩子的爱心远比对他们的错误无情地指责重要啊！"

如何珍惜孩子的善良，培养和呵护孩子的爱心，我的建议是：

一是鼓励、引导孩子的爱心。当孩子爱心萌动的时候，请给予鼓励、引导，这是珍惜孩子的爱心首先要做到的。用成人的眼光来看，有时孩子的爱心是幼稚的、可笑的，成人往往容易在不经意中嘲笑、打击孩子的爱心。如果孩子的爱心遭到你的质疑，孩子就可能会放弃"爱"。

二是珍惜孩子爱的表达。爱的表达是一种情感的交流。两代人要珍惜彼此的感情，珍惜每一个瞬间。爱就是这样自然发展的，需要我们来发现它、培育它、珍惜它。孩子在表达爱的时候可能会犯错，正如前文提到的那个小女孩，但父母和教师要客观地认识产生错误的根源，而不要简单地批评指责。要学学苏霍姆林斯基的大境界，不要因一时的批评惩罚而毁掉孩子的爱心。

三、学会欣赏他人

1999年3月22日的《香港经济日报》上，小学教师海伦·莫丽萨讲述了一个令人感动的故事。

这位老师在圣玛利小学做三年级班主任时，班上34名小朋友都跟她十分亲近，尤其是小马克，格外招人喜爱。但是，小马克太爱讲话，老师不得不警告他：不可以在不适当的情况下说话。小马克每次都非常诚恳地说："多谢老师的教导。"可他就是不改。

一天早晨，小马克又在上课时不停地讲话。老师忍无可忍，便对小马克说："如果你再发出声音，我会用胶纸封住你的嘴。"然而，不消 10 秒钟，同学查理就大声地报告："马克又在说话了！"

老师没办法，只好走到自己的教桌前，拿出一卷胶纸，撕下两片，二话不说地走到小马克跟前，把胶纸贴在他的嘴上，刚好形成一个叉。老师回到讲台，偷偷地瞧了瞧小马克，又乐了，因为小马克还是那么可爱。老师不忍心了，又走过去把胶纸撕了下来。小马克又是一句："多谢老师的教导。"

许多年过去了。一天，这位老师接到马克父母的电话，说马克去世了，明天举行葬礼，邀请老师和一些同学前去吊唁。老师呆住了。去葬礼现场，从照片上看，当了兵的马克很英俊、成熟。老师悲伤地想，我愿意用全世界的胶纸来换取马克跟自己说话。

葬礼之后，马克的父亲走过来说："我们有一样东西要交给你看。"他从口袋中拿出一个信封，"他们在阵亡的马克身上找到了这张纸，我想你应该认得这张纸。"

打开信封，马克的父亲很小心地拿出两张残旧的单行纸，从纸的折痕，很明显可看出它们曾被重复翻看。不用打开，老师已经知道这是写满同学赞扬马克的话的那张纸，因为她曾让每个同学写出班上每个人的优点。

马克的母亲说："实在太感谢你为我儿子做了这样一件事，马克很珍惜它。"

这时，马克的同学们也走上来。查理说："我的那一份仍然放在我家书桌的第一格内。"

史提芬的太太也说："史提芬吩咐我把他那份放在我们的结婚照相册里。"

玛利接着说："我的放在日记本里。"

美琪掏出钱包，也拿出她的那一份来，说："我每天都带着，我想我们每个人仍然保留着它。"

这时，老师的眼泪像泉涌一般流了出来。十多年的漫长岁月，有多少可以珍藏的纪念品？学生们却为何将那样几张纸视为珍宝呢？

这个故事给我们带来什么样的启示呢？

这位老师引导学生互相欣赏，使每个同学都拥有一个装着自己优点的信封。当他们在喜悦时、痛苦时，或者遭受挫折时，翻看信纸，从中会得到无穷的动力，更珍惜自己、珍惜现在、珍惜所拥有的一切。让学生学会互相欣赏，也是引导学生发现美、学习美，并让学生心中装满了对他人的爱、对自己的爱。同时，这一方法的独特魅力在于，它在一个集体内部挖掘出了一种凝聚力和向心力，从而为每个人的成长创造了良好的环境。

人民大学附属中学的老校长刘彭芝当老师时在班里推荐一种消除秘密的武器，经常在班里进行学习方法的交流。谁能够向同学介绍自己的学习方法，大家就为他鼓掌，向他表示敬意。结果这个班里出现了一种风气，比方说获得国际数学奥林匹克银奖的一名同学就说："我习惯于躺在床上想问题，想好了之后起来把它记下来。"有的同学是把知识点串成链，然后再巩固复习。同学们都是这样敞开胸怀，把自己的有效武器教给别人，大家共同来提高。因为有这样一种胸怀宽广的做法，每个人都获益特别多，既得到了友情，又得到了智慧。他们觉得自己的办法比过去多了，而且旧的办法中会不断产生新的办法，使学习充满了自信。在这样的氛围中形成的集体是温暖的集体，在这样的一个集体中成长的孩子都会拥有高尚的人格，都是能够与别人合作的。

如何引导孩子欣赏他人、爱他人，我的建议是：

一是引导孩子做到心中有他人。父母要经常有意识地向孩子传达平等、服务、奉献、合作、关注、爱心等观念，让孩子做到心中有他人。如孩子是学生干部，要让孩子懂得如何关心同学，而不要在同学间表现出"官腔""官样"，否则极易受到同学们的孤立与鄙视。又如孩子学习优秀，不要让孩子"目中无人"，可以引导孩子主动帮助其他同学，共同进步，培养孩子成为一个乐于助人、友爱同学的好孩子。

二是防止嫉妒心。很多老师抱怨，优秀学生的培养往往会出现许多问题。如有的学生看到别人成功时自己很难受，这样的心理对于一个急于上进的孩子而言是真实的，也是可以理解的。但这种困惑如果不能得到很好的解决，就可能会产生嫉妒、忌恨。对于父母而言，同样有这样的苦恼。怎么办呢？父母不要让你的孩子仅仅为了名次、分数去学习，也不要鼓励孩子参与恶性竞争，如不和其他同学友好相处，不共同分享学习上的好办法，搞保密垄断等等，这是狭隘的做法。正如刘彭芝老师那样，要让孩子学会用大胸怀、大境界对待学习、对待同学，在班级里有朋友，人缘好，会更加有利于孩子的学习，大家互相团结、友爱帮助，这才是真正的学习。

三是培养孩子的善心。如果条件允许的话，父母可以在假日带孩子参加一些公益活动，到社区或福利院等地方，让孩子懂得每个人都需要别人的帮助，如果自己有能力，就要去帮助需要帮助的人。要注意培养孩子帮助别人的善心，有一颗善心的孩子会友爱地与人相处，而不会时时想在别人面前表现其"优越感"了。例如，广东中山市流行的亲子义工活动，不仅优化了社会风气，也促进了两代人的成长。

孙云晓
生活感悟

1. 孝心教育需要现代观念，如对父母等长辈要孝敬而不是无条件孝顺。教育的导向要以是否有利于人的成长为根本标准。孝敬的含义是尊重和尽责，这是每一个孩子都需要具备的品质，也是检验其道德水平的重要标志。但是，一切都顺着父母等长辈的孝顺是愚孝，是不利于孩子健康成长的精神枷锁。

2. 把"给父母洗脚"作为孝心教育的一种统一模式来推行可能会误导孩子。孔子以"色难"来谈孝心，意思是说，让父母保持愉快是尽孝的最高境界。

作为父母当然希望孩子有孝心，希望孩子多体谅父母的难处与心情，却未必需要孩子为自己洗脚。因此，真正培养孝心就要学会理解和体贴父母。

3. 做人的核心是拥有爱心。培养孩子的爱心或许可以从孝敬长辈开始，对孩子关爱最多的是他的父母及长辈，如果孩子对这些最亲近的人也产生不了孝敬之心，你还指望他去爱别人？没有孝心的孩子很难有爱心。孩子生日当然可以庆贺，但首先应该是感谢父母，第二才是庆贺孩子的成长。

4. 残疾学生对于一个班级乃至一个学校而言，既可能成为麻烦，也可能成为财富，其差别在于教育导向和教育艺术。如果激发出孩子们的善心与爱意，残疾学生的困难与痛楚就成为同学们向善的发动机，努力进步的残疾学生就成为同学们最好的榜样。好的教育把孩子变成天使，坏的教育把孩子变成魔鬼。

第三节　没有责任心的孩子长不大

是否具有责任心，是衡量一个人是不是现代人的主要标志之一，也是衡量少年儿童社会化水平的关键指标之一。责任心是培养起来的，是从小锻炼出来的。培养孩子的责任心，应该从三个方面着手，对自己负责，对家庭负责，对社会负责。

一、敢于对孩子说"不"

如果孩子已经依赖成性，不愿对自己负责，那么父母要敢于并且善于对孩子说"不"，勇于要求孩子承担自己的责任。

我记起我女儿上小学五年级时的一件事。

当时，我们家住在北京的西直门高粱桥一带，靠着一家饭店，饭店门口停了很多汽车。

邻居家的小弟弟是一个虎头虎脑的小孩儿，我女儿经常和他一块儿玩。保安一看这小孩儿来了就特害怕，因为他担心孩子拿石子划一下汽车，那可赔不起啊，所以小孩儿一来他就轰，态度有些恶劣。

我女儿想：看你这么凶的人，我非捣蛋不可！结果呢，我女儿就领着小弟弟故意藏在汽车后面，拿石子敲地，"嘣、嘣、嘣"，敲得保安心惊肉跳："我的天啊，谁在敲汽车呀？"就过来追。哎，这保安一追，我女儿他们就跑。

他们从饭店往家跑，穿过一个铁栅门，这个铁栅门小孩能钻过去，大人钻不过去，往里一跑，这保安就没招了。女儿自以为有了诀窍，"嘣、嘣、嘣"，他们就总这样捣乱。

气急败坏的保安也动脑筋了，他悄悄地把这个铁门开了，锁也开了，但还挂在那里。我女儿他们根本没发现门是虚关的，故技重施，"嘣、嘣、嘣"，敲了就跑，保安就追。我女儿一看今儿不对，铁门大开，拼命地跑，跑进家门，就靠在那里大口大口地喘气，吓坏了。可跟在她后边的那个小弟弟跑得慢，被保安抓住了，嗷嗷直叫。

我在家一听声音不对了，就问女儿怎么回事。

女儿说："我们给保安捣乱，小弟弟被抓走了。"

我说："你是姐姐，他是弟弟，你是主要责任人，弟弟是跟着你捣乱的，对不对？现在出事了，你跑回家了，小弟弟被抓走了，你就在家待着？"

女儿不知所措，问我怎么办。我说："你赶快出去，找保安承认错误，让他把小弟弟给放了，有什么责任你来担着！"

女儿惊叫起来："我不敢，我不去！"

我说："不行，你今天不迈出这个门去，明天怎么有脸见人家小弟弟？你是好孩子，要敢作敢当，没有过不去的火焰山，你一定要去！"

女儿看我一点儿也不松口，只好呜呜地哭着去找保安承认错误。

其实，这时候保安已经训过那个小弟弟，把他放回家了。我女儿又带上礼物去慰问小弟弟。这件事让我女儿难以忘怀。

后来我女儿写了一篇文章，题目是《那年夏天》，记下了这件在小孩儿眼里非常可怕的一件事情。她写道："这件事，我一辈子都不会忘记！"

我为什么不去代孩子承认错误？因为孩子是在体验中长大的，我们不能代替孩子成长，就不能代替孩子体验。这就是让孩子去体验责任，只有体验责任，才能体验成长。

父母要学会对孩子说"不"，因为对孩子说"不"，其实也就是在培养孩子的责任心。但是在现实生活中，父母们却容易犯一个很大的错误，就是让孩子放弃承担责任。譬如当孩子犯了错误的时候，许多父母都会替孩子赔礼道歉，渐渐地，孩子就会认为，原来发生任何事情，父母都会帮他解决，甚至认为父母替他赔礼道歉是天经地义的事，无论什么事都有爸爸、妈妈、爷爷、奶奶替他解决。孩子慢慢就会成为任性、自私、不负责任的人，这就是家庭教育的一个失误。

没有责任心的孩子长不大。父母不要剥夺孩子体验责任的机会，让孩子在体验中成长，然后他才会永远记住自己的责任。什么事情最难忘，往往就是教训最难忘。不论孩子有什么过失，只要他有一定能力，就应当让他承担责任，这才是现代父母真正的爱心。

父母要敢于对孩子说"不"，我的建议是：

藏起一半爱心。在孩子的成长过程中，处处依赖别人是坏习惯。我们要培养孩子的独立性，孩子成为一个自理自立的人，一个基本的标准就是要自己的事情自己做，自己对自己负责任。做父母的要藏起一半爱心，凡是孩子能做到的事情，我们不要替他去做，放心地让孩子自己体验犯错误后的苦头。苦头吃上一些之后，他就会慢慢地改掉坏的习惯，而且牢记犯错的教训。

适当运用"命令"。如果能够引导孩子自觉自愿承认错误和承担责任，当然是最好的结果。可是，由于孩子的年龄太小，可能因为经验不足或者胆量不够而不敢或不愿意承担责任时，需要父母适当地运用"命令"，要相信孩子的潜力，有时用"命令"强制孩子去体验，也会收到较好的效果。当然，发出这样的命令需要谨慎，命令应该是有益于孩子成长的。

二、责任心要从小培养

每一个孩子身上都寄托着家庭的无限期望。爱应该是双向的，父母应该让孩子知道，父母要对孩子负责任，孩子也要对家庭、对父母负责任。但实际上我们很容易发现，父母对孩子包办代替太多，其实是减少了孩子为家庭承担责任的机会。因此，父母特别要克制溺爱之心。"衣来伸手、饭来张口"的孩子，不容易体谅父母，对家庭没有责任感的孩子不是天生的，而往往是父母"培养"出来的。

我曾经读到一位父亲写给上大学的儿子的一封信：

亲爱的儿子：

尽管你伤透了我的心，但你终究是我的儿子。虽然自从你考上大学，成为我们家几代里出的唯一的大学生之后，心里已分不清咱俩谁是谁的儿子了。从扛着行李陪你去大学报到，到挂蚊帐、买饭菜票，甚至教你挤牙膏，这一切，在你看来是天经地义的，你甚至感觉你老爸给你这位争气的大学生儿子服务，是一件特沾光、特荣耀的事。

　　的确，你考上大学，你爸妈确实为你骄傲。虽然现今的大学生也不一定能找到很好的工作，但这毕竟是你爸妈几十年的梦想。我们那阵，上大学不是凭本事考的，要看手上的老茧和出身成分。这也是我们以你为荣的原因。然而，你的骄傲是不可理喻的。在你读大学的第一学期，我们收到过你的三封信，加起来比一份电报长不了多少，言简意赅，主题鲜明，通篇字迹潦草，只一个"钱"字特别工整而且清晰。你说你学习很忙，没时间写信，但同院里你高中时代的女同学，却能收到你洋洋洒洒几十页的信，而且每周一封。每次从收发室门口走过，我和你妈看着你熟悉的字，却不能认领，那种痛苦是咋样的，你知道吗？

　　后来，随着你读大二，这种痛苦煎熬逐渐少了。据你那位高中同学说，是因为你谈恋爱了。其实，她不说我们也知道，从你一封接一封的催款信上，我们能感受到，言辞之急迫、语调之恳切，让人感觉你毕业后大可以去当个优秀的讨债人。

　　当时，正值你妈下岗，而你爸微薄的工资，显然不够你出入卡拉OK、酒吧、餐厅。在这样的状况下，你不仅没有半句安慰，居然破天荒来了一封长信，大谈别人的老爸老妈如何大方。你给我和你妈心上戳了重重一刀，还撒了一把盐。最令我伤心的是，今年暑假，你居然偷改入学收费通知，虚报学费。这之前，我在报纸上已看到过这种事情。没想到你也看到了这则新闻，及时娴熟地运用这一招，来对付生你养你爱你疼你的父亲母亲。虽然，得知真相后我并没发作，但从开学到今天，两个月里，我一想到这事就痛苦，就失眠。这已经成为我的一个心病，病根就是你——我亲手抚养大却又倍感陌生的大学生儿子。不知在大学里，你除了增长文化知识和社交阅历之外，还能否长一丁点善良的心？

……

这位父亲在信中对儿子的质问，读来字字让人心酸！一位大学生，为什么只会一味向父母索取，而不顾及下岗母亲、年迈父亲的难处，甚至虚报学费，以催讨父亲微薄的工资？父母含辛茹苦养育出来的大学生为什么变成了"白眼狼"？许多父母舍不得让孩子吃苦，好吃的、好穿的、好用的都首先给孩子，孩子习惯了被呵护、被宠爱，不愿意也不会吃苦。没有吃苦的磨炼，孩子就不会飞翔。所以说，我们不能把孩子包得太紧，要让孩子得到锻炼。否则，我们养育出的孩子就成了"30岁的儿童"。

"30岁的儿童"不是童心未泯，而是长不大的孩子，是缺乏责任心的孩子。正如信中的那个大学生，就是一个对父母、对家庭缺乏责任心的孩子，而这正是父母一味溺爱的恶果。

对家庭负责的意愿和能力是从小培养起来的。放手让孩子吃点苦，让孩子承担一定的家庭责任，这极有可能为孩子将来的发展打下坚实的基础。父母过于包办代替，孩子就可能会愈加软弱。为了让孩子坚强起来，父母有时要心"狠"一点，让孩子在承担责任中磨炼自己，获得成长。

如何从小培养孩子的家庭责任感，我的建议是：

一是给孩子分配一些劳动任务。没有岗位和任务是难以养成责任心的。因此，在家庭中给孩子分派适当的、力所能及的任务是必要的，如学会做饭、洗衣服、打扫卫生，负责给花草浇水等，并及时对孩子所做的一切给予指导和鼓励。

二是听取孩子对家庭生活的建议。父母经常和孩子讲讲家里的花销添置、人事来往，并请孩子谈谈自己的看法，或者请孩子出主意、想办法。聆听孩子的意见，采纳他们有价值的建议的时候，孩子也容易在心中生出对家庭的责任感。

三是不要对孩子的物质要求"来者不拒"。现在有许多父母是在超出自己经济能力的情况下过度满足孩子的消费要求,面对孩子,似乎谁也不会"抠门"。但父母要学会对孩子不合理的消费要求说"不"。如对孩子频繁的物质要求,有时可以采用延缓时间兑现的方法,让孩子心理上感觉到每一件东西都是来之不易的。当然,是否满足孩子的物质要求,要看这种消费是否合理,是否符合家庭财力水平。如果孩子提出某些不合理的物质要求,则要坚决拒绝,并耐心说明拒绝的理由。

三、做一个对社会负责任的公民

每一个孩子除了肩负家庭的期望之外,他也属于社会。一个真正想有所作为的人,必须具有社会责任感。古今中外,无数仁人志士正是在强烈的社会责任感的驱使下,为国家、为民族、为人类而奋斗不止。

宋朝的范仲淹,用"先天下之忧而忧,后天下之乐而乐"来表达自己的社会责任感。周恩来总理在南开中学读书时就立下"为中华之崛起而读书"的志向。一个人的社会责任感,就是他的志向,就是他克服困难的勇气与韧性,就是他生生不息、奋斗不止的动力之源。

在北美,大学录取新生,一个非常重要的指标就是"志愿者服务时间"。美国德克萨斯州立法规定,中学生在校期间必须有110个学时参加社区服务活动才能取得毕业证书。加拿大规定,高中生在校期间要完成40小时的社区服务(义工),否则不准毕业。而在德国,学生要参加邻里委员会的服务工作,否则没有就业资格。

这些做法的背后是这样一种认识:一个孩子是否关心他人的命运,是否关注社会的需要,是这个孩子今后能有多大发展的前提条件。哈佛大学特别重视对社会责任感的培养,强调"为增长智慧走进来,为服务社会走出去"。

责任使人成长,责任使人超越。没有社会责任感的孩子永远难以担当大任。

这是一个真实的、感人的故事:

瑞恩是加拿大一个普通家庭的男孩。6 岁的瑞恩读小学一年级时，听老师讲述非洲的生活状况：孩子们没有玩具，没有足够的食物和药品，很多人甚至喝不上洁净的水，成千上万的人因为喝了受污染的水死去。

老师说："我们的每一分钱都可以帮助他们，一分钱可以买一支铅笔，两块钱能买一条毯子，70 加元（约合 380 元人民币）就可以帮他们挖一口井……"

瑞恩十分震惊，他想为非洲的孩子挖一口井。

不过，他的妈妈并没有直接给他这笔钱，也没有把这个想法当成小孩子头脑一时发热的冲动。妈妈对瑞恩说："家里一时拿不出 70 加元。你要捐 70 加元是好的，但是你需要付出劳动。"妈妈让他自己来挣这笔钱，妈妈说："孩子你要多干一些活，多承担一些家务，慢慢地积攒，积攒到一定时候，就能够有这些钱了。"瑞恩说："好，我一定多干活。"

于是，瑞恩开始做正常家务之外更多的事。哥哥和弟弟出去玩，他吸了两小时地毯挣了两块钱；全家人都去看电影，他留在家里擦玻璃赚到第二个两块钱；一大早爬起来帮爷爷捡松果；帮邻居捡暴风雪后的树枝……

瑞恩坚持了 4 个月，终于攒够了 70 加元，交给了相关的国际组织。

然而，工作人员告诉他："70 加元只够买一个水泵，挖一口井要 2000 加元。"小小年纪的瑞恩没有放弃，他开始继续努力。一年多以后，通过家人和朋友的帮助，他终于筹集了足够的钱，在乌干达的安格鲁小学附近捐助了一口水井。

事情至此并没有结束。因为还有更多的人喝不上干净的水，瑞恩决定攒钱买一台钻井机，以便更快地挖更多的水井。让每一个非洲人都能喝上洁净的水成了瑞恩的梦想，他真的坚持了下去。

瑞恩的故事被登在了报纸上。于是，5 年后，这当初是一个 6 岁孩子的梦想竟成为千百人参加进来的一项事业。2001 年 3 月，一个名为"瑞恩的井"的基金会正式成立。如今，基金会筹款已达近百万加元，为非洲国家建造了 30 多口井。这个普通的男孩，也被评为"北美洲十大少年英雄"，被人称为"加拿大的灵魂",影响着越来越多的人去关爱和帮助他人。

瑞恩的这份爱心是大爱,表现出对人类社会的责任感。如何培养孩子成为有社会责任感的公民,我的建议是:

父母言传身教。父母可与孩子共同讨论国家大事和社会重大问题。比如,有的地区发生了自然灾害,父母就可以与孩子一起讨论如何承担社会责任问题,引导孩子立足家庭,关心社会,热爱祖国。相反,如果父母听到号召为灾区援助的消息后不但不表明一种积极的态度,甚至对孩子的义举加以阻止,这将完全不利于孩子社会责任感的培养。

鼓励孩子参加社区活动。一般来说,社区都会定期开展一些公益活动,父母应该及时了解相关信息,并鼓励孩子积极参加,或与孩子共同参与,让孩子在社区活动的体验中增强责任意识。

引导孩子树立远大理想。父母引导孩子确立理想和目标时,注意要与社会、民族、国家乃至全人类的利益紧密地联系起来。也可以让孩子多阅读传记类书籍,使孩子从杰出人物的事迹中汲取营养,激励孩子树立远大理想,培养孩子的社会责任感。

孙云晓
生活感悟

1. 为什么有些孩子油瓶倒了也不扶?因为他们缺乏劳动的习惯,眼里没活没责任。一次,我应中央电视台邀请,评价上海某小学留家务劳动作业的做法。一个孩子如果没有做过家务劳动,培养责任心就是一句空话,因为承担家务劳动是最基本的责任,也是力所能及的事情。同时,孩子承担家务劳动既可以理解父母的辛苦,又可以积累生活经验,对于人的终身发展意义重大。父母需要做的关键不是帮孩子完成劳动作业,而是引导孩子养成劳动习惯,这就要坚持坚持再坚持。当孩子会做家务劳动并且养成习惯,那才是劳动教育的成功。

2. 孩子是看着大人的背影长大的，是否了解和理解大人成为关键。过去，许多概念儿童是难以理解的，譬如祖国、国际、社会、责任、价值观等等，而全民动员的防控疫情过程，将这一切变得非常具体形象。每个人待在家里减少传染，就是对他人、对社会的关爱。如果家中有人去疫区或医院等急需之处做志愿服务，孩子更会印象深刻。父母不仅需要为孩子做出榜样，也需要耐心对孩子做出解释，积极的解释可能唤醒责任心，带来自信和勇气，消极的解释则可能导致悲观甚至绝望。家庭教育的高下之分就在于此。

3. 儿童是成长中的巨人，需要父母与教师的发现和扶持。据《都市晨报》2020年2月份报道，9岁的刘宸硕是徐州少华街小学四年级的学生，他利用假期时间，利用乐高积木，自己设计并搭建了三款医疗主题机器人，如打针护士、机器人医生、医疗运载车等，通过编制程序，完成机器人为患者治疗、打针、运送医用物资和医疗垃圾等目标。这些设计虽然简单幼稚，却反映出儿童的责任心与创造力被灾难唤醒，这是极为珍贵的品质。由此我想到李兰娟院士的呼吁，国家需要鲜明正确价值导向，引导人们愿意投身科学研究和技术进步，而不是梦想成为一夜走红的明星或网红。我们要重视富有责任心而又热爱科学的幼苗。

4. 严酷的现实可能成为培养孩子责任心的无情推动力。我读儿童文学作家常新港的作品总感到沉重，近日听他回忆，11岁那年他为看电影缠着父亲要钱，遭到严厉拒绝："你懂点事吧，你奶奶在老家要饭呢！"父亲病后要他去打水，当他耗尽力气从20米深的井里打上水来，终于明白了什么是责任与担当。

第四节　敢于面对挫折才能健康成长

> 从长远的发展来看，挫折也是一种珍贵的资源，并可能成为一种人生的财富。

按照心理学家的解释，挫折是"在个体从事有目的的活动过程中遇到障碍或干扰，致使个人动机不能实现、需要不能满足时的情绪状态"。心理学理论认为，挫折具有两重性：一方面使人失望、痛苦、沮丧，或引起粗暴的消极对抗行为，导致矛盾激化，甚至使某些意志薄弱者失去对生活的追求，给群体和个人造成严重的损失；另一方面又给人以教益，使人认识错误，接受教训，改弦易辙，或砥砺人的意志，使人更加成熟、坚强，在逆境中奋起。

几乎每一个孩子在生活中都会产生挫折感，只是程度不同、结果不同罢了。其中，比较常见的挫折有学业失败、师生关系紧张、同伴关系恶化、班级地位偏低、个人形象受损等等。

不要以为孩子在家里就一定平安顺利，实际上，家庭也常常成为伤害孩子心灵的地方，例如过高的期望、专制的安排、无语家庭、溺爱放纵、疏忽照料等方面，也让孩子备感挫折。

因此，对孩子进行抗挫折教育是十分重要的。抗挫折教育是以挫折理论和儿童身心特点为依据，引导儿童勇敢面对挫折，善于转败为胜，并体验到成功与快乐，从而成为乐观、坚强的人。因此，从这个视角看，挫折也是一种珍贵的资源，并可能成为一种人生的财富。

一、带缺陷的斯芬克司雕像

毫无疑问，每位父母都特别希望自己的孩子能成功，都希望孩子在成长的道路上能少走弯路,或者不走弯路。当孩子遇到挫折和失败的时候,有些父母往往比孩子还着急。尤其是当孩子做出决定,而这个决定在父母看来是肯定要失败的时候,父母们往往接受不了了,急于上来阻止孩子走错路。

黄全愈教授在他的《家庭教育在美国》一书中讲到了与他儿子矿矿有关的一个故事,读来颇有启示。

矿矿上小学的时候,老师经常让孩子自己动手做一些小东西。比如孩子搞一个关于中国长城的课题研究,老师就要求孩子自己动手做一个长城模型;孩子搞一个关于战争的课题研究,老师又会要求孩子做一顶士兵戴的小帽子。有一次,矿矿做的是古埃及文化研究,他决定做那个狮身人面的斯芬克司的雕像。

听说孩子要自己动手做斯芬克司的雕像,我的第一个反应就是不切实际。用什么材料?石头?木头?小小年纪你雕得动吗?做雕像有那么容易吗?当然,我心里是这样想的,可嘴上没说。妻子的艺术细胞显然要比我多,她提出要用蜡来做雕像。母子俩就在家搞起了斯芬克司工程。做模子、浇筑、定型,矿矿跟着妈妈边学边干,母子俩干得热火朝天。可是到了雕刻阶段,母子俩开始不断发生争论。斯芬克司的雕像已经有个粗模样,往下细雕,粗手粗脚的矿矿尽出错。太过投入的妈妈,好像是忘了谁最终对这个项目"负责",她担心矿矿前功尽弃,所以关键的地方就不让矿矿动手了。

矿矿当然不愿意了。他毫不客气地对着妈妈嚷道:"这是您的课题研究,还是我的课题研究?"

妈妈着急了,想说服矿矿:"就因为是你的课题研究,我才这么费心帮你。如果做坏了,你拿什么去学校交作业呢?"争多了,我当然也不能袖手旁观。我对妻子说:"儿子这么想是对的,就让他自己去干吧,好坏都是他自己做的。"

孩子单干了一阵，终于赶在交"货"日期前完成了斯芬克司的雕像。看看儿子的作品，还真像那么回事。用不着任何说明，你就能猜到它是"什么"。当然不能仔细看，斯芬克司的下巴不知为什么少了一块，脸部一边大些一边小些。最让人担心的是，斯芬克司的两条前腿从根部断了下来。不过还好，拼好了放在桌子上，不看侧面是看不到断痕的。

这是一个带缺陷的斯芬克司——成也好，败也好，总之是孩子自己做的。还好，矿矿的老师对矿矿这个"有缺陷"的作品赞不绝口，还让矿矿同他的斯芬克司合影留念。

看这个故事的时候，我得到一些启发。在我和父母们接触的时候发现，多数父母都不忍心看到自己的孩子失败，不忍心看到自己的孩子孤军奋战，不忍心看到自己的孩子因为某样事情干不好而挨老师批评，于是常常就想"越俎代庖"。从根源看，这无疑是父母爱孩子的表现。但是这样的爱，可以说和那些包办代替、过度保护孩子的爱是一样的，因为在爱的旗帜下，孩子们失去了亲自尝试的机会，感受失败的权利也被剥夺了。

其实，失败也是孩子的权利，失败也是一种人生体验。

孩子的成长过程是一个必然伴随着失败的过程。鲁迅先生说："即使天才，在生下来的时候的第一声啼哭，也和平常的儿童一样，决不会就是一首好诗。"人都是在跌跌撞撞、磕磕绊绊中长大的，人无完人，孰能无过？孩子尤其如此。

而我们的父母总是表现出一种完美的倾向。矿矿是个很有个性的孩子，他对母亲的质问，的确令我们感慨。成长要靠孩子自己去经历，去体验，最难忘的往往不是结果，而是过程。

虽然有的时候，孩子的水平可能确实不如大人，他的知识、技能方面都不如成人丰富、熟练，但这是他的成长，他必须经历一个自我探索的阶段。因此我们对孩子的这种所谓的失败，要给予理解、宽容，只有亲身经历过失败，孩子才能长大成熟起来。孩子的成长是任何人都不能够替代的。

在一个人的一生当中，谁能保证不失败呢？谁能保证不会遇到挫折呢？既然我们成年人在生活、工作、事业当中都会遇到失败，那么孩子在成长过程中为什么就不能失败呢？

人在小的时候其实都是丑小鸭，都有很丑陋的地方，都有各种各样的毛病和缺陷，这是每一个人的自然状态。可贵的是，人们正是从这种丑陋走向美好，从低级走向高级，从幼稚走向成熟。所以我们要让孩子充分感受这个过程，我们可以适当点拨，但是千万不要替代他。你替代他后，他不知所以然，他对自己的行为缺乏把握，将来也不可能站得稳当。所以说，父母要容忍孩子的失败，要知道失败也是孩子的权利。

怎样容忍孩子的失败，为孩子提供探索与体验的机会，我的建议是：

不要担心孩子的不完美。孩子正是由一种不完美走向比较完美，从不成熟走向成熟，这就是一个长大的过程。

要敢于对孩子放手。父母只有对孩子真正放手，孩子才能获得真实的体验。无论是成功还是失败，都让孩子自己去尝试，去体验。孩子会在实践中了解失败和错误之间的差别。失败不等于错误，没犯错误不等于就不会失败。实践能够教会孩子权衡利弊得失，做出适合自己的选择。

二、引导孩子正确面对挫折

现代人的首要特征是自立自强。现代教育的灵魂正是让人自信自主。即使对于一个经济上不能独立的儿童，也应培养其人格的独立，即儿童生下来就是一个权利的主体，他拥有生存权、发展权、受保护权和参与权这四大基本权利，而权利的核心就是人的尊严。

基于上述原则，每一个文明家庭，都应当尊重儿童的权利，让孩子了解家庭中的事，并有发表意见、参与决定的机会。

多年以前，我曾写过一本小书，名为《痛苦——快乐之门》。我写道："痛苦是一所学校，古今中外的杰出人物大都是从这里毕业的。"

在我的记忆中，曹雪芹与鲁迅都是 13 岁左右遭遇家庭重大变故，饱经沧桑。然而，正是这些非同寻常的经历，使他们感悟人生，写出惊世之作。他们是自信自主的，他们是自立自强的，他们由不幸少年成长为一代巨人，让我们直到今天都能感受到他们的力量。

但在今天，许多孩子无法面对挫折，往往受到一些打击便轻言放弃，甚至放弃了自己的生命。

三、何为尊严

我始终忘不了那个男孩的死。

他，年仅 14 岁，一次与某老师发生了不愉快的事，情绪激动。上课了，当那位老师从他身边走过时，他就往老师的背上甩钢笔水，不料被察觉了。老师马上转过身来，厉声喝问："你干什么呢？为什么往我身上甩钢笔水？"老师扯着衣服细看了一下，更生气了，说："还甩了四滴！"这个男孩子争辩道："老师，我就甩了一滴，那三滴不是我甩的。""都在这个地方，怎么不是你甩的？你还不承认！哼！"这个老师在气头上，说了一句非常侮辱学生的话。

这个男孩子非常生气，越想越委屈，受辱感很强，回到家里就自杀了。他留下一封遗书说："我要用我的死来维护自己的尊严，证明我只甩了一滴钢笔水，不是四滴……"

这不是一个虚构的故事，而是一个千真万确的悲剧，《中国青年报》曾有过专门报道。我去西北某省会城市讲课时，提到了这个耐人深思的事件。课后，一位中学教师走到我身旁说："孙老师，这件事就发生在我们学校，完完全全是真事！""是吗？"我一惊，感觉自己走进了这个悲剧之中，不由地感慨道，"这位教师有责任，这位学生也太脆弱，如果他抗挫折能力强一些，也许这场悲剧就可以避免呀！"

大家想想看，一个 14 岁的青春少年就为了证明是甩了一滴还是四滴钢笔水，就自杀了，值不值呢？当然不值得！心理学的研究告诉我们，青春期最重要的心理发展任务就是形成自我同一性，即一个人能够统合自身的各个方面，形成一个协调一致、稳定的自我。简单来说，就是对"我是谁"有一个相对确定的答案。所以，青春期少年特别在意自己的形象。但是，现实告诉我们，谁也没有办法保证每一个学生在社会上不会遇到麻烦，也无法保证每一个孩子在学习、生活中不受到打击、侮辱的影响或伤害。那么我们的孩子该怎么办呢？碰到一点挫折就马上崩溃吗？如果是这样的话，那么我们谁还能长大呢？

作为父母和教师，的确有责任引导孩子正确面对挫折。我的建议是：

引导孩子两利相权取其重，两害相权取其轻。父母和老师要对孩子加以教育与引导，如引导孩子明白这样一个道理：如果别人冤枉了你，你很委屈，很受伤害，可能完全是别人的错误，但是你要和别人解释清楚。哪怕一时解释不清，冤枉你也只是暂时的，事情总有水落石出的一天。不必要耿耿于怀，更不应该放弃生命，以生命作为赌注。要让孩子从小就知道，人的生命是多么珍贵啊！当孩子遇到挫折时，提醒孩子珍惜生命，珍惜亲情。不要因小失大，因为一件小事误了自己的前途，是非常不值得的。每一个人都要珍惜自己，珍惜生命，珍惜父母对自己的爱。我想这应该是生命教育的重要内容。引导孩子阅读励志类的书籍，充实孩子的精神世界，并让孩子明白，虽然不能说经历过不幸的人都会得到幸福，但真正能体会到幸福的，必定是那些能战胜不幸的人！

注意培养孩子增强心理的弹性，即克服困难的坚韧性。要想不断战胜不幸，需要顽强的毅力，人的毅力是在克服困难的过程中培养起来的，成功的人就是因为有着坚强的毅力，而绝不只是因为聪明。在实际生活中，父母要注意培养孩子的毅力。譬如让孩子去做一些有难度的事情，激发孩子克服困难的勇气；在假日可以带孩子去爬山，锻炼孩子的意志等等。只有让孩子体验到自己能战胜困难的喜悦感受，才会使他对自己的学习、生活更加自信、充满热情，走上成功之路。

如何培养孩子心理的弹性呢？我的建议是：

一是允许并理解孩子的害怕心理。一般来说，面对困难、挫折，每个人都可能会出现恐惧、颓废、听天由命的心态，以一种消极的态度看待问题。如果孩子是这样的表现，作为父母首先要理解，千万不能过于着急，更不能加以斥骂。乔治·巴顿将军曾经给他的士兵们一个很好的建议：强迫自己"多害怕一分钟"是解决问题的关键，正视忧虑是克服忧虑的最好办法。事实上，强迫自己正视问题的过程，就是尝试的过程，就是千方百计想办法解决问题的过程。

二是让孩子每天说说开心的事情。每天孩子可能会有许多在学校里发生的事情想和父母分享，父母要重视孩子的这种意愿。可以每天抽出一些时间听孩子说说他在学校里的开心事，这样能加深孩子对开心事的印象，同时能加强父母和孩子之间的感情，建立亲子间的信任感。

三是给孩子陈述的机会。著名心理学家皮亚杰认为，孩子是在犯错误中长大的。因此，面对孩子的错误，父母不必惊惶失措，而应视为成长的良机。事实上，孩子犯错误的时候，往往是最容易教育的时候，因为人人都有的向上之心此时已经在悄悄地起作用了。关键在于因势利导，促使孩子内心的矛盾向真善美转化。如果这样做了，就能引导其明辨是非，激励其产生强烈的责任感并拥有更多的自信。

四是理解和支持孩子的梦想。理想是梦想的姐妹。梦想是我们实现成功的动力。梦想是我们的翅膀，梦想没了，人就成了爬行动物。要让孩子从小立大志，从而激励他为实现梦想而扎扎实实地奋斗，哪怕遭遇一些挫折与失败，也不被轻易打败，不会轻言放弃。要注意的是，父母对孩子的理想不要过多干预、强迫，要考虑孩子的实际情况，尊重孩子自主的选择，不要总想替孩子做主。

孙云晓 生活感悟

1. 许燕教授认为，"人格金三角"在学龄前就要形成，学会乐观即学会在消极情景下做积极解释，学会坚韧即学会在遇到挫折时自我激励，学会希望则是学会做事有方向。如果多一些相关的游戏和阅读活动，多一些挑战自我的实践，有可能逐渐形成积极的思维模式，而这是儿童少年抗挫折能力的基础。

2. 抗逆力即抗挫折能力。出席首都师范大学的青少年研究与抗逆力视角国际研讨会，我提出两个问题，一是挫折或不幸可能是灾难，也可能是财富，二是青少年的叛逆中有珍贵的品质在生长。因此，父母或青少年工作者的态度及引导方式成为关键，积极的解释与帮助带来乐观，消极的解释与态度导致悲观。

3. 每个人身边的挫折都会不断发生，对于孩子来说，抗挫折教育是必修课。对习惯于无论干什么都听到"你真棒""太好了"的孩子来说，失败可能是"伤不起"的打击。实际上，受过严格教育并有充足体验的孩子一般都具有抗压性。我想，抗挫折就是要敢于面对失败，更敢于自信和奋斗。

4. 校园暴力的表面原因是暴力媒介影响和帮派矛盾等，而深层原因可能与挫折反应有关。美国心理学家亚当斯提出挫折理论，揭示了人的动机行为受阻而未能满足需要时的心理状态，如人们经历挫折后可能会产生攻击性行为。因此，需要尊重孩子，避免为学业失败等原因羞辱孩子，更不应该打骂孩子，同时也需要加强延迟满足训练。

第三章 关系好坏决定教育成败

亲子关系、师生关系、同伴关系共同构成了少年儿童成长的生命线。要呵护少年儿童的成长，就要关心这三条生命线的质量。

第一节　两个怀孕少女的不同命运

即使怀孕流产过，只要勇敢面对，又有亲人呵护，天空就依然蔚蓝。母爱之所以伟大，是因为她像大海一样包容天下，她能够化浊流为清波。

一、高中生如何变成了未婚爸爸妈妈

2007年的某一天，北京电视台两位记者采访我，给我一个特殊的案例，希望我能够好好分析。这是一个什么样的案例呢？

北京一所著名的高中里，两个高一的男女学生谈恋爱，因为与家庭和学校闹矛盾，在外边租房同居，结果把孩子给生出来了。我很不解，从恋爱到怀孕再到生孩子的时间够长的啊，家庭教育、学校教育哪儿去了呢？根据记者介绍的情况，我对这个案例的大致过程做了分析。

学校高一的一位老师是有责任心的，发现一个男生最近形迹可疑，就很不放心，趁着这个男同学不在就偷偷搜查了他的书包。当然这是不对的，但是这一搜查发现了重要的证据——一封还没有来得及寄出去的信，就是写给这个女孩的，信中就有他们两个人发生性行为细节的描写。老师一看不得了，严厉地批评了两个孩子，如果不做深刻的检查就不许上课。这位老师心虽好，但是犯了一个错误，就是没有注意保护学生的隐私，这件事情就传开来了，校园里经常有同学对那两个男女学生指指点点。

两个男女学生在学校待不下去，回家之后两家的父母又犯了一个错误，态度简单粗暴，不接受孩子的过失。青春期是叛逆期，你不让我回家，我就不回家了，这两个少男少女就租房子同居了，相依为命。时间长了，这个女孩就怀孕了。没有想到，这个男孩子说："我们就是要把孩子生下来，我们就是要证明一下，我们两个人不是闹着玩的。我们已经长大了，我们是真正的爱情，对不对？"就这样相互安慰着、鼓励着，日子一天一天过去，

女孩把孩子生出来了。

孩子生出来之后,这两个高中生才发现养孩子真的不容易,他们两个人也没有经济收入,又要吃又要喝,怎么生活啊?男孩子就上街抢劫了,抢了几个手机,被抓了起来……这是检察院提供的案例。我认为这两个少男少女走到这一步,就是师生关系失败、亲子关系也失败的结果,无论是家庭还是学校都值得反思,都需要吸取教训。

二、智慧的母亲,博大的心胸

当面对青春期的暴风骤雨,父母该如何理智地应对? 2005 年,《家庭》杂志社曾经邀请我点评该社精品集《一个故事一堂课》(中山大学出版社 2005 年 5 月出版),其中文婉口述、正纯笔录的《晴天霹雳:读高中的女儿怀孕了》讲述了一对农村母女的案例,那位母亲让我感动不已,可以说是一位真正大智大勇的母亲。

一家四口人从农村到辽宁某大城市发展。因为爸爸在该城市工作,大女儿又考上该城市一所大学,小女儿秀秀也上了高中,并且成绩优异,所以举家进城。

小女儿读高二的时候,妈妈发现她总是提不起精神,好几个晚上不到 10 点就趴在写字台上睡着了。周六,平时住校的大女儿回家来,也发现了妹妹的异常,例如容易呕吐、例假长时间不来。临走时,大女儿提醒妈妈,带秀秀去医院妇科看看。

妈妈也发现了秀秀剧烈呕吐的现象,急忙带秀秀去医院做检查。检查结果出来,妈妈的感觉"好像巨石砸在了脑袋上",整个人都晕了:秀秀怀孕了!

回到家里,早已经吓坏了的秀秀扑通一下跪在妈妈面前,眼泪哗哗地流下来。

望着女儿无助的样子,妈妈也哭了,她不由自主地把浑身颤抖的女儿搂进怀里。女儿的手冰凉冰凉的,妈妈看出她后悔莫及的心。这一夜,妈妈都无法合眼。丈夫出差在外，即使他在家，妈妈也不想让他知道此事，因为他饶不了女儿。妈妈决定自己担负起处理此事的责任。她曾想找那个让女儿怀孕的人算账，可又觉得怨人家没有用，权衡再三，最明智的办法还是先做流产，把对女儿的伤害降到最低点。

第二天，妈妈给秀秀的老师打电话，编了个理由说秀秀患急性阑尾炎做手术，需要请假休养一段时间。放下电话，妈妈立马带秀秀去了医院，妈妈用自己的名字登记，为秀秀做了人工流产。

随后，妈妈也向单位请假20天，在家里精心照顾女儿，一句责备的话也没有。妈妈还向一位青少年教育专家咨询了一个半小时，心里更有底了。

妈妈无微不至地关怀女儿，还与女儿讲生理知识和避孕知识，讲自己的恋爱经历和体会，谈女儿的美好前景。女儿终于鼓起了勇气，向妈妈敞开心扉，诉说了事情的经过。

原来，秀秀进城读高中，很长一段时间心情压抑，因为农村孩子上初中才开始学外语，老师的发音也不标准，所以她英语口语较差，常被同学讥笑。唯有与自己家相邻的一个男同学不歧视她，并主动接近她，遇到不会的数学题，大胆地向秀秀请教；秀秀说不准的英语，他也热情帮助。放学后，两个人经常一起回家，慢慢地，一种莫名的情愫在两人心中产生，并且越来越强烈。终于，一个星期天的下午，在那个男同学家里，两个情窦初开的少男少女控制不住品尝了禁果。

秀秀说，事后她非常害怕父母、老师和同学知道，当怀孕的结果被无情地证实时，她想到的是去死。秀秀的心里话又一次震撼了妈妈，她庆幸自己没有给女儿雪上加霜。

在一个风和日丽的星期天，妈妈把女儿带到公园的草地上，搂着女儿悄悄地说："爱慕一个优秀的异性，这是正常的，是一种美好的情感。妈妈十几岁时也有过，但只是在心里偷偷地爱，因为还不到谈情说爱的年龄。你是个好孩子，但你没有把握好这个尺度，一时冲动，越了雷池犯了错。但是，知错就改，为时还不晚。妈妈允许你犯一次错误，但同样的错误不能犯第二次。"见女儿听得认真，却依然满是担忧，妈妈又说："妈妈向你保证，这件事只有咱俩知道，其他人我谁也不告诉，包括你爸爸和你姐姐。等你身体恢复了，就去上学，像从前一样学习生活。"

听到这里，女儿感动得热泪盈眶，"妈妈您是世界上最好的妈妈。"妈妈说："我不好，妈妈失职，只注意你的学习，对你的其他方面关心帮助不够。"就这样母女俩什么都谈开了，包括什么是性、什么是爱情、什么是人生。女儿对妈妈说："您放心吧，我保证再也不会干傻事了，我一定会让您看到一个让您骄傲的女儿。"妈妈说："我当然相信我女儿，我女儿是有志气的，是有作为的。"

后来，秀秀很快康复了，严格要求自己，勤奋地学习。她还是与那个男同学在一个班里，也没有对那个男生有怨言，并且保持了一种正常的交往。高考时，秀秀以优异成绩考入北京一所著名的大学，大学还没有毕业，就收到三所美国大学的录取通知书。

大家想一想，两个怀孕少女的命运为什么有天壤之别呢？一句话，就是关系好坏决定教育的成败。所以我提出来，改变教育从改变关系做起，改变孩子从改变父母和改变教师做起。父母和教师要有一种什么样的胸怀呢？不管孩子犯了什么错误，不管学生表现得好与坏，都要坚定不移地爱你的孩子、相信你的学生，永远不放弃对他们的爱和信任。

三、好的教育始于好的关系

大家如果回首童年，或许会感慨地发现，那些让您刻骨铭心、受益终生的教育经历，大都是您最喜欢、最爱戴的人"给予"的，而这些美好的记忆与您所厌恶的人可能毫不相关。父母们几乎都能感受到这样一种象：孩子如果喜欢他的老师，就可能喜欢这位老师的课以及他要求的一切；孩子如果讨厌他的老师，则可能讨厌这位老师的课以及他讲的一切。孩子与父母及其他人的关系也大致如此。

所以，如果有人请我用一句话说出什么是好的教育，我会说：好的关系就是好的教育。

那么，什么是好呢？按照《辞海》的解释，一个"好"字有两层含义，首先是美的、善的、完成的、容易的、应允的、可以的，其次是喜爱的。

什么是好的关系以及怎么建立好的关系呢？《心理学大辞典》在"关系家庭疗法"词条中解释道："关系伦理是一种基本的动力，通过信赖和信任可保持家庭和社会关系。其中公平感的动态平衡是最深远、最广泛的关系现象的集合。因为，每一个家庭都有其传统的行为模式，每个家庭成员都用它来衡量自己与其他成员所履行义务的程度。当不公平发生时，紧接着就应有补偿。关系中的问题往往是公平的补偿来得太迟或量太少，使关系中之一方感到不满足而造成。症状的发展可能代表了不公平感的积累。治疗的主要原则是在家庭关系中建立或重建可信赖感，并着力于改造在家庭里传递多代的、非建设性的关系模式。"[1]

上面的论述是准确的，若简单明了一点说，好的关系是一种平等和谐的关系，是一种真善美的关系，是让人发自内心喜爱的关系，是促使两代人相互学习、共同成长的关系。好的关系有底线与高线：底线就是当孩子遇到麻烦或危险的事情时，看他是否敢告诉父母；高线就是当孩子犯下严重错误时，看父母是否敢惩戒孩子以及孩子能否承担责任。

从理论与实践研究中发现，亲子关系、师生关系、同伴关系共同构成了少年儿童成长的生命线。要呵护少年儿童的成长，就要关心这三条生命线的质量。

---

[1] 林崇德，杨治良，黄希庭．心理学大辞典[M].上海：上海教育出版社，2003：443.

孙云晓
生活感悟

1. 父母当然可以惩戒孩子，但必须看到，惩戒的效果往往取决于亲子关系的质量。没有理解和尊重，再多的爱孩子也难以接受。教育孩子要从尊重孩子做起。我之所以反复强调好的亲子关系胜过许多教育，也是因为深厚的情感是健康人格最坚实的基础，也是抗挫折教育的最重要的条件。

2. 现实生活的悲喜剧反复证明，亲子关系好坏决定家庭教育成败，甚至可以说它是家庭教育的生命线。衡量亲子关系的重要指标是儿童友好，即尊重儿童的生存、发展、受保护和参与这四大基本权利。显然，溺爱、忽视、专制等类型的亲子关系是不利于孩子健康成长的，儿童友好的亲子关系是既理解尊重又严格要求。好的亲子关系具有以下特征：夫妻关系第一（为孩子做榜样）、父母都尽到责任（父教不可缺位）、用心陪伴（有养才有育）、坚持家庭生活教育、在丰富多彩的体验中发现孩子的潜能、掌握积极的解释风格、养成良好习惯、尊重孩子的选择、与孩子共同成长等等。其实，真正的好父母都是这样做的，这样做才会有良好的亲子关系，才会有幸福的家庭生活。

3. 与以往几代青少年相似，尽管有叛逆，"00后"还是把温暖的家庭放在需求的第一位。希望父母们听到并相信这个心声，这是家庭教育成功的根本因素。值得注意的是，孩子期盼的是温暖的亲子关系，由此进一步证明，关系好坏决定教育成败，青春期尤其如此。

4. 中学生的父母和老师不可忽视这一组最新数据：上海社科院与中国青少年研究中心等机构调查表明，中学生中有约四分之一（26.3%）的人已经经历了人生的初恋。初中生中有过恋爱经历的比例为10.6%，高中生中有过恋爱经历的比例为42.3%。这表明，高中生恋爱已成为较普遍的现象。这说明了什么？一是我们不得不面对这个事实或趋势，二是要理解和尊重孩子的需求，三是要引导孩子把握住在情感风浪中行驶的小舟。青春期教育的秘诀在于：关系好坏决定教育成败！

第二节　好的亲子关系是一种平等和谐的关系

许多科学的研究都是对关系的研究。关系是各种认知活动的关键。对于家庭教育的研究，不可能不对亲子关系进行研究，因为这是家庭教育中最本质的关系，也是最重要的内容。

坦率地说，我之所以坚信好的关系胜过许多教育，首先不是因为有什么深奥的理论依据，而是出自个人深切的生活体验。回想多年的家庭教育，我有一个重要发现：什么时候与孩子的关系好，什么时候的教育就容易成功；什么时候与孩子的关系糟糕，什么时候的教育就容易失败。众所周知，父母是影响孩子一生的人，亲子关系的好坏和质量高低在很大程度上决定了教育的成功或失败。

一、以柔克刚，以静制动

从儿童的角度看，亲子关系是儿童人际关系的一个重要的组成部分，它不仅将影响以后各种人际关系的形成，而且首先关系到儿童的生存状态，关系到儿童健康心理的形成。

2005年6月7日，《法制晚报》报道了一项调查结果：北京大学青少年卫生研究所选取了11所有代表性的重点、普通和职业中学，对初一到高二年级的4622名学生进行调查，发现想自杀的中学生占到17.4%，而为自杀做过计划的学生约占4.9%。经专家分析，让中学生产生自杀念头的最首要的因素就是家庭的矛盾和冲突，比如父母同孩子之间的矛盾，或父母之间的矛盾对孩子心理的影响。可见，好的亲子关系对于儿童的成长是特别重要的。

对于女儿的教育，我最感到欣慰的不是女儿的成绩，而是我们与女儿有着良好的关系——亲切的、诚挚的、轻松的、民主的。

还记得2001年春天的一个夜晚，为了帮助女儿完成她的研究报告，我们全家出动，一起去采访一位北京的日本学校的教师，这位日本教师惊讶地说：

"上高三的孩子，还能与你们亲密合作行动，很少见啊！"

其实，平时在家里，我们一家人关系更亲密。女儿学习累了，会躺在我们身边聊天，或者倚靠着我们，与我们讨论问题。有时，女儿还会大声地说："老爸老妈，我爱你们！"

古人说，投我以木桃，报之以琼瑶。情感的发展规律是互动的。我们了解孩子，尊重孩子，无条件地爱着孩子，孩子纵然是铁石心肠，也不会无动于衷的。况且，世上哪有铁石心肠的孩子？

当然，处于青春期的孩子总会固执地表现叛逆性，我们的女儿自然不会例外。碰到那种时候，我会以柔克刚，以静制动。

譬如，某一天，上高一的女儿穿校服去上学，放学却穿着肥肥大大的背带裤回来。她妈妈一见，皱起眉头，叫道：

"啊呀，真难看！从哪弄来的？"

女儿倚在门口，挑衅地看着我们，一句话也不说。一场争论即将爆发。我笑了笑，说：

"女孩子穿背带裤挺精神，只是肥了一点，改改就行了。"

女儿的火气消了一些，过来与我们吃晚饭了，一会儿又说又笑。

饭后，我与妻散步时，她生气地质问我为何不坚持原则。我说："一个16岁的女孩子，自己用零花钱买了一件衣服，难道不比缠着父母给她买好吗？两代人的审美眼光不同，你怎么证明你对她不对？谁都有个提高审美的过程嘛，何必互相苛求和指责呢？"

妻子觉得我的话有些道理，也就不再说什么了。渐渐地，我们家中形成了平等协商（或叫谈判）的风气，凡事坐下来平心静气沟通一下，一般没有什么解决不了的问题。

教训也是有的。虽说爱子心切，可女儿也有钻牛角尖的时候，双方难免声高，冲突升级。但是，事过之后彼此都后悔，慢慢也就吸取教训，各自学会了克制，都珍惜家庭中的和睦气氛。如何建立良好的亲子关系，我的建议是：

第一，父母不要和孩子一争到底。有的父母往往不能容忍孩子当面顶撞，和孩子吵起来的时候，孩子声高，我比你声还要高。理智的做法是学会和孩子平静地讨论问题，并提出一些问题让孩子去思考，不要把问题看得过于严重。只要是心中有数，就不必惊慌失措。

第二，和孩子说话不要从问学习开始。有些父母在和孩子说话时往往偏重学习："作业做完了吗？""考试考了多少分？"对话总是从学习开始，透出功利化倾向，这一起点就容易引起孩子的反感，何谈更深入地交流呢？其实，从情感的交流谈起，如"今天开心吗""今天与同学们在一起有什么新发现呀"，这样的话或许会亲近许多。

第三，说狠话要小心。有些父母经常在冲动的时候会对孩子说出一些重话，往往没有考虑孩子的承受能力。很可能你无心说的一句话就会伤害孩子，可能使孩子产生反感情绪，可能会不同程度地破坏亲子间的关系。

二、不要让孩子畏惧父母

时常听到一些父亲洋洋得意地说："我的孩子怕我，只要我一瞪眼，他就吓得大气儿不敢喘。"也有些母亲帮着丈夫树立威严，吓唬孩子说："看你爸爸回来怎么收拾你，你就等着吧！"这些做法的原因，也许可以追溯到中国古代"严父慈母"的传统观念，如宋代王应麟编的《三字经》说："养不教，父之过。教不严，师之惰。"

然而，多年从事儿童教育研究的经历，使我越来越怀疑"严父"的"好处"。

2005年3月10日《北京广播电视报》"特别视点"专栏，以《16岁女"老大"的荧屏忏悔》为题，详细介绍了小敏从校园暴力的受害者到害人者的过程。

小敏是北京女孩，刚上初一时，她开始被班上的同学劫钱，而且是被一个女孩劫。当时的小敏花钱大手大脚，喜欢与人攀比，对朋友也挺大方，使她自然地成为别人劫钱的目标。谁知，劫钱者胃口很大，几乎天天勒索，从 5 元甚至到 100 元！

小敏害怕了，付不起了，编瞎话跟父母要钱不灵了，向同学借也借不到了。当一个凶恶的女孩逼小敏交钱而不得时，便开始折磨、侮辱小敏，如灌她喝水却不让她上厕所，逼她交男朋友，命令她抱着一块大石头，亲石头，对石头说 100 遍"我爱你"……

这种痛不欲生的日子，小敏忍受了一年之久。上初二时，她再也受不了了，便通过同学，找到了一个 26 岁的社会男青年为"靠山"。男青年马上来到学校，揍了那个凶恶女孩一顿，从此无人敢欺负小敏。但是，小敏也迈出了危险的一步，不仅与那个男青年混在一起，而且在学校里变成一个不可一世的小"魔王"。

从 2002 年年初开始，14 岁的小敏踏上了犯罪之旅。她经常打车到校上课，到校后让年纪小的同学为她付车费。放学后，她让同学用自行车送她回家。她上学时背一个书包，手里还提一个包，到校后交给同学，同学们便往包里装上漫画书和零花钱，以此"孝敬她"。

从 2002 年 9 月起，小敏因为多次抢劫同学的手机，先后被警方抓获，并判过有期徒刑一年、缓刑一年。本来，这是一个悔过自新的机会，法盲小敏却侥幸地认为，反正自己是未成年人，法律拿自己没辙。第三次走上法庭时，小敏见到同案犯，竟嚣张地说："这回出的事是谁把咱们'点'了？出去以后咱们俩先去找人把他给打了！"

可是，小敏不知道，《中华人民共和国刑法》规定，已满十六周岁的人犯罪，应当负刑事责任。结果，2004 年 8 月，小敏以抢劫罪数罪并罚，被判处有期徒刑两年半，并去北京未成年犯管教所服刑。至此，她才后悔莫及。

当面对记者的时候，早已清醒过来的小敏说："我最后悔的是受到欺负时没有告诉父母，也没有报案。如果当初把自己的痛苦经历告诉父母亲，寻求他们的帮助，事情就会跟现在有截然不同的结果。"

问到小敏当时没有选择告诉父母的原因，她回答说，怕挨父亲的打，因为她把父母辛辛苦苦挣的钱轻易给了别人，父母能不打她吗？父亲的打给小敏留下的印象太深了，所以她和许多犯罪的未成年人一样，选择了逃避父母，也逃避教师。这样做还有另一层原因——他们不愿意被认为是无能的人。

经过痛苦反思的小敏还给同龄人提出忠告："当遇到其他人侵犯你权利的时候，你一定要采取正当的方式去制止他们，最好的方式就是告诉父母和报案，不要与社会上那些不良青年交友！"

读到这里，父母们和教师们有何感想呢？

在我看来，孩子在遇到重大麻烦甚至危险的时候，能否如实告知父母或教师，是父母或教师称职与否的底线标准。

对于未成年人来说，父母与教师是他们生活中最重要的指导者，也是力量最为强大的人。尽管由于群体社会化的趋向，孩子可能会非常看重同龄人的理解与帮助，而对父母与教师充满了怀疑与担心，但实际上最能保护孩子的人莫过于父母与教师，能否让孩子始终确信这一点是至关重要的。自然，这主要不是用语言做到的，是用实际的行动、良好的关系让孩子坚信不疑。

人的显著特征之一是群体性。任何一个未成年人的成长，都离不开强大的社会的和情感的支持系统。通俗一些说，每个孩子的身边，都需要一些可亲可敬的人，他们可以为孩子指点迷津，他们会与孩子同甘共苦。因此，孩子们会因他们的存在而心安情悦，也会因为时常望着他们友善的目光而不容忍自己做坏事。相反，一旦孩子失去了这个支持系统，就会像脱离轨道的星星，变成一颗去向不明的流星，最终坠落。

由此看来，在亲子关系和师生关系中，应当用"敬爱"二字代替"畏惧"二字，因为"畏惧"二字虽有震慑之效，却可能将孩子推向危险深渊。孩子越小，畏惧感伤害越大，危险程度越难以预料。可以说，"敬爱"二字与"畏惧"二字之别，就是向心力与离心力之别，就是幸福与痛苦之别，就是成功与失败之别。

要知道，让孩子单纯地怕你其实十分简单，而孩子怕你之后再让他与你交心恐怕就非常难了。父母该怎么做呢？我的建议是：

第一，不可盲目追求权威。许多父母不断抱怨孩子不怕他们，所以才不听话。这样的认识其实是一种误区，建立父母的权威性，并不是让孩子"怕"，而应该是一种信任，是一种依靠，家长是否有权威并不是判断家庭教育好坏的唯一标准，关键应该在亲子间建立一种信任，父母信任孩子，孩子就会信任父母，才可能"听话"。

第二，做孩子的朋友。父母不要总是以教育者的身份或口吻来教育孩子，如果以一种"师友"的关系和孩子相处，你会发现孩子身上有许多值得学习的地方。当你改变了对孩子期望过高的心态，而是以一种朋友的身份和他交流时，你很快就会发现，原来孩子可以和你交流的内容是很多的。

第三，鼓励孩子讲真话。父母如果不用打骂、斥责等消极方式对待孩子，可避免孩子以谎话来应付成人、"保护"自己；相反，要与孩子成为朋友，建立相互信任的关系，否则当孩子学会说谎后，后果可能会更严重。即使孩子犯错误，只要说了真话，父母就应肯定孩子的勇气和胆量，并引导他不断改正错误，不断地完善自己。

第四，准备一本家庭大事记录本。在家庭中最好建立一种温馨、宽松的氛围，体现孩子在家中也是一个主人的地位，家里有什么事都应该和孩子商量，不能仅仅因为孩子小而剥夺他在家中应有的权利。可以在家中准备一本家庭大事记录本，记录家庭中发生的较重要的事情，并随时能让孩子翻看。哪怕孩子年龄小，也可以念给他听，甚至可以记下他的看法。

三、高期望不如高尊重

如果随便问一位父亲或母亲："你爱自己的孩子吗？你对孩子有期望吗？"可能答案都是同样而且肯定的。在这个世界上，多数父母都是爱孩子的，多数父母对孩子有着比较高的期望。这是很正常的，是可以理解的。

心理学研究表明，爱与期望对于孩子的成长也是有利的。

令人感慨的是，有些父母爱与期望的内容很单一，爱的是孩子的学习成绩，期望的也是孩子的学习成绩，这就需要注意了。

对于这样一个观点，很多人是不以为然的，还可能以为是危言耸听，其实我们有充分的数据证实。

2009 年，中国青少年研究中心和日本青少年研究所、韩国青少年开发院及美国艾迪资源系统公司联合开展了"中日韩美四国高中生学习意识与状况比较研究"。调查结果表明，中国父母对孩子成绩期望偏高，八成多中国学生学习压力大，居四国之最。

比较发现，中国和美国父母较日本和韩国父母更关心孩子的成绩。65.9%的中国父亲和64.3%的美国父亲很关心孩子成绩，高于韩国（53.1%）和日本（20.5%）；72.8%的中国母亲和78.8%的美国母亲很关心孩子成绩，也远远高于韩国（42.0%）和日本（39.6%）。中国要求孩子进前 10 名的父母（24.5%）多于日本（10.7%）和美国（12.4%）；86.6%的中国学生认为自己的学习压力大或比较大，高于日本（69.0%）、韩国（74.8%）和美国（67.1%）。

该项调查也发现，中国学生的学习压力主要来源于父母的期望、自己的期望和同学之间的竞争。其中，八成多（81.1%）中国学生认为父母的期望给自己带来了学习的压力，这样的压力无形中增添了学生学习的痛苦。

而孩子们所遭受的痛苦，我们许多父母并没有清楚认识到。

哪一位父母不望子成龙、望女成凤？但是，当孩子对您的"高期望"感到痛苦的时候，您该怎么做呢？

我从小在"文化沙漠"中长大，因此，我决心让女儿从小接受文学艺术的熏陶。

在我的家里，有一架钢琴，她像一位高贵而失声的公主，寂寞地伫立在客厅一角。多年来，成为我心中隐隐的痛。

女儿 4 岁多的时候，是个人见人爱的小天使。她爱说爱笑、爱唱歌、爱跳舞，一听到音乐就会跳起来。1986年，我的第一本书《少年巨人》出版，扣税后收到1837元稿酬，几乎是从未有过的一笔大收入。为了女儿，我们连稿费加储蓄，托人买回一架珠江牌114钢琴。天真好奇的女儿充满惊喜，总在钢琴那儿弄出一些声响。

说真心话，我们与许多学琴儿童的父母一样，并不敢奢望孩子将来成为钢琴家，而只盼着培养孩子的音乐素养。当然，如果孩子能走上音乐之路，那也是求之不得的事。为此目标，我们又从微薄的工资中挤出钱来，请了钢琴教师。每周两个晚上，孩子去老师家学琴。

刚开始的时候，女儿既紧张又兴奋，很快就掌握了简单练习曲的弹奏方法，回到家里也愿意练习。然而，现实渐渐击碎了我们的梦想。随着进度加快，女儿感受到了学琴的难度，不大愿意去老师家，也不再主动练琴。其实，这完全是正常现象。可是，我们犯了急躁的毛病，总训斥孩子不努力，怕吃苦，结果加重了孩子的恐惧心理，反而分散了她已经较弱的注意力。

一天晚上，劳累了一天的妈妈又带女儿去老师家学琴。由于注意力不集中，女儿没记住上节课的要领，一上琴难免错误百出。那位中年女教师表示了明显的不满意，敏感的女儿愈发战战兢兢，更难以达到新课的要求。回到家，女儿被扯到琴凳上，在妈妈的厉声训斥中，不知所措地弹着琴。我清清楚楚地看到，一颗接一颗的泪珠从女儿的脸上滚落下来，摔碎在象牙一般洁白的琴键上。当女儿明确表示不愿意弹琴了，我们尊重了她的意见，停止了钢琴课。从此，我家的钢琴成了寂寞的钢琴。

转眼十几年过去了，我的女儿已经大学毕业。她酷爱读书，喜欢写作，但她依然不愿弹钢琴。我问及她童年学琴的感受时，她脱口而出两个字："恐怖！"她又说："没学会钢琴是个遗憾，但没有失去自由值得庆幸，它给了我选择与发展的机会。"

从那时起，除了游泳之外，我几乎没有给孩子报什么课外班，而是选择了多让孩子自由体验的发展之路。

譬如，孩子上小学之后，往往会害怕写作文，因为孩子不知道写什么，也对表达感到困难重重。这实际上是一个坎，也是一个分水岭。喜欢作文的孩子，可能在文科上显示出才能，而害怕作文的孩子，也可能由此对文科敬而远之。

我意识到起点的重要，注意培养女儿的兴趣和观察力，因为这是成功的关键。

一天晚上，我和女儿在街上走着。刚上一年级的女儿忽然问：

"爸爸，您看地上的碎玻璃像什么？"

原来，女儿发现地上的碎玻璃在路灯的照耀下闪闪发光。孩子的可爱处之一是能发现成人发现不了的美。我灵机一动，鼓励她自己想一想闪光的碎玻璃像什么。

女儿仔细地看了看，回答：

"这些碎玻璃就像闪闪的星星，又像珍珠。"

女儿能有如此的想象力，并说出了优美的词句，让我惊喜不已。我大加称赞，说："太棒了！你形容得又准确又美丽，如果写下来，就是一篇很好的日记呀！"

女儿兴奋起来了，眼睛在灯光下闪着亮光。不过，她又想起了什么，说：

"我想写，可好多字不会写。"

"没关系！你的拼音不是很好吗？不会写的字，可以写拼音嘛。"

于是，在我的鼓励下，1990年3月10日，刚读小学一年级的女儿，写下了她的第一篇日记：

晚上，走在回家的路上，看见地上的suì玻li在路灯下闪guāng。我问爸爸这xiē玻li像什么，爸爸ràng我自己想。我仔xì地看了看说："这xiē玻li就像闪闪的星星，也像zhēn zhū。"爸爸kuā jiǎng了我。

女儿写日记由此一发不可收，一直坚持到小学毕业。

升入小学三年级时，作文有了难度，怎么选择突破点呢？

我觉得，写作文的成功秘诀在于写熟悉的事，写具体的事，写感动自己的事，写自己喜欢的事。于是，我建议女儿观察热带鱼生小鱼、吃椰子等生活小事中的细节。后来，我还和女儿一起养猫、养兔子。结果，女儿写的《热带鱼生小鱼》等三篇日记，在《中国儿童报》发表，而长达1500字的《小兔子三部曲》，发表在《东方少年》杂志上。这些成功的体验让女儿信心大增，认定作文是自己的强项，写作是快乐的事情。

人是环境的产物，孩子自然不例外，因此，要给孩子提供一个健康、快乐的成长环境是至关重要的。变对孩子"高期望"为对孩子"高尊重"，其实就是解放孩子，把自由还给孩子，让孩子快乐地成长。我的建议是：

第一，把孩子从进名牌学校的压力下解放出来。名牌学校固然在课程教学方面存在一定的优势，但未必每个孩子都适合去名牌学校。如果孩子在名牌学校读书有困难的话，父母不必非要出大把的钞票让孩子去受罪。考试是重要的，学历也是重要的，但比考试和学历更重要的是人格，是使人能够获得真正幸福的健康人格。

第二，把孩子从分数和名次中解放出来。应试教育在目前的中国还顽强存在，因此想要彻底摆脱分数与名次的压力还是有些难度的。父母要端正观念，并与孩子逐步形成共识：只要努力了，即便没有考好也不必太在意，奋斗者的脚下总是有路可走的。

第三，尊重孩子的选择。人是有尊严的，即使是弱小的人、贫穷的人同样有自尊。因此，父母在向孩子表达关爱的时候，要特别注意尊重孩子，没有尊重的爱是一种伤害。只有尊重孩子，才能解放孩子。尊重孩子最重要的是尊重孩子的兴趣、意愿和选择，而不是一味地以父母自己的想法和意愿替代孩子的想法和意愿。

四、陪孩子做他们喜欢做的事情

父母们不难发现，孩子的兴趣和自己的兴趣有差异。孩子经常执着地去做他们感兴趣的事情，那么做父母的怎么办呢？您是支持还是反对？在我看来，陪孩子做他们喜欢的事，是父母对孩子的一种义务和责任，也是一种尊重，是非常重要的一种教育方法。

现在，许多父母感觉没有时间陪孩子，也有许多孩子觉得父母不愿意陪自己，因此双方很难找到沟通的渠道。也有的父母，虽然陪着孩子，却只希望孩子做自己希望的事情，至于看星星、观赏动物等事情，常常被父母"排斥"在陪伴的内容之外。这样，孩子非但不会感激父母，不会从父母那里得到赞赏，反而会觉得父母就是监工，时时刻刻监督着自己的学习和生活。这样，孩子能不反感吗？父母的话孩子还愿意听吗？

当然，并不是说孩子每一个喜欢做的事情都一定会影响他将来的生活，但是我们在研究中发现，最怕孩子对什么都不感兴趣。孩子喜欢做的事情很可能是他的潜能所在，而且他因为喜欢，就会非常投入、非常自主、充满热情地去做。只要他有喜欢的事情做，那么他就很容易成为一个健康的孩子，因为他有一个正当的需求。所以，我们要像培植幼苗一样去培养孩子的兴趣，陪他们做喜欢的事情，去发展他的兴趣，使孩子走上一条快乐的人生之路。

孩子的兴趣是非常珍贵的，就像一棵嫩芽，一旦它萌发出来，我们作为父母就要给予关注、给予支持。我们做父母的要有一颗博大宽容的心，孩子他可能喜欢一些东西，你不喜欢。比方说孩子可能把一些石子、碎木头拿回家了，孩子非常宝贝，但是有的妈妈非常爱干净，偷偷扔出去了，斥责孩子怎么什么都往家里拿，这样做特伤孩子的心。所以我们要以儿童的视角看问题，喜儿童所喜，乐儿童所乐，这样的话，孩子就觉得你是他的知心人，你是他的好朋友。孩子正是在这样一个又一个兴趣的发展当中，才能健康地成长起来；正是在父母陪他们做他们喜欢的事情当中，两代人的情感才能增进。

怎样陪孩子做他自己喜欢的事？我的建议是：

第一，捕捉孩子的每一点快乐。当孩子看动画片哈哈大笑时，当孩子玩游戏累得满头大汗时，当孩子聚精会神地画画时，不要严厉地打断孩子"赶快去做作业"。家长可以静静地陪孩子坐一会儿,和他一起欢笑。在这一会儿,忘掉他的成绩、学业、功课和其他东西!

第二,珍惜孩子的每一次请求。当孩子发出"陪陪我"的请求时,父母要尽量满足孩子。

第三,不要刻意地去教育孩子。陪孩子一起学习或玩耍,别试图把和孩子在一起的每一分钟都变成教育,而应该通过言传身教,孩子会一边学习一边观察,并从父母的言行中学习做人做事。

五、父母无为乃大为

以不争争,以无为为,正是水的显著特性,也是老子教给我们的人生大智慧。

尽管"不争"是老子的名言,许多人读了还是会摇头:"这是个竞争的时代呀,不争怎么行?"如果谈到教子"不争",不少人也会疑惑:"都说会哭的孩子有奶吃,不会竞争的孩子将来怎么生存?"

于是,在孩子的世界里,我们见到了太多太多的争:

一争宠爱。如今在学校里,学生和家长都把教师的"宠爱"看的太重。独生子女在家受宠惯了,万一在学校"失宠"怎么受得了?所以,父母们争相向教师示好,希望教师对自己的孩子偏爱几分。

二争"职位"。如果孩子当上学生干部,不但有助于自信心的培养和能力的锻炼,各种机会也会增多。所以,有些孩子跃跃欲试,父母也倍加热心。

三争分数。谁不知道分数的厉害?无论中考还是高考,一分之差便可能决定学生能否如愿进入理想的学校。所以,为了自己能胜过别人,有些学生在大考之前放"烟幕弹",称自己"大考大玩",希望同伴去玩,而自己悄悄用功,以求胜出;有些学生明明会做一些难题却说不会,拒绝帮助同伴攻克难关等等。

另外一方面,有些父母也在争"为"。

1996年,我与卜卫教授在中国青少年研究中心主持了一项大型调研,即中国城市独生子女人格发展与教育研究。调查发现，全国约50%的城市独生子女学习过钢琴等乐器，其中10岁及10岁以下的儿童占61%；11岁占61.3%；12岁占57.1%；13岁占51.1%；14岁占47%；15岁及15岁以上占42.7%。

1997年，中央音乐学院对3297名琴童父母的调查证实：50%的琴童受到比其他孩子更为严厉的管教。调查发现，11.4%的父母有时打骂孩子；33.3%的父母偶尔会为此打孩子；至少44%的孩子因不"听话"经常受到父母批评；21%的父母经常威胁孩子；40%的父母在孩子学琴时批评多于鼓励。另外，47.4%的琴童很少有玩的时间。

这些都是父母以为了孩子美好的未来而选择的"为"，不管孩子的意愿、兴趣，也不管孩子是否有天赋潜能。

将心比心，我绝对相信，琴童的父母可能比别的父母更爱孩子，更关心孩子的发展。只是有一个尖锐的问题不容回避：这究竟是一种什么样的"关心"和"爱"呢？

这使我想到了老子"无为"的理念。

在《道德经》第二章里，老子在论述了美与丑、善与恶等事物对立统一的关系之后说："是以圣人处无为之事，行不言之教，万物作焉而不辞，生而不有，为而不恃，功成而弗居。"这段话的意思是："因此，圣人用无为的态度来对待一切问题，实行不言的教导，任凭万物生长而不加以干涉；生养万物而不据为己有；为万物尽了力而不自恃已能；功业成就而不以此自居。也正因为他们不立功自居，因此其功绩就不会失去。"（陈国庆、张养年注译，下同）

这段话的核心是"处无为之事，行不言之教"，这也是老子首次提出"无为"的概念。必须指出，老子的"无为"之说并非无所作为，而是要按照自然界的无为的规律去做事，像圣人那样，用无为的手段达到有为的目的。

无为就是不强为，不妄为，就是按规律去做。今日教育出现的问题，许多都与违背规律的强为妄为有关。无数个走上歧途甚至绝路的孩子，都是父母或教师太有作为的悲剧作品。

自由是天才成长的真正摇篮。在人类历史上，许多科学巨匠的成功，都得益于父母的无为无不为。发明大师爱迪生的故事尤为经典。

当全世界享受电灯光明的时候，谁不感激它的发明者——伟大的托马斯·阿尔瓦·爱迪生。然而，1855年，8岁的爱迪生上学仅3个月，就被老师开除了，理由是他"是个不折不扣的糊涂虫"。

原来，爱迪生连续在考试中成绩倒数第一，而且怪问题太多。譬如，老师教学生念字母，把A念成"ei"，他就问："老师，A为什么要念作ei呢？"老师又教1+1等于2，他又问："老师，为什么1+1等于2呢？"老师气坏了，骂他"糊涂"。

爱迪生的母亲也当过教师，她在与校方争论无效的情况下，自己承担起教育儿子的重任，其方法正是无为之法。她发现爱迪生对物理、化学特别喜爱，就特意买来《自然科学与实验科学入门》，又把地下室给儿子当实验室，任由他大胆探索。

谁也想不到，爱迪生第一个科学实验计划，竟是让人在空中飞翔！他相信，如果往人体里充上比空气还轻的气体，那么，人就一定能像气球一样飞向天空。于是，他选择了一种爆发剂，据说可以制造比空气还轻的气体。他又鼓动好朋友奥池："你想飞不？想飞，我有办法让你飞！"奥池一向佩服爱迪生，就同意了，口服了爆发剂，结果人没飞起来，肚子却疼得满地打滚。自然，爱迪生的母亲承担了责任，又请医生为奥池治疗，又向他的父母赔罪道歉，又教训了自己的儿子。但是，母亲依然没有剥夺儿子做实验的权利，而正因为如此，爱迪生一步步走向了惊人的成功。

事实证明，爱迪生的母亲因无为而成大为，恰恰在于尊重孩子的成长规律和特点，并创造条件让其把潜能激发了出来。

父母如何做到以无为而为，我的建议是：

第一，与孩子签个"君子协定"。有关孩子的事情，父母应该问清孩子的想法、理由，让孩子自己决定，不要加以干涉。譬如孩子要参加学校的足球队，父母可能担心孩子会由于训练活动影响学习，但又要尊重孩子的意愿，可以和孩子来个"君子协定"，双方共同拟定注意条款，并要督促孩子认真遵守。

第二，在孩子考试时"闭嘴"。许多父母在孩子考试期间很爱唠叨，左打听右打听孩子考试考得怎么样，使孩子感到压力很大。如果父母在这个时候少追问孩子的考试成绩，能减轻孩子的心理压力。较好的办法是，以平常心与孩子聊一聊考试的过程与体验，总结出一些有益的经验教训，这样效果会更好。

第三，与孩子交换角色。孩子总会对父母有一种期望，希望父母是什么样的，父母是什么样的才令他幸福；同样的，父母也对孩子有一种要求，希望孩子做到什么样才满意，但往往双方会忽略对方的感受。可以在适当的时候与孩子交换角色，比如在寒暑假让孩子当一段时间的家，让父母和孩子相互加深理解；也可以把有些事情交给孩子负责，让孩子体验管理者的角色。

孙云晓
生活感悟

1. 改善亲子关系已引起父母们的关注，但究竟什么是良好的亲子关系，许多父母并不太清楚，更忘记了具备分离能力才是家庭教育的重要目标。心理学名家李子勋提出的建议值得我们思考。他在多年的咨询中发现，一些父母有非常正确的教育方法，却有非常糟糕的亲子关系。为此，他提出构建和谐亲子关系的三个原则：一是关系大于教育，二是要用成长、发展的眼光看孩子，三是教育方式大于教育内容。有些父母或许认为，与孩子越亲密越好，结果导致孩子过度依赖，难以独立。李子勋的建议体现了理性的智慧，他认为，良好的亲子关系不是过度亲密的、过度依恋的纠缠关系，而是一种相对自由、和谐，相互尊重的关系。

2. 亲子关系是家庭教育的首要问题。那么，儿童健康成长需要什么样的亲子关系呢？北京师范大学心理学家陈会昌教授的团队经过20多年的跟踪研究发现，主动性与自制力是青少年优质发展的突出特点，也是健全人格的核心要素。成长与教育都是有规律的。美国心理学家发现亲子关系有权威型、专制型、溺爱型和忽视型等基本类型，其中权威型（既理解尊重又严格要求）对孩子发展最为有利。显然，良好的亲子关系应有以下特点：父母的爱心陪伴与理解尊重，确定规则并养成习惯，坚持积极的解释风格，等等。同时应注意父母的榜样作用，以良好的夫妻关系影响亲子关系。

第三节　孩子没有朋友比考试不及格还糟糕

> 孩子的成长需要群体的环境，孩子是在与同伴的交往中长大的，再好的父母也无法替代伙伴的作用。父母很重要的教育艺术，就是巧妙引导孩子与同伴交往，并从中汲取成长智慧。

时常听独生子女的父母们议论起教子之难，说来说去难在一个"独"字："就这么一根独苗苗，能不娇惯吗？""这孩子独惯了，就知道他自己，从来不想别人！""瞧孩子一个人来一个人去，我都替她难受，可让她找伙伴玩去，她还不去！"

作为一个独生女的父亲，也作为一个儿童教育的研究者，我深知父母们的焦虑和无奈。尽管忍不住总会溺爱孩子一些，但历经沧桑的父母们心里明白，独是一种毒呀，不合群的孩子将来会遇到麻烦的。

一、不会合作的人不是现代人

终身学习是21世纪人的通行证，终身学习通过学会求知、学会做事、学会共处、学会做人而实现。因此，这四个学会是现代教育的四大支柱，也是每个人生存发展的支柱。这是联合国教科文组织国际21世纪教育委员会的论断。其中，关于"学会共处"的解释为：学会发现他人，尊重多元文化。学会关心，学会合作，学会与他人共同生活。

应试教育倾向实际上制造了你死我活的淘汰机制，又由于不恰当的鼓励竞争，容易让孩子养成攻击性。南方某大城市一名四年级小学女生有一天没来上课，同学们非常奇怪：她是数学尖子，怎么会缺课呢？老师解释说："她请假了，因为爷爷去世了……"老师话音未落，教室里一片欢呼声："噢，她爷爷可死了！平时我们竞争不过她，因为她爷爷是个数学教授！""这下可好了，我们可以超过她了！"许多孩子开心得敲桌子、跺脚，老师耳闻目睹后觉得毛骨悚然："这是一群小学生还是一群小狼呀？怎么这样缺乏同理心呢？"可见，如何引导孩子友好相处、学会合作是学校教育的重要内容，也是家庭教育永恒的课题。

谈起合作教育，也许有些父母觉得"光会合作，不会竞争，肯定吃亏"，甚至有的父母会说："现在都是竞争的社会了，还谈什么合作？"如今社会的确是发展了，但不是更封闭了，而是人与人之间合作的机会更多了。过去是万事不求人，现在不行了，在当今的社会里，合作比竞争更重要。成功者的道路有千千万万，但总有一些共同之处。在我主持的"杰出青年的童年与教育"调查中，发现大多数杰出青年是善于与他人团结协作的人。杰出青年童年时，当与他人一起做了好事，希望教师一起表扬的占 58.78%，希望表扬时先提自己的占 36.4%，希望只表扬自己的占 4.05%。这说明，杰出青年童年时能够较清晰地认识自我和他人的关系，了解个人在集体中的地位和角色，并善于从他人的角度考虑问题，所以受到同龄人的欢迎。杰出青年不仅与同伴合作密切，与父母和老师也相处愉快。

长期以来，人们对竞争与合作存在不少误解。在教育孩子的时候，有些父母教孩子要竞争，要取胜，要比同龄人强。在孩子还很小的时候，有些父母就告诉孩子："别人打你，你就打他。""去幼儿园，可别叫小朋友欺负了，不用怕他们。""老师发水果，要挑个大的，别那么熊包。"等孩子上学了，父母又说："要有竞争意识，别的同学问你如何解难题，不要告诉他，他会了就比你强了。""这是妈妈给你买的新参考书，可别借给其他同学看啊！""合唱比赛有什么意思？得了第一名也不是你自己的荣誉，还是省点时间看看书吧！"大家可以仔细想一想，这种教育孩子的方式，培养出来的不是自私的孩子还能是什么？要知道，每一个人都不可能孤立地生活在这个世界上，我们必须生活在人群中，必定生活在人与人之间，不可能不与人交往，而谁愿意与自私的人交往呢？

一些父母因其固有的思维模式，一直认为帮助别人，自己就要有所牺牲；别人得到了，自己就一定会失去。其实，帮助别人就是强大自己，帮助别人就是帮助自己，别人得到的并非是你自己失去的。《盲人挑灯》的故事就把这个道理讲得很透彻：

  一个漆黑的夜晚，一个苦行僧走到一个荒僻的村落，他看到一盏昏黄的灯正从巷道的深处"走"过来。身旁的一位村民说："孙瞎子过来了。"苦行僧百思不得其解，一个双目失明的人，挑一盏灯岂不可笑？于是问："敢问施主，既然你什么也看不见，那你为何挑一盏灯呢？"盲人说："现在是黑夜吗？我听说黑夜如果没有灯光的映照，那么满世界的人都和我一样是盲人，所以我就点燃了一盏灯。"

  僧人若有所悟地说："原来你是为别人照明呀？"那盲人却说："不，我是为自己！"

  "为你自己？"僧人又愣住了。

  盲人问僧人："你是否因为夜色漆黑而被其他行人碰撞过？我就没有。虽说我是盲人，但我挑了这盏灯，既为别人照亮了路，也让别人看到了我，因而不会碰撞我了。"

"将欲取之，必先与之"，这是老子的话，今天仍然适用。

怎样培养孩子的合作意识，让孩子成为优秀的合作者？我的建议是：

不要顺着孩子的不良或不当愿望。溺爱容易导致任性和自私，而一个任性和自私的人是无法与他人合作的。所以，当孩子的想法不良或不当时，建议父母们不要满足孩子此时的心愿，要用适当的方法对孩子说"不"。

正确对待荣誉。孩子们大都有非常强烈的荣誉心。对待荣誉的态度和方式往往也是影响孩子是否愿意合作的重要因素。父母既要鼓励孩子积极努力地去争取荣誉，同时也要鼓励分享和谦让，不仅在乎自己的荣誉，也要重视集体的荣誉，视合作为人生准则。父母既要教会孩子合作，同时又要让孩子按照人生的规则去竞争，在合作中竞争，在竞争中合作。合作是大家围绕着一个目标去做事，父母要告诉孩子，己所不欲，勿施于人，但同时又要告诉孩子靠自己的实力去竞争，做一个光明磊落的人。

二、"借"个孩子去旅行

儿童长大的过程是社会化的过程，而儿童社会化过程中有两个显著的特征，一是群体性，二是实践性。也就是说，孩子是在群体中长大的，是在体验中长大的。

有一些独生子女的父母，如果出门旅行，习惯于"借"个孩子一起去旅行，使孩子有个伴儿。他们明白，再好的父母也替代不了同龄的伙伴。与同龄伙伴一起出门，没有风景的地方也有风景。

我们带女儿外出旅行时，好多次都是与别人家的孩子或女儿的同学同行。曾有朋友问我："带几个孩子一起出门，你不怕孩子打起来？"我回答："打起来也比孩子一个人闷着好，因为打架也是体验，孩子就是在打打闹闹中长大的，最重要的是学会交往与合作。"

一位母亲张诗铭曾经给《少年儿童研究》杂志撰文，介绍了她"借"孩子的一些有趣的事情。她写道：

> 在孩子的成长过程中，朋友对于孩子的意义，不亚于金钱对于成年人的意义。中国人大多不善于过"借钱"的日子，当然更不善于"借朋友"了。在加拿大，我却有了奇特的经历。
>
> 因为工作的原因，我先生去了加拿大。后来，我们全家也一起移民到了那里。刚开始，我很孤独，因为语言不是完全通，常常觉得还不如在国内好，国内有那么多亲戚朋友。当时我就想，我孤独，我的孩子会更孤独。那时她已经上初一了，很有自己的想法。她的朋友也都在国内，为了移民的事情，她还跟我们大闹一场，说坚决不去加拿大。所以，从内心里说，那个时候我比较怨恨我先生。
>
> 鉴于这个原因，刚出国那阵子，我的心情很不好。打破这种局面

的是一件奇特的事情。我们的邻居是一户加拿大居民，他们家独自居住在一个二层小楼，家里有两个孩子，都是男孩。刚去的时候，因为语言问题，同时又考虑到外国人比较注重隐私，所以我们很少和那家人交往。虽然他们很爱说话，但我们和他们的交往也就是见面打个招呼什么的。

有一天下午，邻居家的女主人突然按响了我家的门铃。我打开门，她笑吟吟地走进来。开始，我以为她要借什么东西，后来才真正听明白，原来她是在说："把你的女儿借给我们家一天。"她反复说了好几次，大意就是要"借"我的女儿一起去旅行一天，第二天就"还"给我。她说她儿子从来没有和中国人一起去旅行过，这次是她的两个儿子的选择！

我站在那里，张大了嘴，不知该怎样回答她。我知道外国人比中国人爱旅行，可我没听说过有借人家孩子去旅行的。那时候，我真的不知道，国外还兴这种"游戏"！当时我只是想，我的女儿又不是物品，怎么可以借来还去？而且，他们家是两个半大的男孩子，和我的女儿一起去旅行，方便吗？安全吗？因为有顾虑，我就没有答应她。当然，我也没有拒绝，只是说："我的先生和女儿都不在家，我要和他们商量。"邻居家的女主人说："谢谢，等你的答复。"然后就走了。

她一走，我就坐在家里嘀咕，心想这家人怎么这样！过了大约有半个小时吧，门铃又响了。我打开门一看，原来是邻居家的两个男孩，他们的手里还拿了一张纸。他们进来以后就说："希望得到你的帮助！"然后把手里的纸递给我。

看了那张纸，我简直哭笑不得。原来那是一张借据，上面写着借女儿的时间、保证、携带物品、会注意的事项，竟然还有费用——借我女儿一天他们家会付的费用数目，最后是他们母亲的签名。真没想到，原来把女儿借出去还能赚钱？我觉得他们的行为简直不可思议。

我看完后，忍住笑，仔细看了看那小哥俩。那两个孩子真的已经很大了,而我的女儿当时刚刚上初二没多久,应该说也正是豆蔻年华。把这样的三个孩子放在一起,我能放心吗?在中国的时候,我都特别担心女儿和男孩来往,外国孩子又那么开放,虽说他们的父母会跟他们一起去旅行,但我还是有些担忧。

晚上,先生和女儿都回来了。在餐桌上,我说了这件事,女儿一听,非常高兴,嚷着要和他们一起去旅行。先生则笑而不答。

我有些着急,就催问先生怎么办,人家还等着回话呢。他告诉我,在加拿大早就有这种"游戏"了。西方人特别喜欢旅行,而且喜欢结伴,一些陌生人还在网上征求旅游同伴呢。他说邻居不过是在为她的儿子找一个旅行伙伴而已,有什么不可以的?我说起性别问题,他坦然地说:"这有什么?把女儿拴在家里,你就一定看得住她?不如让女儿出去见见世面,也许还有利于她结交更多的朋友呢。"我又说:"可是,把女儿借出去,还收人家的租金?这怎么有点儿像卖女儿?"先生说:"这有什么?在西方人眼里很平常的,我们是在提供他们需要的事物!"好在先生用了"事物"这个词语,没有使用"物品"!

就这样,在爷儿俩的一致要求下,我把女儿"租"出去了。当先生在协议上签字的时候,我的心真是忐忑不安。先生签完字,让女儿自己去送协议。女儿平时不太和外国人交谈,这次竟然非常痛快地答应了。她回来的时候,我发现她兴奋得脸上泛着光。

女儿不在家的那天晚上,我根本没有睡好,还做了噩梦,梦见女儿被那哥俩拐跑了,我吓得哇哇哭。先生知道我做恶梦,安抚我说:"没什么,明天你就会发现她好好地站在你面前!"

那天我真的觉得时间难熬。傍晚,听见邻居家的汽车在响,我一个箭步蹿了出去。我看见女儿站在车门处,和两个男孩分别拥抱,然后背着大大的行囊走过来,脸晒黑了些,但看得出她很高兴。她看见我,又赶快跑过来拥抱我。说实话,到加拿大那么久,我还真不适应这种礼节呢!

晚上，女儿兴奋地给我们讲了许多旅游中的见闻，还直说："和男孩一起出去玩真好！有意思！比和你们大人出去玩强多了。"先生在一边对我笑："你看，我没说错吧？"

不过，从那以后，我们家真的慢慢接受了这种"新生事物"。我已经把女儿"租"出去若干次了，也真的"赚"了一些"出租"费用。我把这些费用都做了女儿的旅费。再后来，我们家也要出去旅行的时候，女儿也向我们要求"租"一个孩子，我们因此付过一些费用。当然，有的时候，我们也会"借"一些朋友的孩子，这些孩子是不用付费用的。但我们"借"的大多是外国人，较少"借"中国人，为的是让孩子能有机会接触更多的外国人。

每次需要"借"旅伴的时候，我都会想办法让女儿自己去"借"。事先我会给对方父母打个电话，然后也像邻居女主人那样，让女儿带着协议书去对方家里与对方的父母、孩子商讨。通过这种方式，我发现女儿变得开朗多了，也越来越彬彬有礼。

在带着女儿去旅行的时候，我也的确发现了这种活动的好处。在国内，我也带女儿去旅游过，但每次她都不爱去，一路上经常嘟嘟囔囔的，好像是我逼她去一样。自从"借"了她的同龄人和我们一起去旅行以后，我发现她对旅游的态度也变了，一路上好像到处都是风景，无论看见什么，他们都快乐地说个不停。当然，孩子之间也会有矛盾，可我觉得这也是个教孩子解决问题的机会。

结伴旅游，的确是一种非常有意义的活动，它不仅可以帮助孩子了解不同的风土人情，扩大视野，增长知识，同时还可以培养孩子宽广的心胸以及对大自然的热爱，给孩子提供与同龄人交往的机会。

目前，许多儿童生活在三口之家，与爸爸妈妈成为一种垂直的关系，而横向的伙伴关系则比较少。校外时间他们缺少游戏伙伴，很少有机会和同龄人接触。这种生活状态对儿童的健康成长是不利的。所以，"借"个孩子去旅行，让孩子们有机会和同龄人在一起，他们的认知能力、交往能力都会有所提高。我的建议是：

尊重孩子的选择。在旅行前与孩子商量是否要"借"个朋友去旅行，如果需要，则让孩子根据自己的喜好选择旅伴，让孩子自己去邀请旅伴。如果孩子选择的旅伴不是父母喜欢的孩子类型，父母仍应尽可能尊重孩子的选择，允许孩子与不同类型的朋友交往，可以在旅行过程中进行适当的引导和教育。

不能偏袒。对自己的孩子和旅伴要一视同仁，甚至给邀请的旅伴更多的关怀。如果旅行中孩子之间发生矛盾，父母不要偏袒哪一个孩子，要让孩子学会自己解决问题。

注意旅行安全。检查孩子携带的旅行用品，对自己的孩子和旅伴讲清安全注意事项。万一旅行中发生意外，要及时就医，并与对方父母联系，讲清具体情况。

和对方父母及时沟通。在孩子自己去邀请旅伴后，要及时与对方父母通电话或者见面，与对方父母协商旅行安排，使对方认可您的安排。另外要了解孩子旅伴的生活习惯等，以做到心中有数。旅行结束了，和旅伴的父母交谈，详细介绍在旅行过程中发生的事情，告知孩子旅伴的具体表现。

三、独生子女的父母们联合起来

父母们是否发现您的孩子有某种孤独的倾向？譬如，尽管一个人在家感到寂寞，却不愿意和人交往，不愿意参加集体活动。偶尔与人交往或参加集体活动，孩子也会表现得不自然、不投入，甚至有些不知所措。

我们在关于独生子女人格发展的研究中发现，当代少年儿童虽然渴望友谊，但克服困难取得某项成功的动力较弱，不会交往，不会合作，在与同伴交往中容易伤害别人，勤俭节约的表现较差，等等，这些问题不能不让父母和老师们感到不安。那么，是什么原因导致了独生子女的孤独呢？原因大致有四：一是独生子女没有兄弟姐妹，而父母大多为双职工，很少有时间陪伴孩子；二是城市家庭居住条件多由平房的开放性转向楼房的封闭性，这使人们之间的交往减少；三是一些父母出于安全等因素的考虑，不鼓励孩子之间串门走动；四是父母对孩子往往娇宠有加，使孩子误认为只要自己快乐就行，不必关心别人。

面对这种情况，父母们怎样帮助孩子呢？我有一个观点，靠一家一户的力量是难以教育好独生子女的，独生子女的父母们应当联合起来，变小家为大家，变独养为群养。也许，这种以群治独的办法能成为独生子女教育的一个绝招呢。

独生子女教育的困难之一在于一个独字，独生子女在孤独地生活，独生子女父母在孤独地教育，如果改变不了这个独字，独就成为一种毒，独生子女的教育就难以成功。为什么这样说呢？因为孩子的成长需要群体的环境，孩子是在与同伴的交往中长大的，再好的父母也无法替代伙伴的作用。父母很重要的教育艺术，就是巧妙引导孩子与同伴交往，并从中汲取教育智慧。

长期以来，父母们在碰到教育难题时，总习惯于听听专家怎么说，这自然是正确的一步，但不是唯一的一步。应当看到，孩子是千差万别的，而时代变化又日新月异，没有任何一个专家可以"包治百病"。相比之下，在实践中反复探索的父母们倒有许多丰富并且实用的经验。因此，父母之间的交流是现代家庭教育中一种特别有效的方法，应当推而广之。

关于独生子女的父母如何联合起来，其实有很多办法。《少年儿童研究》杂志多年来介绍了许多行之有效的好办法，其中一个非常受欢迎的方式是"独生子女一日营"。

1995年，《少年儿童研究》杂志首任主编张先翱教授来到北京育英学校小学部做实验，组织一个小队的孩子集中到某一队员家过一天假日生活，也就是让独生子女自愿组合起来，五六个孩子到一个伙伴家生活一天。对孩子来说，别人家的饭好吃，别人家的玩具好玩，别人家的床睡着舒服，因而特别喜欢到伙伴家去。有的父母说："来吧，我儿子正寂寞。我拿

1000元钱招待孩子们！"指导老师说："最好让孩子体验真实自然的生活，而不是来赴宴。所以，我们建议每个孩子最多花10元来过一天，困难的家庭还可以免费。"伙伴们一起学习、游戏、购物、做饭、睡觉，个个心花怒放。第二天分离时，很多孩子掉眼泪，舍不得分开呢。

一个孩子在参加了"一日营"活动后说："在这里我经历了许多第一次，第一次和同学一起出去采购，第一次自己炒菜做饭，第一次和同学同床睡觉。我虽然没有兄弟姐妹，但在这里我体会到了兄弟姐妹的亲情，也感受到了伙伴的父母对我们的爱。"还有的同学说："我胆子小，组织能力也不强，但在一日营里，我又要发号施令，又要事事给大家分工，忙活了一天一晚，好像我的胆子也大了一些，能力也得到了锻炼。"

还有一种新型的青少年活动——民宿。民宿就是让孩子到别人家去生活，互换生活，这一种方法英语叫home's day。民宿的意义在于让青少年们发现，尽管人与人的境遇是不同的，但大家的内心是平等的，因此要学会尊重他人。

我的女儿上了北京月坛中学之后，积极报名接待日本的中学生到家里来民宿，从初二开始，她先后领了三批日本的女学生到我们家来住。我说："客人是你领来的，你要负责接待，先把你的房间腾出来让客人住，然后每天你要陪她玩。"女儿说："没问题！"女儿以前照料自己都照料不好，现在却要照顾客人，还是外国人，她拉着人家的手过马路，参观名胜古迹。后来我发现孩子对人宽容了，能替别人考虑，长大了、懂事了，我从内心里感到惊讶和高兴。

实际上，生活中有无数美妙的机会，都可以用来培养孩子的健康人格，关键要有一颗真正的爱心。同样，稍微大意或随意一些，便可能剥夺了孩子学会交往的良机。譬如说，当您家里装修得富丽堂皇，又打扫得一尘不染时，男孩子要来您的家，您会欢迎他们进来吗？您会诚心实意地照顾他们吗？如果您这么做了，您的家虽然被搞乱了一些，却可能成为孩子们的乐园；如果您拒绝孩子们，哪怕脸色稍微难看一些，敏感的小精灵们都可能敬而远之。您一定明白，两种态度必然会带来不同的结果。毫无疑问，让孩子们拥有伙伴并快乐生活，是比房间的整洁漂亮重要一万倍的！

生活是充满了魅力的，而这魅力往往在朋友交往中更显光彩夺目。让我们以博爱之心和宽广胸怀，去认真对待孩子的交往，让孩子在群体生活中得到健康全面的发展。如何让孩子过好群体生活，我的建议是：

参加群体生活的孩子们最好有一定的感情基础。组织孩子群体活动的几个家庭之间最好比较熟悉，而且住得比较近一些，这样方便开展一些丰富多彩的活动。孩子们可以是上幼儿园时候的朋友，也可以是一起上学的同学，还可以是上下楼的邻居，亲戚家的孩子也很合适。

父母要积极配合。父母们最好能轮流负责组织活动，每次活动的内容、场地要提前考虑好。活动可以不拘一格，可以走出去，也可以在家庭中进行，只要是有益于儿童发展的活动都可以。

活动应尽可能注意以孩子们为主体。活动应充分发挥孩子们的想象力，由孩子们自己设计活动方案，父母只做一些辅助工作。孩子如果年龄小一些，可以娱乐活动为主；等孩子大一些的时候，父母要注意引导孩子们的活动向深层次发展。

四、真诚接受孩子的朋友

古希腊曾经流传着一个美妙的神话故事：

18岁的少年赫拉克勒斯走到了人生的十字路口，这时，他碰见了两位女神，一个叫"恶德"，一个叫"美德"。恶德女神千方百计地诱惑他去追求能使人享乐一世、却有害他人的生活；美德女神则劝导他走为人除害造福的道路。最后，赫拉克勒斯听从了美德女神的呼唤，拒绝了恶德女神邪恶的诱惑，选择了始终为同胞做好事的人生之路。后来，赫拉克勒斯成长为一代英雄，他的故事一直被后世传颂。

从这个神话故事中，我们得到启发：每一个成长的人都需要好朋友。

好的朋友犹如前进中的一盏明灯，带领人们更快地奔向目标。所以，作家塞万提斯说："以好人为友者，自己也能成为好人。"好的朋友能够帮助人进步，这是大家都认可的事实。

父母们都盼孩子健康成长，但是，什么样的孩子能成长得好呢？留心一下，我们会发现一个规律：孩子与同伴和谐相处则平安健康，孩子没有朋友则容易发生问题。

中国青少年研究中心在1996年调查发现，虽然72.6%的父母表示："我希望孩子和他喜欢的人交朋友。"甚至79.8%的父母表示："我愿意孩子邀请他的朋友们到家里来。"但是，75.8%的父母表示："我对孩子选择朋友有严格要求。"81.6%的父母表示："我要求孩子选择学习好的同学做朋友。"64.9%的父母表示："我不愿意孩子有较亲密的异性朋友。"45.3%的父母表示："为了学习，我要求孩子减少与朋友的交往。"49.3%的父母表示："怕孩子学坏，所以我严格限制孩子交朋友。"

父母们可以想一想，在您的家里是否存在这样的情况？您是否给孩子的成长提供过一些与伙伴交往的机会？我的建议是：

了解自己的孩子，根据情况选择朋友。父母要对孩子的具体情况进行分析，如孩子有什么优点或不足？孩子的兴趣爱好是什么？如果父母发现孩子的朋友不好，不是好朋友，应该和孩子一起仔细分析孩子的朋友到底"坏"在哪里。王宝祥老师曾经在《少年儿童研究》中给大家支招，他认为，一般情况下，父母眼里的"坏"可分为四种情况：一是学习成绩不佳，没有什么品质问题；二是学习成绩差，又有不遵守纪律、贪玩、旷课等行为；三是学习、纪律不好，还有抽烟、打架、引逗异性等劣迹；四是劣迹行为严重，甚至有轻度违法行为，如小偷小摸、少量骗钱、劫钱等行为。对于前两种情况，不能说是"坏"，可以说是有缺点，有一定的错误；第三种错误多一些，严重一些；第四种问题比较严重，但与社会上成年人中的坏人还有区别。这时，父母应该要尊重孩子，同时又给孩子指出，什么才是真正的朋友，让孩子做出选择。

关注孩子在同龄伙伴中的位置和感受。父母要特别关注孩子在班集体里与同学关系如何，并要重视孩子的不良情绪，从而及时为孩子排解烦恼。不要仅仅认为孩子学习成绩好，各方面表现优秀就没有问题，孩子越是优秀，就越要关心孩子在班上的交往情况。有些家长因为看到好孩子听话、成绩好，什么事情都让人放心，在看待孩子身上的问题时就容易产生情感偏移。当问题发生在普通孩子身上时，成人比较容易发现，而发生在好孩子身上，则容易被成年人忽视。这就是我们要特别注意的问题。有的时候，好孩子在心理上比一般孩子更脆弱，存在成就焦虑、任性、孤独、自负等心理问题。希望父母不要让好孩子的心理状况成为"被遗忘的角落"。

不要以学习成绩为标准来限制孩子交友。有的父母担心孩子和学习成绩不好的同学交朋友会"近墨者黑"，故而对孩子交朋友加以限制，这是功利的标准。其实，与其以学习成绩为标准对孩子交友加以限制，还不如与孩子进行真诚的沟通，向孩子提出，与朋友玩耍交流不要影响正常的学习。

见见孩子朋友的父母。父母可以和孩子朋友的父母接触一下，借此了解孩子朋友的家庭。从他的家庭和父母身上，您可以更加了解孩子的朋友。您也可以建议两个家庭共同开展一些活动，让孩子们在快乐的活动中相互学习，取长补短。

把孩子的朋友请到家里来。父母可以把孩子的朋友请到家里来，让孩子们在父母的指导下做游戏或其他活动，也可以和孩子们一起做有特色的食物。这样，父母不但可以了解孩子的朋友，还可以结合实际情况指导孩子们的行为。

与孩子一起制订一些行为准则。孩子们判断是非的能力毕竟有限，而父母又不可能一直跟着孩子。因此，父母要与孩子一起讨论和规定一些行为准则，告诉孩子和朋友在一起的时候什么事情不能做，什么事情可以做。

孙云晓
生活感悟

1. 学习成绩好坏往往不是孩子选择朋友的标准，但可能是父母的标准。中学生特别渴望同伴的认同，也许他在朋友那里能获得别处无法得到的认同。如果父母能对孩子多一些欣赏和接纳，多看到孩子的优点，那么孩子也会愿意考虑父母的建议，选择适合自己、有利于发展的朋友。

2. 孩子最需要掌握的能力之一就是与人合作，这是父母们很关心的事情，却有许多父母忽视了自身示范的重要性。如阿德勒所说，孩子最先感受到其他人之间的合作，就是父亲与母亲的合作，若他们之间合作不良，自然也无法希望能教会孩子如何合作。所以，父母教育孩子要从自身做起。

3. 与幼儿渴望父母与教师的表扬不同，儿童少年的自信心离不开同伴的接纳和肯定。因此，儿童少年时代的同伴交往水平深刻影响着成长的质量。如阿德勒所说，假如一个儿童不曾学会与人合作的方式，他必然会走向悲观之途，并发展出牢固的自卑情结。显然，孩子首先要学会接纳别人。

4. 为什么要特别重视孩子的同伴交往？心理学家皮亚杰的理论告诉我们，儿童间的社会影响是儿童认知发展的源泉，"同伴影响"是儿童最有效的学习方法之一。记得访问社会学家费孝通时，他反复强调要引导孩子相互学习。儿童最善于观察和模仿，与伙伴相处和谐，最容易相互影响。

第四节　尊重孩子，建立支持性人际关系

> 父母要永远做孩子良性发展的支持者，也就是说，父母要成为孩子成长过程中最有力和最亲密的支持者。

有人可能很奇怪为什么提出这样一个问题，实际上谈这些观点的背后其实都有我们调查研究的一些重要成果。比方说我们关于青少年沉迷网络的研究，有一个最重要的发现就是，之所以现在中国有很多沉迷网络的青少年，最主要的原因就是缺少支持性的人际关系。大家要特别注意这个问题。什么叫支持性的人际关系？这其中，亲子关系是第一位的，第二是师生关系，第三是同伴关系。

父母谁不希望与孩子建立良好的亲子关系？而生活中却容易做出破坏密切亲子关系的事情。例如《中国教育报》2012年12月22日的新闻：一个小姑娘在微博上美滋滋地罗列怎么对父母"瞒天过海"："老爸管得严，不让乱跑，不过山人自有妙计！出去唱歌，跟家里人说是去朋友家玩的！出去涮火锅，就说出门充话费！出去逛街，就说去营业厅交个网费……"很快有个网友就回复："老实在家待着！！吃火锅、逛街必须由你妈跟着。"小姑娘很烦恼："你谁呀？管什么闲事！"然后神奇的回复出现了，这位网友自报家门，说是李某某。小姑娘紧张起来了："爸！对不起，对不起，我不知道是您啊。您怎么也玩微博了？汗！"

父女俩这段对话，短短几天内被转发了几万次。许多孩子觉得幽默的同时也心生寒意，因为说不定自己的老爸老妈也潜伏在自己的粉丝群中呢，所以许多孩子坚定地表示，坚决不告诉爸妈自己的微博账号，更别说互粉了。

我们有很多的研究人员到矫治机构去调研，见过各种各样的沉迷网络的青少年。有个少年沉迷网络之后两年不出门，男孩子头发长得比许多女

生还长,指甲很长,也很少洗澡。沉迷网络,也可以称之为网瘾或网络严重使用不当。为什么会发生这样的问题?

有人会说,那是不是就不能让孩子上网,这也是不对的。网络时代的孩子怎么可以不上网? 21世纪最重要的学习是学会管理知识和处理信息的能力,现在这个信息化时代是知识爆炸的时代,这个时候光静下来看书是不够的,因为只有网络上才会有海量的新信息。学会如何管理知识和处理信息后,可以知道到哪里找自己所需要的知识,当信息如潮涌来的时候,也能够看清楚什么是最重要的,更知道自己该怎么办,这就是最重要的学习。

最好的媒介教育是赋权和赋能。学会使用互联网毫无疑问就是一个最佳的选择。因此孩子是需要使用互联网的,但是怎样既让孩子使用互联网,又避免他沉迷网络,这就需要有一条最重要的措施,即建立一个支持性的人际关系,如亲子关系特别好,师生关系要好,同伴关系也要好。

那么怎样建立这种支持性的关系呢?比如说现在很多父母都很忙,特别是好多父亲工作特别忙,整天打拼事业,晚上回到家里后,有的父亲看到孩子很晚了还在那写作业,心生怜悯,但是不太会沟通,话就三句:"吃饭了吗?作业写完了吗?睡觉!"倒真是非常简洁明了,都是挺关键的话,但是孩子不是机器人,不可能就只需要这么简单的指令。如果父母孩子之间只有这样的沟通,那就不是好的亲子关系。

美国脑神经科学家约翰·梅迪纳认为,孩子要与父母建立良好的关系,需要父母与孩子之间进行专注且耐心的互动,这不仅能够促进孩子的大脑健康发育,而且能让孩子的情绪变得稳定。

约翰·梅迪纳指出良好亲子关系建立的过程是一个漫长的过程,在这个过程中,父母如何探测孩子的情绪并对其做出反应就显得非常重要,在他的《让孩子的大脑自由》一书中,提到了这样一个场景:

一天,你带着两岁大的女儿去邮局。排在柜台前的队伍很长,女儿对你说:"我要一杯水。"你很平静地回答:"亲爱的,这里没水喝，饮水机坏了。"女儿高声叫道："我要喝水！"她把嗓子都喊破了。山雨欲来风满楼，你觉得情况不妙，血压顿时升高。"我们必须回家后才能喝水，这里没有水喝。"你说。孩子反驳道："我现在就要喝水！"你和女儿变得越来越激动，场面随时都有可能失控。该怎么办呢？你有3个选择：

　　1. 忽视女儿的感受并坚决地说道："我已经说过了，回家再喝。这里没水。闭嘴吧！"

　　2. 对可能发生的大爆炸感到忧虑，批评女儿并低声说："请你安静点好不好？不要让我在那么多人面前难堪！"

　　3. 不知所措，耸耸肩，无奈地笑一笑，让女儿自由发挥。于是她像活火山一样猛烈喷发，令你颜面扫地。

　　以上三个选择都不是最好的选择，约翰·梅迪纳认为，父母必须承认孩子的感受，并给予充分理解。本案例中父母应该这样回答："你很渴是不是啊？喝一大口凉水肯定很爽。我真希望这里的饮水机没有坏掉，这样爸爸/妈妈就能把你抱起来让你喝个够了。"

　　不少父母会认为这样的处理方法只会火上浇油，但研究结果清楚地显示，能够迅速平复强烈情绪的，唯有共情反射以及相关的教育方法，而且此类行为能够逐步减少孩子情绪发作的频率。

　　好的父母要特别善于跟孩子交流。我给大家非常关键的六个字："大耳朵，小嘴巴"，其实就是多听少说的意思。孩子说谁谁谁打我了，这个时候你别急，只需要问："是吗？打你哪儿了？疼不疼啊？我看看是不是很严重啊？什么人啊？为什么打你啊？你心里是不是很难过啊？你准备怎么办啊？"你多问，问的过程中，你还可以搂着他，抚摸他，孩子就可能会把这过程说一遍。孩子把他经历的事情说出来了，他的难题也就解决了一半，你这就等于心理治疗，他会觉得很温暖、很有依靠。

　　等孩子说完了，你就告诉孩子这个事不要怕，这不是孩子的错，我有几个建议，看看行不行，第一招怎么办，第二招怎么办，第三招怎么办。或者你还可以教给孩子这样一招：当有人欺负你的时候，你千万别就跟个小绵羊一样瑟瑟发抖。这时候孩子可以大喊一声："我不怕你，你这样做是不对的，你这样做不是好孩子，你要再这样做，我就告诉老师！"这一招不是家长告诉孩子就完了，还要训练孩子，让他大声喊来给家长听听。这就是气势的力量，小学生或幼儿园小朋友比较适合这样做。

总之要让孩子明白，不管怎么样，父母一定会坚定地站在孩子这一边，并且一定会陪着孩子解决这个问题。所以在碰到问题时，父母千万不要一听就炸，一听就冒火，那是不能解决问题的。教育孩子的前提是了解孩子，了解孩子的前提是尊重孩子。

比尔·盖茨大家都知道，不过，在读哈佛二年级的时候，他想退学。各位想想看，如果我们的孩子考上北大清华这类名牌大学，上到二年级时想退学，父母能同意吗？可能会认为这简直荒唐得很，你创什么业啊？你懂什么东西啊？比尔·盖茨那个时候就感觉他的时间非常紧迫，因为软件行业发展得非常快，如果不抓住这个时机，就可能错失机会了。他父亲也曾经找了一个人来跟他探讨，最终儿子还是坚持，后来父亲觉得孩子的选择有道理，就理解孩子、支持孩子，这很了不起。我认为这就叫支持性的关系。

可能有父母会说，世界上能有几个比尔·盖茨啊！的确，像比尔·盖茨那样的牛人可能很少，而且也不是每个父母都能遇到孩子面对是创业还是学业的选择，但在生活中理解和尊重孩子对他们的成长更为重要。

父母的理解和支持比什么都重要，孩子越小的时候，理解和支持就越重要。很多年过去了，我总是忘不了一位名叫曲兰的母亲，她是一位强大的母亲。

她儿子就碰到难题了，学习很糟糕，连普通高中都很难考上。最后上了一个中专，上了个中专之后，发现中专也读不下去了，因为学习还是跟不上。那怎么办啊？后来儿子实在是不想读了，妈妈也表示理解，你实在读不下去、学不到东西，不读就不读吧。

各位想想看，在今天这个时代，中专都读不下来，这孩子还有出息吗？但这位妈妈相信天生我材必有用，儿子有儿子的潜能。这儿子有什么好呢，网络技术好。可是光靠这个不行啊，他妈妈说那你愿意怎么学习，他说我愿意在网上学习。好，那你在网上学习吧。这个儿子在网上跟人聊计算机网络技术，但在跟外国的青少年聊天的时候，他发现英语水平需要提高，否则的话就会被别人"踢"下来，没法跟人交流。

结果曲兰的儿子练了两大绝招：第一网络技术很棒；第二英语很棒。大家知道，光凭这两招，考中国任何一所大学都是困难的，但是由于他这种有特色的学习得到母亲的理解和支持，所以他很有自信，他想走一条适合自己的道路，就去考微软的认证专家。在同龄人忙于高考的时候，他通过了微软数据库认证专家的全部考试，后来又通过了微软解决方案认证专家的考试。这两个考试难度是很大的，要求的就是英语和计算机水平。当时亚洲地区20岁以下青少年中仅有两个人通过考试，一个是他，另外一个是19岁的印度青年。他有了这些证书后，后来在香港一家公司担任数据库的主管，每天做着自己喜欢的事情。

后来，曲兰还写了一本书，书名为《18岁的数据库专家——一位母亲的叙述》。我太佩服这位妈妈了，她家孩子这种情况简直会让很多父母觉得孩子已经陷入绝境了，但她的儿子为什么能反败为胜呢？就是因为母亲给了他理解和支持。在那么困难的情况下，母亲依然相信自己的孩子是有潜力的，对孩子是有信心的，孩子是有希望的。所以说，作为父母来说，我们爱孩子是没有条件的，不是因为你学习好我才爱你，不是因为你乖我才爱你，你是我的孩子，我就永远爱你。这种爱是理解的爱、尊重的爱，只有我们这样爱孩子，坚定地相信孩子、支持孩子、爱自己的孩子，我们的孩子就有希望反败为胜，甚至会越来越好。

当孩子进入青春期以后，父母可能会发现，孩子变得难以沟通。孩子放学回家了，你想跟孩子说话，孩子却背着书包旋风般进了自己房间，把门一关不出来了，你想跟他说话都很难，这就是进入青春期孩子的一种封闭性。在这个情况下，如果你强行把他拉出来，让他坐这儿好好听你说话，一般都不会有什么好的效果。所以我给大家一个很具体的建议：父母虽然和孩子生活在同一个屋檐下，但有时候可以给孩子写信，把你的心里话写给孩子。但是对于这件事，你千万不要说："儿子过来，我给你写了封信，好好看看，再说说体会。"这样做就太生硬了。你可以把这封信放在孩子的床头或是他的桌子上，不用再额外叮嘱他，你孩子拿到你的信肯定会看，甚至还可能不止看一遍，但是很可能的结果是看了以后什么也不说。也许十年后的某一天，他会说："老妈，当年你给我写过一封信，对我挺有帮助的，谢谢。"这是很正常的现象。

另外，父母还要注意，千万别对孩子说绝话："有本事你走！有本事你再也不要踏进这个门！"这种绝情话父母千万不能说，而且对孩子要尽可能地理解和支持。

我们过去讲亲子关系，一般都会讲爱。爱，我从来都是赞成的，没有爱就没有教育，教育的秘诀是真爱。但是我认为爱的前提是理解和尊重。

面对一个青春期的孩子，你可能会感受到他的叛逆，甚至一个幼儿也有叛逆期。那么，当孩子叛逆的时候，你是什么态度，这就要考验父母的智慧了。好多父母会说，你这孩子才这么点大就想叛逆，你硬我比你还要硬，我就不信不能把你给治住。这样的父母看上去很强势，其实是不明智的。为什么呢？因为有些时候叛逆是长大的需要，在孩子的叛逆过程中，可能会有很珍贵的品质在生长。

大家可以回忆一下，我们小时候跟父母叛逆时，你一定觉得你特有道理，你觉得你发现了某个真理，你要去捍卫什么，你要去坚持什么，你会想要竭力表达自己做的都是对的，就应该这么做。所以，明智的父母要善于跟孩子沟通和谈判。谈判并不是软弱，谈判是一种现代的教育方法。你可以跟孩子说："你说说理由，你说得对，我们就支持你；你说得不对就不能做。"当孩子说了理由之后，就应该支持他对的方面，不对的方面可以帮着孩子一起分析。这就保护了孩子在叛逆期体现出来的要独立参与、要追求真理的一些珍贵品质，这也是父母对孩子的一种理解和支持。如果存在良好的支持性关系，那当孩子使用网络时，你就可以放心，因为他能控制自己，他有更深厚的、更亲密的情感支持着他，这样他就不会过度依赖网络。

除了亲子关系外，当然还要引导孩子建立起良好的师生关系和同伴关系。对于师生关系，我有一个体会：父母一定要知道是谁在教育你的孩子，一定要熟悉他的班主任和各科老师，这样才有利于你把握孩子的发展。

教育心理学的研究表明，老师对学生的影响是多方面的，有许多都是无形中的影响。例如很多幼儿园儿童和小学低年级的孩子都喜欢用他们老师的口气或口头禅来和其他小朋友或洋娃娃说话；班主任的作风能深刻影响一个班的班风；而一个语文老师会影响整个班的作文风格。

《当代教育心理学》一书中列举了一项研究：心理学家曾调查哈佛大学二三年级的学生并发现，他们能模糊地记得大约75%的前任教师，其中有8.5%的老师被认为对他们产生了较大影响。教师是学校集体中的权威人物，如果学生很喜欢他，也会相应地喜欢上他的讲课方式和讲课内容；如果学生不喜欢某个任课老师，则会明显不利于孩子对这一科目的学习。

当然，也需要了解你孩子的朋友是谁，他们的父母是谁，这些都会构成孩子成长的一个安全系统，共享一些资源并且相互支持的系统。这里我们要明确一个非常重大的原则，即永远给孩子的良性发展提供支持性的关系是他成长过程中最重要的一种力量，也是国内外教育研究中反复证明过的一个明智的选择。

谁能相信？家里没有电脑的孩子更容易沉迷网络。孩子长大以后，特别到小学高年级、初中阶段，受同伴的影响会越来越大。大家都在一起谈网络上的事，要想融入其中，必须得赶快适应这种氛围。家里没有电脑的孩子很有压力，他们会去网吧或同学家上网，没有父母的监护，更容易沉迷网络。因此，对孩子如何使用网络进行具体的指导变得非常重要。

研究还发现，把电脑放在小孩子的房间里，小孩子也容易沉迷网络；把电脑放在客厅或者父母房间里，孩子就不容易沉迷网络。为什么？因为你把电脑放在孩子房间里，电脑太好玩了，网络游戏太好玩了，他可能会控制不住地玩上很久。有的时候说好晚上不能玩，他很乖："我不玩了，我睡觉了。"但他前半夜睡觉，后半夜起来玩，父母根本不知道。当然，这与年龄也有明显的关系，年龄越小的孩子，自控能力越低，越需要父母的监护提醒。年龄大一些并且养成良好习惯的孩子自控力会好许多，适合在自己的房间独立使用电脑。

如果把电脑放在客厅或者父母房间里，为什么就不容易沉迷网络呢？因为孩子在客厅上网，他总会感觉背后有一双眼睛看着自己，这是一种无形的监督：我上网不能超过时间，我也不能上乱七八糟的网站，我就好好上网吧。

到目前为止，预防孩子沉迷网络的一个行之有效的措施，就是把电脑放在家里的公共位置，比如说客厅。这就是一个非常具体的建议，实际上还会有很多其他好处，比如增加孩子和父母之间的交流。

孙云晓 生活感悟

1. 如何面对青春期孩子的叛逆，考验父母的爱心与智慧。据江苏阜宁县公安局的警方通报，2020年12月12号上午，因不服家庭管教，17岁高三学生杨某（男，17岁）与母亲发生争吵，后在肢体冲突中致其母死亡。显然，这是一个青春期叛逆的悲剧案例。其实，如果理性一些，许多冲突都可以化解。所以，面对青春期孩子，最好的教育是理解和尊重。赞同一位优秀教师的观点：不要和青春期的孩子较劲，以柔克刚乃智者。

2. 对待孩子的叛逆最需要理解和尊重，也最需要因人而宜。如何对症下药？北京师范大学心理健康与教育研究所所长边玉芳教授认为，对于暴躁型叛逆的孩子不要硬碰硬；对于沉默型叛逆的孩子，要耐心等待，慢慢沟通；对于阳奉阴违型叛逆的孩子，要让他感受到真诚。

3. 面对青春期的孩子，父母就像在惊涛骇浪中穿行，并且有电闪雷鸣相伴。没有理解和尊重的教育是危险的。如儿童心理学教授芦咏莉建议，因为青春期孩子往往是情绪性驱动的，所以父母与教师首先要学会识别孩子的情绪，努力成为孩子的知音，共情才会有共识，有共识才会有引导的效果。

4. 尊重是教育的基石，无人可以例外。排球教练郎平曾与女儿白浪冲突激烈，但她知道女儿喜欢篮球，特意去看女儿参加的篮球比赛。女儿喜欢NBA洛杉矶湖人队并崇拜球星科比，郎平请姚明帮忙，与女儿看湖人队比赛并和科比见面。母女关系融洽了，女儿居然也成为大学排球队的主攻手。也许有人会说，郎平是名人，所以才能满足女儿见球星的心愿。其实，孩子大都会体谅父母的处境。所谓尊重孩子，就是要尊重孩子的思想和选择。天津母亲关颖知道儿子喜欢乔丹，就经常与儿子一起看乔丹的比赛，帮助儿子收集乔丹的资料，大大密切了亲子关系，教育也更加有效。

第四章
再忙碌的父亲都可以成为好父亲

再好的母亲也不能代替父亲，再好的父亲也不能代替母亲，父母携手共育才是教子成功最可靠的保障。父亲意味着规则与监督，也意味着权威与可信赖。在没有父亲参与的情况下，孩子往往缺乏规则教育与必要监督，当遇到难题需要帮助时，孩子往往会缺乏一个可以信赖与参照的权威与榜样，这可能正是与青少年有关的许多社会问题的重要根源。

第一节　爸爸去哪里了

家庭是个人健康成长的基石，也是社会和谐的基石。青少年的许多社会问题，如暴力、犯罪、性问题、网络成瘾等往往源于家庭，而父教缺失就是其中一个不可忽视的原因。父教缺失对孩子和社会的破坏性影响都是不容置疑的。

一、父教缺失的现象在中国凸显

父教缺失的现象在中国较为普遍，一些父亲放弃了教养责任，更多的父亲则把家庭教育的责任推给妻子。2009年3月27日，《中国青年报》发表了对我的专访《中国的父教缺失是我们民族很大的隐患》，在读者中引起巨大反响。中国青年报社调中心随即通过新浪网跟进了一项调查，结果显示，60.7%的网友认为现在的孩子缺失父教，26.3%的人觉得不好说，仅13.0%的人认为父教并不缺失。在对"在你的成长过程中，谁承担了更多的教育责任"这一问题的回答中，46.9%的人选择了母亲，28.7%的人表示"父母均担"，11.4%的人选择其他，仅有13.0%的人表示是父亲。据全国妇联2015年做的第二次全国家庭教育状况调查发现，关于家庭教育责任的承担，父母共同承担的占40.6%，母亲为主的占40.3%，父亲为主的占11.6%。近一半的家庭在不同方面存在子女教育中父亲"缺位"的情况。①

2008年，中国青少年研究中心与日、韩、美相关机构合作，联合实施了"中日韩美四国高中生权益状况比较研究"。研究数据显示（见表1）：四国高中生倾诉烦恼的首选对象均为同性朋友，母亲、异性朋友和兄弟姐妹也是各国高中生倾诉烦恼的主要对象。父亲的位置如何呢？在日本、韩

---

① 孙云晓. 中国家庭教育蓝皮书（2015）[M]. 北京：教育科学出版社，2016：329.

国和美国高中生那里，父亲是位列第五的倾诉对象，而对于中国高中生来说，他们更愿意向网友而不是父亲倾诉烦恼，仅有 15.8% 的中国高中生将父亲选为倾诉烦恼的对象。由此可见，父教缺失的现象在中国是较为突出的。

表 1　中日韩美四国高中生倾诉烦恼的对象（%）

中国	日本	韩国	美国
同性朋友（79.9）	同性朋友（85.1）	同性朋友（82.2）	同性朋友（69.3）
异性朋友（36.2）	母亲（46.3）	母亲（50.2）	母亲（61.5）
母亲（32.7）	异性朋友（30.7）	异性朋友（31.4）	异性朋友（58.0）
兄弟姐妹（23.2）	兄弟姐妹（16.5）	兄弟姐妹（28.7）	兄弟姐妹（41.2）
网友（19.4）	父亲（15.9）	父亲（24.5）	父亲（37.9）

实际上，中国父教缺失的数据在我们的多次调查中屡屡出现。2005 年，全国少工委和中国青少年研究中心"当代中国少年儿童发展状况调查"也发现了相似的情况。在被问到"心情不好时，谁最能理解、安慰你"时，仅有 10.0% 的少年儿童选择了父亲，排在第四位，居母亲（37.4%）、同伴（25.2%）、兄弟姐妹（10.1%）之后；在被问到"空闲时间，你和谁在一起的时间最长"时，仅有 6.9% 的少年儿童选择了父亲，排在第五位，居同伴（38.2%）、母亲（22.6%）、兄弟姐妹（18.7%）及祖辈（7.2%）之后；在被问到"谁最尊重你，让你感到很自信"时，仅有 15.5% 的少年儿童选择了父亲，排在第四位，居母亲（26.5%）、同伴（21.5%）、老师（16.7%）之后；在被问到"内心的秘密，你最愿意告诉谁"时，仅有 8.5% 的少年儿童选择了父亲，排在第四位，居母亲（32.4%）、同伴（28.3%）、兄弟姐妹（11.5%）之后；在被问到"在陌生的地方，你最愿意跟谁在一起"，选择父亲的为 22.7%，选择母亲的为 39.3%。[①] 可见，无论在情感、陪伴、尊重、亲密还是在问题解决方面，母亲都扮演着非常重要的角色，而父亲为孩子提供的支持都不多，这说明父亲在孩子成长中的特殊地位和重要影响尚未

---

① "当代中国少年儿童发展状况"课题组.中国少年儿童发展状况调查报告[J].中国青年研究，2006（2）：61-68.

得到普遍重视。

在接受《中国青年报》记者采访时,我说中国的父教缺失是我们民族很大的一个隐患。我举了一个例子,有一次打出租车,司机问我是干什么的,我说是搞儿童教育的。那个司机当时就看我一眼,说:"老爷们还搞什么儿童教育啊?"聊天中我知道司机有一个9岁的女儿,我问他:"不管教育孩子的事情吗?"他"喊"了一声说:"教育孩子是他妈的事,我就管挣钱!"这位司机父亲或许就是父教缺失的"代言人"。

父教缺失的情况大体可以分为三种:第一是正常家庭的父教缺失,这种情况最为普遍,也最容易被忽视,在大多数家庭中,父亲挣钱养家,母亲养育孩子,表面上父亲存在于孩子的生活中,但实际上他们并没有参与到孩子的教育中来。第二种情况是单亲家庭的父教缺失,近年来中国的离婚率迅速攀升,单亲家庭的数量不断增多,致使这种情况变得越来越严重。据不完全统计,大多数单亲家庭是由单身妈妈与孩子组成的,父教缺失严重。第三种情况是留守儿童家庭的父教缺失。随着我国工业化和城市化进程的发展,越来越多的农村男劳动力进入城市打工,相当多的农村儿童长期生活在没有父亲的家庭环境中。

不难看出,在当代中国,父教缺失的家庭数量是非常庞大的,受父教缺失影响的孩子数量相当惊人,父教缺失的现象极其严重。

二、父教缺失实乃教养观念缺失

父教缺失并不是当今时代特有的现象,也非中国独有,导致父教缺失的原因是复杂多样的,人们一直在试图寻找这个问题的根源。

有些学者将父教缺失归因于生物学因素,认为女性天生就具有育儿本能,这是生物长期进化的结果,是不言而喻、不证自明的;但最近的动物研究指出,环境条件在决定育儿倾向方面比激素更重要[①]。因此,把女性的

---

① 罗斯·派克.父亲的角色[M].李维,译.沈阳:辽海出版社,2000:8.

育儿倾向归因于本能并没有什么站得住脚的依据。

有学者把父教缺失归因于素质因素，认为男性缺乏教养孩子所需要的诸多心理社会素质，如女性对婴儿的信号更敏感，而男性则不够敏感。这种观点已受到相关研究的质疑，有研究指出，父亲和母亲对婴儿的啼哭、微笑的生理反应是一样的，是同样敏感的。父亲不仅能够辩认来自婴儿的信号，而且还能适当地利用这些信号来调节自己的行为，父亲还具有站在婴儿水平上与婴儿交谈的能力。另外一项研究测试表明，当看到婴儿因为悲伤而大哭的录像时，男人和女人的自主神经系统和循环系统的反应（脉搏跳动频率增加，呼吸加快，所有感官激活）并无显著差别。①

还有学者把父教缺失归因于能力缺失，认为父亲由于在教养能力方面比母亲稍逊一筹而处于次要角色。对此看法，有研究者做了这样一个简单的实验：观察并测量母亲和父亲用奶瓶喂养婴儿时的牛奶消耗量，结果发现，婴儿从父亲那里消耗的牛奶数量与从母亲那里消耗的一样多。因此，父亲跟母亲一样，同样有能力照看好婴儿。

还有更多人认为，父教缺失是迫于工作压力，父亲需要养家糊口，因此没有时间与孩子相处。

在我的新浪博客留言区，一位匿名网友的话引起不少共鸣："现实生活根本就不会给男人更多的时间教育孩子，而且随着生活压力的增加，连女人也无法对孩子进行更多的教育。试问一个出租车司机和一个教育学者的时间、精力、学识能对等吗？"

还有一名自称"苦恼父亲"的网友说："现在的孩子都被学校的课程淹没了，爸爸想和孩子玩都没时间啊。我这几年就苦恼无比，因为孩子没时间和我去远足，去旅行，去和大自然亲近。"

上述观点虽各有道理，但并不是导致父教缺失的根本原因。父亲参与的认同理论认为，影响父亲参与最为关键的因素是父亲对亲职身份和角色

---

① 王莉，国外父亲教养方式研究的现状和趋势[J]，心理科学进展，2005（3）：290-297.

的认同程度。一个父亲对父亲角色越认同，他就越有可能投入到育儿活动中，并且当其他角色要求与父亲角色相冲突时，他会优先考虑其父亲角色。男性对父亲角色的承诺越多，父亲角色的显要性就越突出，从而会把更多的时间、精力和资源放在扮演父亲角色上。[1] 如果深入分析，我们不难发现：素质缺失、能力缺失、时间缺失背后的根本性原因在于父教教养观念缺失，把父教缺失归因于本能，这本身就是一种错误的观念。

尽管"男主外，女主内"的家庭分工已有几千年的历史，但传统意义中的父亲形象也并未如今天这般单薄。《说文解字》对"父"字的解释是："矩也，家长率教者，从手举杖。"父亲在家庭中垂范训导，且手持木杖，代表权威、力量、秩序和安全。父亲是家庭经济的供给者、家庭安全的保护者，更是家庭精神的引领者，所以《三字经》中有"养不教，父之过"之说。

今天，这种传统的为父之道的观念已走向衰落。现在的很多父亲忽视了自身应承担的精神和道德上的教养责任，把工作与养家看作父职的全部，有意无意地忽视了孩子，忽视了父亲的教养职责和为父之道。与此同时，父亲单纯凭借其权威实施教育的时代已一去不复返，平等正成为家庭关系的主旋律，这也动摇了一些父亲教育孩子的信心。另外，许多父亲以为，母亲与孩子之间的天然联系使母亲易于主导孩子的教养，因此对自身教养孩子的能力缺乏信心。

父教能否在孩子的发展中发挥重要作用？父教与母教有何不同？父教有哪些独特的作用？父亲是怎样影响孩子的发展的？对这些问题的认识决定了父亲的教养观念，而整个社会又在以各种方式影响着人们的父教观念。

在现代社会，虽然女性普遍外出就业，但"男主外，女主内"的传统观念仍然有着强大的惯性和影响力。传统的性别分工使许多父亲认为，教育孩子是妈妈的事情，父亲在教养孩子的过程中是无足轻重的，父亲教育孩子的能力也不如母亲。父教缺失家庭中的父亲首先是一个观念陈旧的父亲。

---

[1] 张亮, 徐安琪. 父亲参与研究：态度、贡献与效用 [M]. 上海：上海社会科学院出版社，2008：111.

母亲在父亲参与子女教育上扮演着"守门人"的角色。如果母亲恪守传统的性别角色分工，把教养子女看作是自己的领地，认为父亲的责任在于赚钱养家，她往往会不愿意丈夫过多地参与孩子的教养，从而影响到父亲的参与程度。相关研究指出：母亲对自己所扮演的育儿角色的态度以及对父亲所扮演的育儿角色的态度，都会对父亲的参与水平产生影响。父亲的参与程度与其妻子对丈夫的育儿能力所持的观点有关。罗斯·派克和合作者曾作过这方面的实证研究，考察了母亲的态度对父亲与3~5个月婴儿的相互作用的影响。结果发现，母亲对丈夫的育儿技能和参与活动感兴趣的程度以及对父亲参与水平的评价，都会对父亲的参与产生影响。①

父教缺失虽然并非单一因素所致，而是多种因素交互作用的结果，但这多种因素的背后，教养观念缺失实乃根本原因。因此，造成父教缺失的根源是：在传统父道观念日渐衰落的同时，一种新的父道观念并未及时补位，从而使父教处于一种缺失状态。社会对父亲的角色认识不清，父亲对自身的角色定位存在误区，这一切都亟需一种新的父教观念及时形成并发挥作用。

孙云晓
生活感悟

1. 在诱惑剧增的时代，父亲的作用愈加重要。2019年第9期《读者》摘选了《好好做父亲》一书的内容，即《当大象不再温顺》。美国学者研究发现，人生有亲密性和独立性两个发展方向，母亲更有利于培养亲密性，父亲更有利于培养独立性，最好的家庭教育是父母联盟。母亲最伟大，"无须扬鞭自奋蹄"，往往是家庭教育第一功臣。但是，家庭教育发展的重要标尺，是看父亲的觉醒与参与程度。我曾经发表文章，直接表达

---

① 罗斯·派克.父亲的角色[M].李维，译.沈阳：辽海出版社，2000：77.

心中忧虑：父教缺失可能导致三代人的悲剧！

2. 第一次听说南非教育专家卡西·卡斯滕斯，就被他倡导的"世界需要父亲"活动所吸引。在专著《做个真父亲》里，他提出"做个真父亲"的四个关键点：一是建立道德权威，二是赋予身份认知，三是提供安全感，四是肯定孩子的潜力或贡献。关于身份认知有些出人意外，他认为第一身份是行为高尚，第二身份是接受过滤后的过去，选择正确的价值观，而未来的身份是活出正确的人生格调，完成人生使命。显然，好父亲既是家庭的守护者，更是家人，尤其是孩子的人生引航员。

3. 虽然让孩子感到自信的人可能是父亲，但父亲往往难以获得孩子的信任。关颖研究员在天津中小学的调查发现，小学高年级学生（25.1%）和初中生（21.9%）首先认为父亲让他们感到自信，但总体上看，年级越高，愿意向父亲求助的学生的比例越低。因此，我们不仅需要父教，更需要信任孩子的父教。

第二节　父教缺失对儿童成长有着破坏性的危害

父亲作为儿童发展中的一个重要人物，对儿童认知、情感、社会性等各方面的发展都具有独特的作用。父亲的性别角色是儿童性别角色发展的重要基础，父亲的行为方式是儿童社会性发展的重要动力，父亲的教育参与对儿童的身体和认知发展起助推作用。

众多证据显示，父教缺失对儿童成长的破坏性影响是不容置疑的。心理学家认为，父亲的出现是一种独特的存在，对培养孩子有一种特别的力量，失去父爱对人类情感发展而言是一种缺陷和不平衡。父教缺失会给儿童的成长投射下阴影，并有可能带来非常严重的后果。

一、父教缺失的孩子更容易违法犯罪

有人认为父教缺失就像开启了一条生产线，向社会批量输送问题孩子，向监狱批量输送罪犯。的确，父教缺失与违法犯罪之间的关系得到了许多研究的证实。

美国加州大学的辛西娅·哈珀与普林斯顿大学的萨拉·麦克拉纳汉合作主持了"全国青年纵向研究"，该研究选定了6403名年龄为14~23岁的男孩进行连续追踪，直至他们30岁，以探讨父教缺失与犯罪之间的关系。[1]结果发现：单身母亲独自抚养的儿子更有可能做出暴力行为，婚外出生的孩子在监狱中服刑的可能性是普通孩子的2.5倍。

另一项全美调查发现，离婚家庭的学童，中学的退学率为31%，与双亲家庭学童13%的退学率相比，多了两倍还多。单亲家庭少女怀孕的百

---

[1] 詹姆士·杜布森.培育男孩[M].陈德民，吕军，王晋，译.北京：中国社会科学出版社，2007.

分比是双亲家庭少女的 3 倍。美国父道组织的调查数据[①] 显示：尽管只有 20% 的未成年孩子住在单亲家庭中，却有 70% 的少年犯出自单亲家庭。美国 60% 的强奸犯、72% 的少年凶杀犯、70% 的长期服役犯人来自无父家庭，90% 的无家可归和离家出走的孩子来自无父家庭，戒毒中心有 75% 的青少年来自无父家庭。对此，哈佛大学的心理学家威廉·波拉克这样解释："在没有父亲的情况下，缺乏对男孩的纪律教育和监督，缺乏教育男孩怎样做男人的机会。父亲在帮助男孩控制自己的情感方面起着关键作用，如果没有父亲的指导和带领，男孩遭受的挫折常常导致各种暴力行为和其他各种反社会行为。"

中国青少年成长基地的研究发现，孩子成长过程中出现的行为问题和成瘾性的人格特点，其首要责任在父亲。该基地对所收治的网络成瘾病例的统计发现，排名第一的伤害是父教缺失，占 87%。

二、父教缺失影响孩子性别化进程

父教缺失对男孩和女孩的性别化发展进程都有影响。心理学关于性别角色形成的理论都比较一致地强调父亲在孩子性别化过程中的特定作用。弗洛伊德特别强调父亲的保护者角色。男孩在发展过程中，会有意识或无意识地模仿父亲的角色和行为，从而形成具有鲜明性别特征的行为。社会学习理论则特别强调榜样的作用，认为父亲为孩子提供了一种男性的榜样和行为模式，男孩往往把父亲看作自己未来发展的模型而去模仿父亲，女孩则往往从父亲身上的男性品质中寻找未来生活的参照，青春期的女孩甚至会把父亲看作未来丈夫的"模型"。

美国父亲角色研究的专家罗斯·派克认为，由于父亲往往以更加鲜明的、更加差异化的方式与儿子和女儿互动，父亲在孩子的性别角色发展中比母亲

---

① 詹姆士·杜布森.培育男孩[M].陈德民,吕军,王晋,译.北京:中国社会科学院出版社,2007.

起着更为关键的作用。相关研究[①]证实：如果父亲在家中是果断的、具有支配性，男孩往往表现出高度的男性化；如果父亲在家里较为软弱而母亲具有支配性，男孩会表现出更多的女性化特征。另一位研究者也发现[②]：完整家庭里的男孩比父教缺失家庭里的男孩在性别角色定位上表现出更多的男子气概。

三、父教缺失危及孩子的同伴关系

父亲是孩子通向外部世界的主要桥梁和纽带。研究者对第二次世界大战时父亲离家作战的婴儿作了追踪研究，发现这些孩子4~8岁时与同龄伙伴的关系比较差。对挪威海员的儿子的研究也得出类似的结论：因为水手父亲经常要离家数月，男孩往往不合群、羞涩、胆怯，不愿意玩剧烈刺激的游戏。

美国的"全国青年纵向研究"发现：凡是父亲离去的家庭，其孩子常常容易发生学业和同伴问题。父亲不在家的白人男孩与父亲在家的白人男孩相比，前者受到十分严重的影响。父亲在家的白人男孩，只有9%的人被评价为"不被同伴喜欢"，而父亲不在家的白人男孩，约23%的人被评价为"不合群"。同样，父亲不在家的白人男孩，有33%的人难以与其他孩子相处，而父亲在家的白人男孩，只有19%的人难以与其他孩子相处。

四、父教缺失影响孩子的心理健康

父教缺失对男孩最常见的影响就是"父爱缺乏综合征"，患有此征的男孩主要特点有：过分怕羞、情绪沮丧、自暴自弃、不求上进、少言寡语、不爱集体、厌恶交友、急躁冲动、喜怒无常、害怕失败、感情冷漠，严重的还可能上学逃课、早恋、离家出走、偷盗，甚至喜欢使用暴力。

---

① 李泽志，袁妮. 论父亲在亲子关系中的作用 [J]. 四川教育学院学报，2006（2）：31-32.

② Biller H. B. Father absence, maternal encouragement, and sex role development in kindergarten-age boys. Child Development, 1969, 40(2): 539-545.

德、日两国的儿童心理疾病治疗专家联合对两国的 3000 多名少年儿童进行了一项专题调查①，结果发现：缺乏父爱的儿童年龄越小，越容易患上"父爱缺乏综合症"。而且此症对于男孩的影响更为严重，男童患上此症的可能性要比同龄女童高 1 倍。

除此之外，父教缺失的影响更为广泛，如孩子的学业、智力、将来的职业和婚恋选择等，都会受到父教缺失的影响。父亲作为儿童发展中的一个重要人物，对儿童认知、情感、社会性等各方面的发展都具有独特的作用。父亲的性别角色是儿童性别角色发展的重要基础，父亲的行为方式是儿童社会性发展的重要动力，父亲的教育参与对儿童的身体和认知发展起助推作用。

（本章第一节、第二节及第四节部分内容与刘秀英合作完成。）

孙云晓 生活感悟

1. 父教缺失是一种灾难。据统计，生活中没有父亲的孩子将来陷入贫困或犯罪的可能性比一般孩子高出5倍；他们将来弃学的可能性比一般孩子高出9倍；将来被关进监狱的可能性比一般孩子高出20倍。他们更有可能出现行为问题，更有可能离家出走，更有可能在未成年时就当上父母。为什么会是这样糟糕的结果？因为失去父教就失去了榜样，失去了规则，失去了自制力，这对于孩子，尤其是男孩而言是极其危险的。

2. 父教缺失是孩子成长的灾难，也是民族的隐患。父母的教育是有所侧重的。据北京的一项研究发现，婴幼儿时期以母亲的教育为主，小学阶段父母的责任各半，初中以后母亲的影响力下降，父亲的影响力上升。全

---

① 卢清，曾彬. 对当前子女教育中"父亲缺位"现象的思考[J]. 西华大学学报（哲学社会科学版），2004（6）：78-80.

社会都应当推广这样的理念：父教不可缺！要制定相应的法律，明确父亲的责任。《家庭教育促进法》倡导"共同参与，发挥父母双方的作用"的家庭教育方法，就是明确了父母亲的共同责任。

3. 父亲在孩子的眼里代表着无穷的力量和强大的依靠，是孩子心目中的英雄。如果没有这个英雄形象的存在，很容易在孩子，尤其是男孩性格形成的关键时期给他留下缺憾。父教缺失的孩子容易懦弱，也可能产生攻击性行为，甚至会走上犯罪的道路，这些事情在男孩身上发生的可能性会大一些。

4. 2018年10月29日，在苏州翰林小学，一位博士爸爸说，如今许多年轻妈妈自称"老母亲"，可见她们何其辛苦。我与李文道博士写过《好好做父亲》一书，有一个深切感受，年轻妈妈变成"老母亲"，父亲失职难辞其咎。父教之所以不可或缺，一是做好父亲的过程是男人走向成熟的过程，父教缺失使父亲失去了成长中最为珍贵的机会；二是父教缺失让爱情与婚姻失去了坚实的支柱，让母亲心力交瘁；三是父教缺失让孩子终身"缺钙"。我希望博士爸爸变为博爱爸爸，在家担起父教之责，在校给其他学生的父母提供机会与帮助，还期待博士父母带孩子在科技前沿体验成长。

第三节　好父亲是孩子不可或缺的榜样

从本质上说，父亲是帮助孩子走向独立并勇于负责的人，也可以说，父亲的重要使命就是让孩子从对母亲的过度依赖关系中分离、独立出来。男孩有了父教，更像个男子汉，而女孩有了父教，更有自立精神，这就是父教给予孩子的特别营养，所以仅有母爱是不够的。

一、做父亲是男人走向成熟的重要经历

我有一个很深切的亲身感受，做父亲是男人走向成熟的一段重要经历。如果父亲虽然有孩子，但很少管他们，不只是孩子的成长中会有遗憾，这个父亲也永远失去了这段成长的机遇。

我特别感谢我的女儿。女儿是早晨出生的，我去医院等候，有好多父亲都等在那里。突然听到"哇"的响亮哭声，大家都兴奋起来："是谁家的孩子？"不一会儿，我的女儿被抱了出来。她是那么小，脸上皱巴巴的，像个小红薯一样。我第一次抱着女儿的感觉，一辈子都忘不了，看到孩子这么小、这么软、这么弱，父亲的责任感油然而生。我心里想：我必须好好工作，要让她们母女过上好的生活，一定得好好照顾她们。作为男人的一种责任感，就这样被唤醒了。

孩子需要父亲，其实是需要什么呢？美国学者罗斯·派克专门研究有关父亲的教育问题，他在《父亲的角色》一书中介绍了相关的研究成果。研究者认为，父母在青少年的发展中起着独特的作用。青少年时期的主要目标是在两个方面达成统一，一个方面是亲密性、融合性和联结性，另一个方面是分离性和个体性。按照卡罗尔·吉利根的观点，男人和女人是以截然不同的方式与他人联结的，女人关注的是联结和亲密，而男人关注的

是分离和分化。因此，母亲和父亲可能互补，为青少年既提供榜样又提供关系。①

所以说，好的家庭教育应该是父亲和母亲双方亲密合作，相互支持、相互理解。一个孩子只寻求亲密性，没有独立性，或者仅有独立性，没有亲密性，都是不正常的。教育的核心是培养健康人格，既要有亲密性的发展，又要有独立性的发展，因此合格的父亲和母亲都是绝对不能缺失的。

美国著名心理学家杜布森认为："让一个男孩和一个合适的男人在一起，这个男孩永远不会走上邪路。"

二、父爱与母爱不同

美国前总统奥巴马体会过缺少父爱的痛苦，认识到父亲对孩子的独特价值，更认识到父教缺失对一个国家、一个社会的影响，他经常呼吁父亲们重视自己的责任。作为父亲，我对父亲的独特价值深有体会，因为父爱与母爱是不同的，再好的母亲都不能替代父亲，就像再好的父亲都不能替代母亲一样。

美国《父母》杂志这样总结父亲的独特之处：

1. 父亲跟母亲是不同的；
2. 父亲更爱与孩子玩闹；
3. 父亲对孩子的推动作用更大；
4. 父亲使用的语言更复杂；
5. 父亲对孩子的约束更多；
6. 父亲使孩子更社会化，为他走进现实世界做准备；
7. 介绍男人在现实生活中的作用和行为；
8. 父亲支持妻子；
9. 父亲更会帮助孩子发挥潜能。

---

① 罗斯·派克. 父亲的角色 [M]. 李维，译. 沈阳：辽海出版社，2000：108.

长期以来，我们总是习惯强调母爱的力量，强调母爱最崇高，但事实上，父爱同样伟大。就像一只鸟有两只翅膀、一个人有两条腿一样，母爱和父爱对孩子而言是缺一不可、无法替代的。

三、父爱的独特价值

众多研究表明，父亲在孩子发展的许多方面发挥着巨大的作用，父爱对男孩的发展具有独特的价值。

（一）孩子智力发展的特殊催化剂

研究证实：父亲较多地参与婴儿的交往，有助于提高婴儿的认知水平、增强自信。还有研究指出，孩子在家里和父亲在一起的机会越多，时间越长，智力也就越发达。耶鲁大学一项连续进行了12年的研究表明，从小由爸爸带大的孩子智商高、精力旺盛、善交际、学习成绩好。

（二）帮助孩子形成积极的个性品质

母亲在与孩子互动时，往往比较温柔、活动强度较低，有过度保护的倾向；而父亲往往跟孩子做一些活动量大的活动，如游泳、爬攀等，经常变换活动的内容和方式。专家们发现：由父母共同承担养育责任的孩子，在面对新环境（如初次去托儿所）时的焦虑感较低。

（三）提高孩子的交往能力

心理学家发现，五个月大的婴儿如果与父亲有较多的接触，当他被陌生人围绕时，会有较好的适应性。比起那些与父亲接触不多的婴儿，他们更不怕生，对陌生人会有更多的言语回应，也比较愿意让陌生人抱。一项跟踪研究指出，那些五岁时有父亲陪伴且受到父亲照料的小孩，与五岁时就缺乏父爱的孩子相比，长大后更具有同理心，有更好的社交关系。父亲与孩子接触越多，孩子的交往能力越强。

父亲教育有独特的价值，教育孩子绝对不只是母亲的事情，父亲同样承担着巨大的育儿责任。养不教，父之过，在教育孩子的问题上，父亲绝不应该缺席。

四、父亲对男孩"更重要"

父亲是儿子生命中最重要的男人,某种程度上可以说,是父亲塑造了一个男子汉的形象,也是最重要的榜样形象。

(一)父亲是儿子的第一个男子汉榜样

父亲是男孩男子汉气质的源泉,男孩的男子汉气质主要是通过模仿父亲获得的。父亲对男孩性别角色的形成、性别行为的塑造以及性别社会化的完成有着极为关键的影响。

男孩对男性的认识是从父亲开始的。从父亲身上,男孩学习如何待人接物,如何关爱女性。每个父亲都很容易从男孩身上发现自己的影子,每个儿子长大以后也会发现自己越来越像父亲。在心理学研究中,不管是精神分析理论、社会学习理论,还是认知发展理论,都一致强调父亲在男孩性别社会化中所起的关键作用。

研究发现,充满男子汉气概的男孩,其父亲的教养行为往往是果断的、具有权威性的。相反,如果父亲在家里是软弱无能的,母亲在家中处支配性地位的,男孩对男性的性别认同就会受到严重伤害。那些攻击性行为很高的男孩,其父亲大多行为专横,对男孩漠不关心;而那些害羞、自卑的男孩,往往有一个软弱、不起作用的父亲。

模仿是男孩性别角色形成的基本途径。父亲提供一种男性的基本模式,男孩通过观察与模仿学习男人如何待人接物,如何处理问题。心理学家麦克·闵尼的研究结果指出:与那些一星期内接触父亲不到6小时的男孩相比,每天与父亲接触不少于2小时的男孩更有男子汉气质,他们所从事的活动更开放,他们更具有进取精神,也更愿意去冒险。还有研究证实,男孩在4岁前失去父亲,会使他们失去雄心和攻击性,在性别角色中倾向于女性化,往往喜欢那些非躯体对抗性、非竞赛性的女性化活动。

(二)父亲的养育方式更符合男孩发展的需要

父亲的养育方式往往跟母亲是不一样的,在绝大多数的文化和社会阶层中,父亲经常用不同的方式来抱宝宝,而母亲通常每次都用相同的姿势。

在父母抱孩子的动因上，母亲抱孩子主要是为了照顾他，而父亲抱孩子则是同孩子游戏玩耍，为了让孩子多探究。母亲给予孩子更多的是稳定性和安全感，父亲给予孩子更多的是变化性和多样性。父亲教育孩子，往往只给他们画个大框框，为孩子留下较大的自主空间。

在亲子互动上，母亲更多的是与孩子进行身体接触和语言交流，而父亲则更多是通过身体运动和孩子进行游戏交流。心理学家拉姆的研究发现，母亲经常与孩子玩他习惯玩的游戏，而父亲则吸引孩子玩那些具有力量感的、刺激身体的和不可预知结果的游戏，或者孩子不习惯、感到新奇和开心的游戏。在亲子游戏时，母亲经常把孩子抱在怀里和孩子温馨地对视，父亲则常让孩子骑在肩头，或者把孩子抛上抛下。

当面临冲突时，母亲倾向于迁就孩子，而父亲则更注重"立规矩"。在孩子遇到困难时，母亲倾向于立刻帮助孩子，而父亲却往往迫使孩子去发挥自己的智慧、能力，从而在意志品质上和解决问题的能力上得到充分锻炼。

总之，父亲在培育男孩的男子汉气概，在培养男孩的独立、负责、冒险进取精神，在培育男孩的强健体魄方面发挥着更大的作用。

（三）父亲和儿子一样，他们都属于男性

男女两性差异巨大，这种差异是千百万年来进化的产物，就像男性很难理解伴随女性月经的心理低潮，无法体验分娩的痛苦一样，女性也同样很难理解男性——男性为什么不愿安安静静地坐着，为什么那么愿意争斗、叛逆、不安分。

儿子成长中所面对的难题，极有可能是父亲小时候曾经的困惑。父亲成长的经历与经验，更有可能成为儿子解决问题的钥匙。父亲和儿子有几乎同样的大脑结构，他们的体内涌动着同样的雄性激素。父亲的视角更能贴近儿子的视角，也只有父亲能理解在儿子血液中澎湃的雄性激素对他意味着什么，理解什么是性，什么是爱。如果您承认男性和女性有显著的差异，那么您就会认识到父亲在儿子的成长中发挥着重要作用。

当然，父亲对男孩"更重要"这种说法，并不是要否定母亲在男孩养育过程中的重要性，而只是想强调父亲在培育男孩的男子汉气概方面发挥着母亲无法比拟的作用，父亲是男孩成长为男子汉的引路人。

五、父亲角色的七种职能

我们会发现，父母别无选择地要成为孩子的榜样。孩子最早是从父亲身上观察和思考什么是男人，什么是丈夫，什么是父亲；从母亲身上观察和思考什么是女人，什么是妻子，什么是母亲，从父母身上观察和思考什么是爱情和婚姻……

父亲角色的七种职能值得我们了解和重视。

第一，培养亲情。让孩子觉得家是完整的，让孩子感受到爸爸和妈妈的爱，这就是完整的亲情。

第二，伦理道德性。让孩子知道怎么做一个男人和怎么做一个女人。我觉得对女孩特别要尊重，如果一个女孩子得不到尊重、感受不到温暖，那她将来如何有勇气去做她自己？

第三，服务性。父亲的服务性包括照顾家人，有时候父亲要跑前跑后，扛东西、修东西，这是父亲的重要职能。

第四，发展性。父亲要带领和支持孩子去体验丰富多彩的生活，并在不断的成长中慢慢发现自己的潜能优势，从而做出适合自己的选择，这就是发展性。今天中国的很多学生到高中时还不知道自己的优势是什么，自己将来的方向是什么，其实这些都非常重要。

第五，娱乐性。家里不能沉闷，要有娱乐。比如爸爸爱好唱歌、打球、讲故事、旅游，家里就很有趣。家庭教育的本质是生活教育，好的生活是好的教育，坏的生活是坏的教育，所以一定要反思：你家的生活丰富吗？你家的生活美好吗？

第六，精神性。家庭教育主要是生活教育，而生活既包括物质生活，也包括精神生活。《家庭教育促进法》将家庭教育核心内容概括为道德品质、身体素质、生活技能、文化修养和行为习惯五大要点。父亲要引导孩子热爱阅读,丰富孩子的精神世界,帮助孩子逐步形成正确的价值观。

第七,指导性。孩子在发展中经常需要指导,特别是到了关键时刻。未成年人抽烟、喝酒行不行?不行。打人骂人可不可以?不可以。在孩子10岁以前,父亲最重要的任务是教会孩子做人,明辨是非,养成习惯。

现在中国家庭教育有一个值得注意的误区:孩子10岁以前,父亲不怎么管,因为觉得孩子小,以为大了就会好。结果孩子一转眼10岁了,毛病很多,再想管却管不了了,因为孩子到了青春期、叛逆期,管教起来越来越难,所以一定要在孩子10岁前打好基础。父亲要有指导性,孩子10岁前要严格管教,10岁后教育的原则是理解和尊重。

孙云晓
生活感悟

1. 父亲是男孩通往男子汉的桥梁,是儿子的力量之源、规则之源、自制力之源。父亲提供一种男性的基本模式,男孩通过观察与模仿父亲学习男人如何待人接物,如何处理问题。我和李文道博士为什么写作《好好做父亲》这本书,就是痛感父教缺失是孩子,特别是男孩成长的灾难。

2. 好父亲能保护孩子,更能够解放孩子。哈佛大学对单亲家庭的研究发现,90%以上的儿童问题与父亲教育缺失有关。北京师范大学教授陈建翔对此解释为:"天父地母"缺一不可,父性属于天文化、乾文化,而母性属于地文化、坤文化,这样一种阴阳两极性,对于完整人性的养育是相辅相成、互为补充的。

第四节　好父亲的八个角色

在家庭教育中，父亲负有特殊使命。父教的第一作用是为孩子做榜样，做勇敢坚强、独立负责的榜样；第二作用是鼓励和支持，支持孩子自由探索，实现梦想。再忙碌的父亲都可以成为好父亲，因为亲子时间质量比数量更重要。

《中国青年报》关于父亲教育的调查显示，40.0%的人表示父教缺失的最大原因是不知怎样教育孩子。有人甚至认为，只有优秀的人才能担当好父亲的教育责任，而大多数平凡的父亲是难以做到的。当然，想做一个好父亲是需要学习和努力的，但我坚信大多数平凡的人都是可以成为好父亲的，因为父亲教育并非精英教育，其精髓恰恰在于平凡中的力量。

父亲应该怎样教育孩子？网友们也做出了回答，排在首位的答案是"以身作则，言行处处做表率"，79.5%的人选择此项。接下来还包括：多跟孩子聊天，跟孩子做朋友（76.6%）；多跟孩子相处，和孩子一起玩（66.2%）；带孩子去运动锻炼（63.4%）；指导教育孩子的礼仪、道德（62.7%）；干预孩子的不良行为和思想（58.7%）；带孩子去旅游（48.7%）；督促、辅导孩子的学习（43.4%）。

28岁的小薛是北京一家公关公司的主管。小的时候他父亲经常出差，被母亲宠多了，就变得有点胆小。"当时还在上幼儿园，有次和爸爸一起走过一条胡同，有两个大孩子在那里玩，我怕他们欺负我，就悄悄躲到父亲的身后。父亲发现了，他就带着我在这个胡同来回走了几十趟。"小薛至今还记得父亲当时说过的一句话："一个男人需要勇气和担当。"

调查中，48.8%的人认为现在的男孩子女性化倾向明显，勇敢担当的精神较弱；48.5%的人说中国孩子缺少男性教育。

对于父亲在孩子成长过程的影响，85.3%的人表示是"让孩子勇敢、有魄力和勇于承担责任"；80.7%的人认为是让孩子养成健全的人格和健康的心理。85.6%的人认为孩子优秀人格的形成需要父母共同培养；46.6%的人认同父亲在孩子人格培养方面的作用比母亲更大。

同时，53.8%的人认为父亲会让男孩子成为一个真正的男子汉；44.1%的人认为父亲会让女孩更具有自立精神。

2009年4月7日，《中国青年报》发表了关于父教缺失的后续报道，题为《民调显示60.7%的网友认同中国父教缺失》。我在其中谈了一个看法：父母别无选择地要成为孩子的榜样。孩子最早是从父亲身上观察和思考怎么做男人，从母亲身上观察和思考怎么做女人。现在有些母亲经常在孩子面前贬损丈夫"窝囊""没本事"。对于孩子来说，父亲的权威性就没有了，榜样就倒塌了。儿童的文化是模仿文化，儿童的学习是观察学习。有教育意识的母亲应该在孩子面前尽量维护父亲的形象，引导孩子尊重父亲。相互尊重也是家庭教育的重要原则。

我想给天下父亲几句忠告：再好的母亲也不能代替父亲，再好的父亲也不能代替母亲，父母携手共育，才是教子成功最可靠的保障。在孩子中小学时代，尤其是12岁之前，您在孩子身上投入一分，胜过将来投入百分；如果您今天在孩子身上少投入一分，将来投入百分也难以弥补。

一、父亲真的忙到没时间陪孩子吗

做一个好父亲，最好的方法就是多花时间和孩子在一起，即使再忙也要和孩子在一起。很多父亲说："我做不到，因为我要想办法赚钱。"如果仔细想一想会发现，这其实并不是真正的原因。让我们一起来看看好父亲是怎么做到的。

我有一次在青岛大学讲课，课后一位女经理和我交流，她说她最爱的人、最敬重的人、对她帮助最大的人就是她的父亲，而她的父亲常年在青海工作，和她远隔千里。从她小时候起到大学，父亲给她写了2000多封信。"我刚上小学一年级时，我爸爸就给我打电话：'闺女你上学了，我真高兴，我就盼着你给我来信，你的信是最好的礼物。'我一开始不会写字，就用拼音给爸爸写信。每一次爸爸收到信之后，会先批改，然后在信的背面再给我写一封回信。"

就这么来来往往，从小学一年级写到大学，女儿一共收到父亲的 2000 多封信。这 2000 多封信里充满了鼓励、理解、支持和暖心的爱。虽然这位父亲常年不在女儿身边，但他难道不是个好父亲吗？所以说，只要有心，只要你想做一个好父亲，就一定能够想出办法来。

还有一位与我合作多年的儿童心理学博士，有一次我到她家去，发现她家客厅里有一个礼品柜，里面陈列着几百个卷笔刀。这些卷笔刀在 20 世纪 80 年代用得特别多，现在已不常见。

我就问她："家里为什么会收藏这么多卷笔刀？"原来，这位女博士的父亲是一个县里的供销员，常年在全国各地出差、进货。他每到一个地方，都会买一个当地的卷笔刀给女儿做礼物，所以女儿的卷笔刀就越攒越多。而且，这位父亲还在女儿过 10 岁生日的时候，从外地发回一封电报，祝女儿生日快乐。这说明什么？说明女儿在这位父亲的心目中非常重要。

其实，每一个平凡的父亲，都可能是一个伟大的父亲。我曾经和一些国外的教授进行对话，其中有一位是美国的心理学家梅迪纳教授。他说他在美国讲课时，有一个父亲站起来问他："教授，请你告诉我，我怎么才能让我的孩子进入名牌大学？"梅迪纳教授就对他说："你想让孩子考上大学，最好的办法是回家好好爱你的妻子。"

这个父亲不明白，教授于是对他讲了一番道理："母亲养育孩子很辛苦，长时间处在疲惫状态，这时候母亲容易焦虑，甚至抑郁，情绪很低落。而母亲低落的情绪可能会感染孩子，一个情绪低落的母亲可能会养育出一个情绪低落的孩子，而要想学习好、发展好，最需要稳定的情绪。所以，作为父亲，你的任务就是好好爱你的妻子，好好陪伴、照顾她，让她感到安全和自信，这样才能养育出阳光、上进的孩子。"

这位教授的话非常有道理，在家庭关系中，夫妻关系始终应该是第一位的。作为一个父亲，你怎么和妻子说话，怎么解决家庭问题，态度是不是温柔、是不是包容，孩子都看在眼里。孩子正是受到父亲潜移默化的影响，从父亲的身上学会怎么去对待女性，学到将来的婚姻和情感模式。

在对待父亲参与教育这个问题上，母亲的态度很重要。据北京师范大学的一项研究发现，对待父亲参与家庭教育，母亲的态度有三种：第一种是拒绝型，第二种是接纳型，第三种是矛盾型。

在孩子四五岁以前，孩子的注意力都在妈妈身上，天天黏着妈妈，觉得和妈妈在一起很安全；但是四五岁以后，孩子开始向爸爸靠拢。在这个时刻，孩子能不能完成转变，和妈妈有很大的关系。

如果妈妈是接纳型的，对父亲参与教育态度积极，经常在孩子面前说你爸爸很棒，让爸爸陪孩子去跑步、去打球，孩子就会更多地接触爸爸，把注意力投向爸爸。但如果妈妈是拒绝型的，对自己的先生看不顺眼，拒绝爸爸参与孩子的教育，孩子就会顺着妈妈的意图，对爸爸是抗拒的姿态。

还有一种妈妈是矛盾型的，有时候需要爸爸，有时候又拒绝爸爸、打击爸爸，让孩子也不知所措。很多父亲本来心怀爱心、跃跃欲试，但因为有些笨手笨脚，被妻子一通嘲笑，往往会知难而退。

母亲在对待父亲参与教育的问题上要有正确的态度，要多肯定父亲的重要作用，多给父亲教养孩子的机会，少批评、多赞美，这就是母亲的智慧。

二、新时代好父亲应树立的三个观念

为父之道正在由旧传统向新角色过渡与转变，在此过程中，最为重要的是全社会更新父教观念，新时代的父教至少应树立以下三个观念：

（一）父亲不是"第二个母亲"

哲学家弗罗姆说："父亲虽不能代表自然界，却代表着人类存在的另一极，那就是思想的世界、科学技术的世界、法律和秩序的世界、风纪的世界、阅历和冒险的世界。父亲是孩子的导师之一，他指给孩子通向世界之路。"

再好的母亲也无法代替父亲的角色，这是因为：首先，父教与母教是不同的，父亲不是"第二个母亲"，不是家庭教育的配角，更不是"备胎"；其次，父亲在孩子发展的某些方面扮演着更为重要的角色。

父教与母教的方式是不同的。与孩子交往时，母亲更多的是与孩子进行身体接触和语言交流；相反，父亲则更多是通过身体运动和孩子进行游戏交流。在游戏规则方面，母亲倾向于迁就孩子，而父亲则更注重"立规矩"。父亲和母亲对孩子的心理影响是不同的。父亲对孩子形成勇敢、自信、果断的个性起至关重要的作用，而母亲对孩子形成稳定、温顺、合作的个性起到更为明显的推动作用。

父亲在孩子性别角色和独立性发展方面扮演着更为关键的角色。与母亲相比，父亲以更为显著不同的方式对待男孩和女孩，这有助于孩子更好地了解性别差异以及确认性别角色。在心理学上，父亲被看作孩子挣脱母亲怀抱的关键动因，父亲是孩子走向外部世界的桥梁，父亲的存在与鼓励是孩子独立性发展的基础。一些专家在以色列和墨西哥的研究表明，父亲比母亲更能鼓励孩子学会坚持和独立，父亲与孩子的关系更像"同伴关系"，更可能促进平等的交流。

（二）父亲影响自婴儿出生始

父亲的重要性并非要等到孩子童年时期才能体现，父亲对婴幼儿的认知和社会性发展都非常重要，婴儿一出生，父亲就应该及时就位。德国心理学家苏埃斯的研究指出，12~18个月的婴儿与父亲的关系将影响孩子以后的同伴行为和同伴关系，具有安全父婴依恋的孩子，在游戏中较少有消极的情感反应，与其他孩子交往时不紧张，具有更高质量的同伴关系。

弗洛伊德曾经认为，婴儿与母亲之间的关系对他以后的性格和社会关系具有最为重要的影响，而父亲在婴儿时期对孩子没有什么影响，父亲的影响要到孩子童年时期方能体现出来。

今天，研究者们逐渐认识到这种说法并不科学，事实上，父亲的存在对于婴幼儿的发展非常重要。有研究显示：在出生后第一年，父亲的育儿参与水平能预测婴儿的认知得分,父亲对育儿工作的贡献越大,婴儿的认知得分就越高,而失父婴儿的认知得分较低①。有研究者比较了两组男孩的行为,一组男孩的父亲在孩子 6 岁或 6 岁以上时离去,另一组男孩的父亲在孩子 5 岁之前离去,结果发现两组孩子的行为十分不同,5 岁以前就与父亲分离的男孩独立性更差,更依赖同伴,他们倾向于选择非体力、非竞争性的活动。

父婴之间的关系影响着孩子与其他成年人的交往——尤其是男孩。测试表明,5 个月的男婴如果与父亲有更多的接触,则他们对陌生成年人也比较友好。他们对测试者发出更多的声音,与那些较少接触父亲的孩子相比,他们更喜欢玩耍。在对 1 岁孩子的测试中发现,与父亲有更多接触的孩子更能应对陌生的环境,而如果父亲对孩子不管不问,则孩子与陌生人在一起时表现最沮丧。

因此,父教的起点应该是孩子出生,从这时起,父亲的参与将对以后的父子关系具有长久性的影响。如果孩子小时候父亲不参与养育,那么以后参与的难度会越来越大。

(三)父亲对女孩和男孩有同样重要的影响

早期研究忽视了父亲对女孩的重要性,而现有研究表明:父亲在女孩的成长中同样不可或缺。心理学家赫塞林顿的研究发现,那些只与母亲生活在一起的女孩,面对陌生男性时表现出更高水平的焦虑,来自离婚家庭的女孩更早、更频繁地与男孩约会。父亲还对女孩的智力成就有重要影响,道格拉斯·杜内等人研究发现,与那些只和母亲生活在一起的女孩相比,与父亲生活在一起的女孩具有更高的教育期望,并且在自然科学、数学、语文和历史等标准化成就测验中获得更高的分数。

父教观念的更新需要相应的支持与保障。其中,立法是倡导父教观念最为有力的途径,例如保障父亲休护理假的权利可以使父亲有机会从婴儿

---

① 罗斯·派克.父亲的角色 [M].李维,译.沈阳:辽海出版社,2000:121-122.

出生之始就参与到育儿中来。在立法方面，瑞典等国的经验值得借鉴，瑞典自1995年开始实施《父亲法》，规定父亲在婴儿出生后必须请一个月的假在家中照顾婴儿，若父亲不履行这一义务，他将不能享受政府所给予的一个月的薪水津贴。

对于因父母离异而导致的父教缺失，可通过实施父母共同监护来保障父教参与。共同监护可以采取两种形式，一种是共同的法律监护，即父母均负有为孩子的生活作出决定的责任，而孩子通常只与父母一方住在一起；另一种形式是共同的身体监护，即一年中孩子分别与父母一方生活一段时间。目前，美国至少有34个州施行了类似的法律。这样做的益处是"家破而不亡"，为孩子享受父爱母爱提供了法律的保障。

政府和社会还应努力把父教新理念推广到各行各业中去，倡导父母相互尊重、相互支持，共同为孩子的健康成长创造良好的家庭环境。不妨参照国外的一些做法，如美国的"父亲支持计划""国家父亲中心""新爸爸训练营"等社会机构向社会宣传推广父教，并指导父亲强化育儿技能。

在政府支持和社会帮助下，在正确的父教理念指引下，会有越来越多的父亲认识到父亲这一角色的独特价值与重要性，积极提升父教能力，主动承担起教养孩子的责任，这是孩子之福、家庭之福，也是社会之福。

三、好父亲需要具备的八个品质

面对种种挑战和压力，许多有责任感的父母朋友希望得到一些具体建议。我结合八位好父亲的故事，来回答到底怎样做才是一位好父亲。

（一）好父亲是认真负责、勇于担当的

一个人长大的标志就是独立，而独立就意味着独自承担责任。曾经有一名年轻的女记者问我为什么强调父亲的责任，我笑了笑反问道："如果您在谈恋爱，知道这个男人没有责任心，您会接受他吗？"那姑娘马上连连摇头。

作为父亲，自然要对家庭负责，这就包括对妻子，对孩子和对长辈负责，作为从业者，要对工作负责，作为社会成员，要对社会负责等等。也许可以说，是否有责任心是评价父亲的最重要的标准。如果有责任心，父亲自然会把教育孩子作为大事放在心上，千方百计关心孩子的健康成长。

1922年7月4日，美国国庆日，一个11岁的美国男孩搞到了一些禁用的烟花炮竹，其中包括一种威力巨大的"鱼雷"。

他走到一座桥边，朝桥边的砖墙放了一个"鱼雷"。一声巨响，男孩兴奋不已。可就在这时，警察来了，把他带到了警局。

尽管警长认识这个男孩以及他的父亲，但因为对烟火的禁令，警长严肃地让男孩交14.5美元的罚金。这在当时可算是一笔大钱，这个男孩自然交不起，只好由父亲代交。

让人感慨的是，这位名叫杰克的父亲虽然没说太多的话，却让11岁的儿子打工挣钱，一年内还清罚金。

后来，这个名叫里根的男孩成了美国的总统，他在回忆录中写到："我做了许多零工活才还清了我欠爸爸的那笔罚金。"

孩子是在体验中长大的，当孩子发生过失或者犯了错误时，父母与其给孩子过多的口头批评，不如让孩子自己承受行为过失或者错误直接造成的后果，使孩子在承受后果的同时感受到不愉快甚至是痛苦的心理惩罚，从而引起孩子的自我悔恨，自觉弥补过失，纠正错误。这是法国思想家卢梭提出的一种教育方法，即自然后果法。卢梭说："我们不能为了惩罚孩子而惩罚孩子，应当使他们觉得这些惩罚正是他们不良行为的自然后果。"显然，里根的父亲之所以如此严格，其目的是让孩子从小懂得什么叫责任，一个人一定要对自己的过失承担责任。

（二）好父亲是意志坚定、百折不挠的

任何家庭都可能会遇到困难，任何一个孩子的成长都会碰到坎坷，在各种挑战面前，最需要父亲的坚定意志。只有小学文化程度的新疆长途汽车司机陈师傅，就用实际行动证明了这一点。

  作为长途汽车司机，陈师傅经常不在家，他创造了一种独特的教育方式——利用寒暑假，带着三个孩子跑长途。
  有一年寒假大雪纷飞，他带孩子们从乌鲁木齐去伊犁，气温降到零下20多摄氏度。他驾驶的老式大客车四处漏风，冷风夹着雪花从车缝里钻进来。他却鼓励孩子们："别看天气现在这么冷，可是坏天气过后就是好天气。生活也是一样，总有不顺心的时候，重要的是坚定地走下去。"父亲甚至还结合开车讲人生的道理："在上坡时，车不能熄火，再困难也得咬着牙往前开。学习也是这个道理，当困难被克服之后，你会感到快乐无比。"
  有一个冬夜，雪下了30多厘米厚。陈师傅的车出了毛病，他坚持一个多小时修车，眉毛胡子都挂上了霜，手也被冻裂了口。母亲和孩子们挑着灯陪在一边，还唱父亲最爱听的歌来为他鼓劲。
  父亲的坚韧不拔给孩子们极大的激励。三个孩子不仅都读到博士，而且读研究生期间，知道家庭生活困难，不要父母一分钱，靠自己打工和奖学金完成学业。

（三）好父亲是勇敢独立、不怕风险的

俗话说，疾风知劲草。在面对困难和挫折的时候，最考验人的意志和智慧。在孩子成长的关键时刻，同样需要父亲的帮助。

  2001年4月的一天，北京市昌平某村，15岁的初三学生赵某沮丧地把一个篮球扔到墙角，愁眉苦脸地对父亲说："爸，一模成绩下来了，我的成绩不太理想，现在我面临着考高中还是上中专的问题。"父亲问儿子的打算，儿子低声回答想读中专。尽管母亲不同意，但是父亲支持了儿子，并且建议儿子学汽车修理专业。

赵某学习汽车修理很辛苦。他1.82米的身高被某服装公司看中，几次模特表演也很成功，收入也挺诱人。他想改行做模特，却被父亲坚决拒绝，宁肯赔服装公司3000元损失费，也要儿子退出。

结果，儿子迷途知返，苦心学习汽车修理技术，2005年成为北京市汽车修理公司三厂的正式职工。在央视2007年和2009年两次举办的《状元360》汽车维修工技能大赛中，他均获得第一名。

（四）好父亲是目光远大、积极选择的

父亲的眼光往往影响孩子的选择。美国的一项研究表明，那些成为全国公认的大公司总裁或分公司总裁的妇女们，在某种程度上与她们的父亲有着非常紧密的联系。

2006年，深圳外国语学校高三女生檀某，在高考模拟考试中成绩优异，获得保送浙江大学或北京外国语大学等名校的资格。檀某有意读浙大的国际金融专业或北外的英语专业。

可是，父亲认为英语只是语言工具，能掌握和运用就行了，要学一门实实在在的专业。虽然家人一开始表达不解和反对，他却坚持建议女儿学习高尔夫管理。他认为，与其和一百个人去竞争五个热门职位，不如跟一个人竞争一个职位。况且，高尔夫运动是朝阳产业，10年后，中国的高尔夫运动将不会落后于美国。为了说服女儿，父亲专门带女儿去高尔夫球场体验。

檀某接受了父亲的建议，以702分的优异成绩考取暨南大学深圳旅游学院高尔夫专业。经过专业的学习，她成为中国最年轻的高尔夫国际级裁判，也是中国高尔夫国际级裁判中唯一的在校学生，从大三开始执裁重大赛事，自己赚取学费。

（五）好父亲是是非分明、坚持原则的

现代的儿童教育是自由与规则平衡的教育。早在孩子2岁至4岁阶段，也是语言能力发展最快的阶段，父母就需要敢于说"不"，即拒绝和纠正孩子的不良言行，否则难以培养孩子的规则意识。在这个方面，父亲负有特殊的责任。

新东方的董事长俞敏洪正是意识到父亲母亲之间的差别，主动承担起责任，有意识地培养孩子的规则意识，他是从家规开始的。以下是他的回忆：

> 因为我平时工作太忙，两个孩子都是我太太带大的。我太太对待孩子原则性不太强，所以我们的两个孩子做事的原则性也不是很强。比如，我在家的时候，会监督两个孩子睡觉前要刷牙，而我不在家时，我太太就经常顺着孩子的意思。我女儿比较自觉，每天刷完牙才睡觉，但我儿子比较调皮，如果没人监督，他就不刷牙。
>
> 我太太看得不紧，发现儿子没刷牙后也不坚持，她总是心疼孩子，觉得孩子困了，或者已经躺下了，一次不刷就算了。如果我在家，就会坚持让儿子刷完牙再去睡，如果发现他没刷牙，就算躺到床上了，我也要把他拉起来，让他刷完牙再睡。因为我小时候，如果哪天早上起来不扫地，我母亲就不让我去上学，我必须要把地扫干净了。直到现在，我打扫卫生的水平也挺高的。所以说，孩子的好习惯是要在父母帮助下养成的。
>
> 我儿子小时候特别喜欢吃冰激凌，甚至一度到了酷爱的程度。为了帮他改掉这个坏习惯，我给儿子规定，每天只能吃一个冰激凌，而且只能晚饭后过了半小时再吃。
>
> 刚开始的时候，他忍不住。定好规矩的当天，刚吃完晚饭，儿子就不断地看墙上的挂钟，然后不停地跟我说："爸爸，钟，坏了。""爸爸，钟，不走了。"我说："再等等看，会走的。"半个小时之内，儿子问了我十几次"还没到时间吗"。看儿子焦急的样

子,也是蛮可怜的,但我还是忍住了,坚决不让步,一定要到半小时以后才能吃。第二天,儿子看钟的次数有所减少;第三天,看钟的次数更少了。

时间久了,小孩子发现,这个问题爸爸是不会妥协的,他自然而然就不把太多的精力放在冰激凌上了。现在,我儿子对冰激凌已经不那么热衷了,这就是我坚持的结果。

规则的建立往往是从家规开始,最初认同家里的规矩,再循序渐进地认同社会规范。父亲的引导,可以让孩子更好地适应这个社会,避免青少年出现违法乱纪等问题。

(六)好父亲是胸怀宽广、大度包容的

我是在青岛海边长大的,最喜欢家乡诗人刘饶民的一首儿歌:"大海大海我问你,你为什么这样蓝?大海笑着来回答,我的怀里抱着天。"所以,我把胸怀宽广视为好父亲极为重要的一项特征。尤其是面对青春期的孩子,没有包容精神是难以对话沟通的。北京一位中学教师的话很有智慧:"不要和青春期的孩子较劲。"

17岁之前,张某一直是父母的骄傲,他是天津市外国语学校的学生,多次获得"三好学生",也是多项非凡荣誉的获得者。可是,2008年10月的一天,他突然对父母宣布:"再也不去上学了!"

作为父母,我们都不难想象,一个临近高考的孩子要逃学,这多么令人焦虑。张某的父亲是我的老朋友,天津教育出版社的资深编辑。沉默了一会,他望着犟牛一般的儿子平静地说:"尽管我和你妈妈不知道你要逃学的原因,也不赞成你的逃学举动,但你既然决定了,我们会尊重你的选择。"从第二天开始,儿子果然不去上学了,父亲也不去上班了,父子俩在家各忙各的,互不打扰。

原来,张某不久前去美国参加夏令营,看到美国学生自由自在

的生活，回来后更加无法忍受学习压力，就决心反抗，要彻底放松一下。逃学半个月后，父子俩开始在网上聊天，但父亲问他逃学原因，他仍不回答。父亲问："你逃学是为了寻找生活的意义吗？"儿子这才发过来一个笑脸。逃学近一个月时的一次晚餐，儿子问父亲："期末考试就要开始了，你说我去不去？"父亲请班主任与儿子通电话，说师生们都很想他，鼓励他返回学校。

儿子终于复学了。他拼命学习，要考出好成绩。父亲劝道："不必非考100分，能考90分就很优秀了。"儿子落泪回答："如果你早这样说，我就不会逃学了。现在，我知道如何定位和朝哪个方向努力了。"结果，儿子自信地参加了高考，并取得优异的成绩。

（七）好父亲是勤劳节俭、自律自制的

对于任何一个孩子来说，是否能够养成勤俭自制的习惯，会深刻影响其一生的命运。当今中国，"富二代"已经成为一个备受关注的群体，而"富不过三代"则成为一个魔咒。我认为，"富不过三代"不是一个规律，而是教育的误区，特别是父教的误区。

洛克菲勒是世界上第一个拥有10亿美元财富的超级富豪。他认为，富裕家庭的子女比普通人家的子女更容易受物质的诱惑，因此对后代的要求比普通人家更加严格，在金钱上从不放纵孩子。洛克菲勒对孩子的日常零用钱十分"吝啬"，按年龄大小给零花钱，七八岁时每周3角，十一二岁时每周1元，12岁以上者每周2元，每星期发放一次。他还给每个孩子发一个小账本，要他们记清每笔支出的用途，领钱时交他审查，钱账清楚、用途正当的，下周还可递增5分，反之则递减。

下面就是洛克菲勒跟儿子约翰签定的"14条零用钱备忘录"：

1. 从5月1日起，约翰的零用钱起始标准为每周1美元50美分。

2. 每周末核对账目，如果当周约翰的财政记录让爸爸满意，下周

的零用钱上浮10美分（最高零用钱金额可等于但不可超过每周2美元）。

3. 每周末核对账目，如果当周约翰的财政记录不合规定或无法让爸爸满意，下周的零用钱下调10美分。

4. 在任何一周，如果没有可记录的收入或支出，下周零用钱保持本周水平。

5. 每周末核对账目，如果当周约翰的财政记录合乎规定，但书写和计算不能令爸爸满意，下周的零用钱保持本周水平。

6. 爸爸是零用钱水平调节的唯一评判人。

7. 双方同意至少20%的零用钱将用于公益事业。

8. 双方同意至少20%的零用钱用于储蓄。

9. 双方同意每项支出都必须清楚、确切地被记录。

10. 双方同意在未经爸爸、妈妈或斯格尔思小姐（家庭教师）的同意下，约翰不可以购买商品，并向爸爸、妈妈要钱。

11. 双方同意如果约翰需要购买零用钱使用范围以外的商品时，约翰必须征得爸爸、妈妈或斯格尔思小姐的同意。后者将给予约翰足够的资金。找回零钱和标明商品价格、找零的收据必须在商品购买的当天晚上交给资金的给予方。

12. 双方同意约翰不向任何家庭教师、爸爸的助手和他人要求垫付资金（车费除外）。

13. 对于约翰存进银行账户的零用钱，其超过20%的部分（见细则第8条），爸爸将向约翰的账户补加同等数量的存款。

14. 以上零用钱公约细则将长期有效，直到签字双方同时决定修改其内容。

爸爸（签字）

儿子（签字）

零用钱不够的话，孩子们可以通过做家务赚取，例如，捉到100只苍蝇能得1角，逮住一只耗子得5分，背菜、垛柴、拔草又能得到若干奖励。在洛克菲勒的孙辈中，后来当选副总统的纳尔逊和兴办新工业的劳伦斯，儿童时期还主动要求合伙承包全家人的擦鞋业务，皮鞋每双5分，长筒靴每双1角。他们十一二岁的时候，还合伙养兔子卖给医学研究所。

正是因为有了洛克菲勒这样重视教育并且懂得教育的好父亲，洛克菲勒家族打破了"富不过三代"的怪圈。

（八）好父亲是爱好运动、顽强不屈的

中国青少年研究中心与北京师范大学的合作研究发现，中小学男生最擅长的学习方式有四种，即运动、实验操作、使用计算机和参与体验。显然，他们的需求在当下的中小学中是远远得不到满足的。今天的中小学生特别需要补的课之一就是运动。实际上，运动绝不仅仅是强壮身体，更是强悍心灵。如北京师范大学体育运动学院原院长毛振明教授所说，运动是青少年儿童社会化的最佳途径。

我欣慰地发现，许多父母正在觉醒，并创造各种各样的方法带领孩子锻炼，北京大学教授、北大附中原校长康健就是一个范例。

> 康健教授的儿子康康出生时才2600克，从小有些柔弱，不爱运动。康健教授为其制定了健康第一、体育为主的家教方针。从儿子会走路到初中毕业，10多年的时间里，他每天都带孩子进行至少一小时的体育锻炼，严格训练，从未间断。周围许多父母都带孩子去补习班和兴趣班，提高学习成绩，发展各种特长。康健教授不为所动，他认为，孩子最需要的就是体育锻炼。
>
> 康康上小学高年级时，快放寒假了，学校里有两个训练班可以选择，一个是奥数班，一个是专业足球班。康康喜欢数学，也喜欢足球，但没有勇气参加专业足球班。康健教授还是鼓励儿子参加了专业足球班。那个寒假让康康至今难忘，因为那是他经历的最艰苦的日

子,每天从早晨到晚上,都进行高强度的训练。从那以后,康康觉得自己真正成为男子汉了。后来,康康成为身高1.8米的棒小伙子,学习工作都很优秀,并且已经成为一名父亲。

由此可以看到,父亲是孩子运动最好的榜样,也是最好的教练。

以上八位好父亲的故事是否会给父亲们带来压力呢?其实,谁也难以完全具备好父亲的八种优良品质。我从来不敢说我是一个好父亲,而只能说,我会努力学做好父亲。我甚至感觉到,自己经常被女儿教育,被许多年轻人教育,那种体验很美妙。毫无疑问,以上八种优良品质是评价好父亲的标准,是父亲们今后努力的方向,八位好父亲的成功经验是值得借鉴和参考的。

客观地说,今日中国,母亲是家庭教育中"最可爱的人",是绝对的主力军,父教的作用发挥得如何也往往取决于母亲的态度。但是,我对天下父亲也充满信心,因为我绝对相信,父亲也深深地爱着自己的孩子,深深爱着自己的家庭,而这就是做好父亲最重要的条件。

孙云晓
生活感悟

1. 据2020年2月5日《北京晚报》报道,北京同仁医院医生白澎在武汉给10岁儿子写信:"爸爸一直苦于找不到合适的方法,让你明白什么叫'担当',这次就是最好的机会,爸爸用实际行动让你明白,什么是应有的担当。我为什么要第一批冲上去?因为爸爸是呼吸内科的医生,来这里是医生的天职,也是男子汉必备的品质——担当。"完全可以相信,爸爸的这封信将影响孩子一生,这也是最好的父教。过去社会一直批评父教缺失,防控疫情的特殊经历,有可能改变许多父亲的形象。

2. 在天津参观梁启超故居，印象最深的是他堪为天下父亲之楷模。他有9个子女，个个都是杰出的人才，其中梁思成、梁思永、梁思礼三人为院士。从大量书信可以看出梁启超教子的特点：一是在幽默中表达关爱；二是尊重个性差异，因材施教；三是引导孩子志存高远，一专多能；四是鼓励孩子不断开阔眼界。

3. 我曾去陈伯吹先生的家里拜访这位儿童文学大师，感动于他为了孩子倾注全部心血。从他培养儿子陈佳洱的过程中，或许可以得出一个深刻的启示，即做好父亲仅仅有慈爱之心和严格要求是不够的，还需要丰富的科学知识，否则你没有办法回答孩子的十万个为什么，在信息和知识时代尤其如此。

4. 父亲对女儿的影响不亚于对儿子的影响。学者罗斯·派克认为，女孩与男性的关系较多地受到她与父亲早期关系的影响。父亲为女孩提供了一种男性的榜样和行为模式，女孩往往从父亲身上的男性品质中寻找未来生活的参照，青春期的女孩甚至会把父亲看作未来丈夫的模型。

第五章 权威民主型家庭的孩子成才率最高

国内外的研究发现一个共同的规律，即权威民主型家庭的孩子成才率最高，专制型家庭的孩子成才率第二，溺爱放纵型家庭的孩子成才率最低。那么，什么是权威民主型家庭呢？首先是父母以身作则，堪为孩子的榜样，并且对孩子严格要求，其次是理解和尊重孩子的权利，给孩子自由。简而言之，严格要求与理解尊重相结合的家庭，就是最有利于孩子成长的家庭。

第一节　尊重成长规律，保护儿童的理性

> 超常儿童人数占总儿童数的比例不会超过3％，这是个铁的规律，全人类都是这样的，绝对不可能达到30％。但是许多父母觉得自己的孩子是超常儿童，望子成龙心切，这是一种很危险的心态。

父母和教师需要注意"保护儿童的理性休眠期"，这是什么意思呢？南京师范大学教授刘晓东专门谈过这个问题。他说："你看蛹在变成蝴蝶之前需要一个表面上看来静止的、停息的休眠状态，静静地不动。在人的幼年时期，理性也像蛹那样在睡大觉，所以我们不能够过早地喊醒儿童的理性。"意思就是：天还没亮呢，成年人你就学周扒皮半夜鸡叫把孩子给吵起来了，赶快学那个，赶快学这个，惊扰了他的正常发展。把成年人自认为重要的东西不分青红皂白地强加给儿童，这就是对孩子的伤害。

《家庭教育促进法》关于家庭教育提出五条要求，第一条就是："尊重未成年人身心发展规律和个体差异。"这就告诉我们，教育孩子千万不能够急功近利，不能违反规律。就像学者们说的那样，教育不是工业，而更像农业。

工业是流水线，流水线上批量生产的产品都是一样的，模式化的教育就是这样的。为什么说教育像农业呢？大家都知道农业是什么，你看有经验的农民非常注意二十四节气，非常注意农作物的生命周期，什么时候播种，什么时候浇水，什么时候剪枝，什么时候施肥，一滴一滴的汗水，一点一点的收获。即使现在出现了一些高科技的农业工具，那也得给不同植物提供与其相适应的一些条件。

有一次，新浪网请我去做幼儿节目，谈儿童教育。我发现很多父母都觉得自己的孩子是一个超常儿童，或者说，即使不是超常儿童，似乎经过培养，也能成为超常儿童。实际上超常儿童人数占总儿童数的比例不会超

过 3%，这是个铁的规律，全人类都是这样的，绝对不可能达到 30%。但是许多父母望子成龙心切，这是一种很危险的心态。

儿童有儿童的特点，他和大人想象的完全不一样。我到湖南去，一位管教育的副市长请我去讲课，讲到儿童的特点。这位副市长说他是科普作家，有一天他在车上和孙女聊天，问她："你看看马路是干什么用的啊？"按照我们的理解，马路是跑车的，到处都是车嘛。没想到这个两岁的小女孩说马路是跑树的，因为小孩她看着窗外，觉得马路上就是树在跑。成年人永远想不出这个答案。

《爱弥儿》的作者卢梭是法国的大思想家，他讲了很多著名的教育观点，如儿童要自然地发展，他甚至提出了儿童教育的一个重要的原则：要浪费时间。这个观点，我们今天的许多父母听了简直觉得吓人：谁敢浪费时间？现在恨不得把孩子的每一分钟都给安排满了，就怕他浪费时间。

卢梭的意思是，你不要打扰孩子，他有自由探索、慢慢成长的这么一个阶段。按照刘晓东教授的分析，也许有人会认为蛹的静息状态是浪费时间。错了，在这种表面的静息状态里，蛹在悄悄地忙碌，做着培育新生命的工作。同样的道理，人在童年的阶段虽然处在理性的休眠期，他不接受成人世界的大道理，但是在他表面的幼稚之下，隐藏着极其丰富的、有意义的生活，那是与成人生活不一样的儿童生活。

与卢梭的思路类似，中国教育家陶行知 1931 年写了一首惊世骇俗的歌词，题为《春天不是读书天》。他写道：

> 春天不是读书天，
> 关在堂前，闷短寿源。
> 春天不是读书天，
> 掀开门帘，投奔自然。
> ……
> 春天不是读书天，

放个纸鸢,飞上半天。

……

在多少人眼里,一年之计在于春,春天怎么能不读书呢?这个教育家不是在误导孩子吗?其实,陶行知不是反对孩子读书学习,而是说春天来了,草长莺飞,让孩子拥抱自然是更好的学习。想一想,今天的孩子就存在闭门读书多、社会实践少的情况,这也是需要改变的。

成年人需要站在儿童视角以理解儿童。有的小孩画画,你看着是乱画,实际上那反映了他那个年龄段对许多事物的理解,当然不可能和大人完全一样。所以儿童就是儿童。比如我们会发现孩子有个特点,就是喜欢玩水、玩沙子、玩泥。家长觉得脏死了,他会说:"不,我就喜欢玩。"为什么?生命的需要,成长的需要。孩子接触泥巴和水就是在接触大自然,他需要发展他的触觉、他的嗅觉、他的灵敏性。但是我们就觉得这些东西太脏了,太浪费时间了,赶快看看书、做做题,学点什么,多认字,多背诗这些才是正道。这其实是不对的。1991年6月,我采访当时已经92岁的著名女作家冰心,她跟我说了一句很重要的话:"让孩子像野花一样自然地生长。"我曾经以此为题写过一篇访谈录,谈的就是要让孩子自然地生长。那么有人可能会问:在强调儿童的自然发展时,父母干什么呢?父母是不是就可以不作为了?当然不是,这个时候,父母需要做的最主要的工作不是知识的灌输,而是心理的抚育。

让我们结合一个案例来分析一下。2009年,北京发生了一起灭门案,罪犯李磊是个29岁的小伙子。在别人看来,李磊是一个成功人士,开着饭店,家里很有钱,上有父母,下有俩儿子,旁人看来都觉得他是个成功人士,多幸福的家庭啊。但就这么一个人,居然把他的父母都杀了,把他的妹妹杀了,把他的妻子杀了,连他的两个儿子都被他杀了。然后他拿着自己家里的巨款跑到海南去玩了,他知道自己的末日将要来临,所以每天都拼命挥霍。

我曾经问过中国人民公安大学教授、犯罪心理学专家李玫瑾："你怎么看李磊的案子？"她说社会的问题最终都会归结为人的问题，而人的问题一定跟他的童年有关。她说李磊的问题一定在12岁之前，特别是6岁之前就埋下了祸根。

这是个很重要的判断。李磊小的时候，他的父母对他的管教过于严厉，使他很压抑。当他长大了之后，结了婚，他的妻子又是一个很强势的人，把他管得又很严，他一直感到很压抑，加上家里当时又发生了很多别的事情，所以他一下子就崩溃了，失去了理智。

李玫瑾教授认为，人在幼年时所埋下的隐患并不会随着时间的流逝而消失，人会带着这些危险的记忆长大。当然这并不等于这些人一定会出问题，但是他们属于容易出问题的人群。

李玫瑾教授提出，心理抚育是早期教育中最重要的一种教育。关于心理抚育，她提出这样一些要点。第一个就是情感，而亲子情感源于亲自抚养，孩子一定要自己带。在孩子的幼年时期，你投入一分胜过在他12岁以后投入一百分。如果这个时候缺了一分，在他12岁以后你再补一百分都补不回那一分来，这就是早期教育的特别之处。在这个时期，要是能让孩子建立起一种幸福感、安全感，这会影响他的一生。第二是言语。第三是自信。第四是社会性。第五是观念，比如父母给孩子做榜样，身教重于言教。第六是性格。第七是自控力。第八是意志，通过体育锻炼让孩子有意志力，等等。第九是注意力。这些都是心理抚育的重要内容。

幼儿的父母需要确立一个基本观念：不要过于在乎孩子两三岁时认识多少字，会背几句唐诗。人生是长跑，而不是短跑，童年时期应该打好人生发展的基础，健全情感与人格的基础，这样就不愁他将来的健康发展。

**孙云晓
生活感悟**

1. 孩子的成长具有规律性和逻辑性，抓住每个阶段的重点并且环环相扣才能解决关键问题。如心理学教授芦咏莉所说，0~3岁重点是规则和语言，4~6岁重点是以玩带动发展，小学一至三年级重点是适应学习，小学四至六年级重点是学会学习，初中重点是同伴交往，高中重点是理想信念引导。

2. 捷克教育家夸美纽斯（1592~1670）对世界教育的发展有巨大贡献。他认为，只有受过恰当教育之后，人才能成为一个人。但是，学校绝对不可以变成"儿童恐怖的场所"和"才智的屠宰场"。因此，教育的根本原则是适应自然，而这就需要尊重儿童的年龄特征和认知规律，循序渐进地进行教导。

3. 您的孩子的发展正常吗？所谓正常，就是符合儿童身心发展的规律。比如，如何判断幼小衔接阶段的孩子是否正常发展？北京师范大学学前教育教授冯晓霞提出三个标准，即学习感兴趣、活动能合群、生活有条理。其实，这三个标准比多做题、多认字重要一百倍，是孩子一生健康幸福的真正基础。

4. 快快快教育是儿童成长的灾难，因为儿童成长的特点是慢慢慢。思想家卢梭认为，儿童教育最重要的原则就是浪费时间。当然，浪费时间的真正含义是尊重生命的生长规律，给儿童自由探索的时间和空间。解放孩子的前提是解放父母，改变孩子也需要从改变父母开始，从心开始。

第二节 延迟满足，让孩子学习自制

> 再穷不能穷教育，家境再贫寒也要让孩子上学；再富不能富孩子，家庭再富有也不能让孩子过得非常奢侈。这就需要父母教会孩子延迟满足。

20世纪60年代，美国斯坦福大学心理学教授沃尔特·米歇尔设计了一个著名的关于"延迟满足"的实验，这个实验是在斯坦福大学附属幼儿园里进行的。研究人员每次找来数十名儿童，让他们每个人单独呆在一个只有一张桌子和一把椅子的小房间里，桌子上的托盘里有这些儿童爱吃的棉花糖。研究人员告诉他们，每人有一颗棉花糖，可以马上吃掉，但如果能够等研究人员回来时（大约15分钟后）再吃，还可以再得到一颗棉花糖作为奖励。他们还可以按响桌子上的铃，研究人员听到铃声会马上返回。

实验结果是：大多数孩子坚持不到三分钟就放弃了，只有大约三分之一的孩子成功克制了自己对棉花糖的欲望，他们等到研究人员回来，并拿到了奖励。

从1981年开始，米歇尔逐一联系已是高中生的653名参加者，给他们的父母、老师发去调查问卷，针对这些孩子的学习成绩、处理问题的能力以及与同学的关系等方面提问。

米歇尔在分析问卷的结果时发现，当年马上按铃的孩子无论在家里还是在学校，都更容易出现行为上的问题，成绩分数也较低。他们通常难以面对压力，注意力不集中，而且很难维持与他人的友谊。而在学习成绩方面，那些可以等上15分钟再吃糖的孩子比那些马上吃糖的孩子平均高出210分。这个惊人的发现使延迟满足的棉花糖实验引起了全世界的关注。

大家想想看，我们的身边是不是已经有太多不能等待的孩子？很多人可能会这样想：现在生活条件好了，孩子这么点小要求，还不能满足他嘛吗？所以，孩子要什么给什么，孩子要一个给两个。但是我们可能忽略了重要的一点：真正有益于儿童成长的教育是理性的爱，爱需要节制，没有节制的爱对孩子可能会造成伤害。为什么呢？因为如果一个孩子不懂得节制自己的欲望，他可能就会变得任性甚至贪婪，贪婪不可控制，这是一种很可怕的现象。

美国哥伦比亚大学的研究发现，富有的孩子比较容易出现物质滥用、焦虑、抑郁等问题。卡耐基公司的一项调查发现，在继承 15 万美元以上财产的孩子当中，有两成的人放弃了工作，他们大多数一事无成，整天吃喝玩乐，有的则一生孤独，或出现精神问题，或做出违法犯罪的事情。

有远见卓识的父母有个特点：再富不能富孩子；一定要从小培养孩子的自制力。一个被过度满足的孩子会出现一个问题，那就是幸福感的丧失，因为要什么就有什么，想要得到东西都很容易。

很多人都有体会，期盼许久后获得的东西让人倍加珍惜，也容易有幸福感。我小的时候就有很多期盼，因为家庭生活拮据，特想买书，没有钱，特别想养金鱼，也没有钱买。邻居老爷爷说，他家的金鱼生小鱼后要给我三条小金鱼，我赶忙记在日历上，写着某某爷爷说要送我三条鱼，写着盼着，得到的时候那真是欣喜若狂。我们会有很多期待，在这样的期待中会有一种幸福感。

当孩子有什么要求的时候，我们首先要区分这要求是否合理。婴儿饿了哭，当然应该马上喂；婴儿难受了或者寂寞了哭，当然应该抱，应该无微不至地关怀照料他。但是，当孩子 2 岁以后，不合理的要求当然要拒绝，不能满足他；合理的要求有的时候也要分出阶段，不能够一下子给他。孩子本身就不适合进行和他年龄不相符的消费，有的孩子甚至拿钱雇人写作业、给明星打赏、雇人值日、雇人打架，这样确实对他的成长没什么好处。另外，对于孩子来说，钱多了也确实是一个不安全因素，他可能会成为他人勒索的对象、攻击的目标。

其实，不少富有家庭的父母，财富都是通过自己的奋斗拼搏而来的，非常知道忍耐这种意志力的作用。如果孩子不能忍耐，就意味着将来他会丧失很多的机会。生活中充满了诱惑，你如果不控制自己的欲望，很可能为一点眼前的利益而丧失更多、更根本的利益。可以说，能不能控制自己的欲望在一定意义上决定人生的成败。

孙云晓 生活感悟

1. 延迟满足的秘诀不是限制而是吸引，甚至可以说不是痛苦而是快乐，因为忍耐有可能实现更高的目标或得到更大的收获。米歇尔教授的经典实验其实已经说明了这一点：坚持15分钟后再吃糖，可以得到两颗糖，而不能坚持的孩子只有一颗糖。对于人，尤其是孩子来说，只有痛苦、没有快乐是难以坚持的。

2. 没有延迟满足的训练就难以有自制力，而没有自制力就难以有幸福的人生。据2012年1月17日《中国青年报》的报道，调查发现81.7%的人感叹当今社会普遍存在"现在就要一代"。如果有人问我该怎么办，我认为，对"现在就要"的最好办法就是现在不给。儿童时代是延迟满足训练的最佳时期。

3. 轻易满足孩子的要求，表面上看是爱孩子，其实对孩子是一种伤害。孩子的许多要求是不合理的，因此，对孩子施以延迟满足的训练，是培养儿童健康人格的重要原则和方法。具体说来，就是合理的要求可以满足，也可以分阶段满足，而不合理的要求需要拒绝，说明理由并坚持到底。

第三节　让孩子远行，培养顽强独立的品格

因地制宜、量力而行的旅行，对每一个孩子来说都是非常需要的体验。古人年近弱冠就可以独自远行，在今天的现代化社会中，孩子独自远行，更有助于培养独立精神。

中国有一句俗话："人不出门身不贵。"，孩子总是在父母身边，是很难长大的。出门就意味着要让他经历一些坎坷，在这点上，德国父母的教育方式给我留下了深刻的印象。

我有个朋友叫程玮，是位女作家，长期生活在德国。据她介绍，德国社会有一个新的习俗，孩子不管穷与富，到了18岁都要出一趟远门，而且孩子带的钱会尽可能少，走的路要尽可能远，旅行的时间尽可能长。程玮写了一本关于孩子独立远行的书，送给我看，我给她写了评论，因为我的感受很深。

德国父母的这种做法让我很震撼。咱们做父母的想想看，当你的孩子18岁了，你忍心这么做吗？这是一个很大的考验。

德国的父母形成了一种共识，要让孩子有这种经历。还有一种方式比这更"残酷"：孩子要离开家，出去独立生活一年以上。一个德国女孩子不知道上哪去住，身上也没多少钱，最后和中国的留学生"搅"在一起，中国学生吃什么，她就跟着吃，住哪儿也跟着一起挤。因为她们是同学，中国学生心比较软，虽然有点不乐意，但也不能把她推到街上去啊，愿意挤就挤吧。她们真的觉得她是一个德国穷学生，感觉像被狼狈地赶出来一样，家里没法过了，在外面找各种各样的活干，生活过得非常艰难。

但是一年后，中国女生惊讶地发现，这个狼狈不堪的德国少女，她的家庭居然是德国最富有的家庭之一，她是著名银行家的女儿，她过了一年

之后就可以回家。有人在一个特别的场合看到了她，那是大富豪们的一个聚会，参加的是德国财富前十名的家庭，可想而知她家有多富有。中国留学生就觉得这个德国女生骗了她们，这么富有还和她们在一块过苦日子。

宝剑锋从磨砺出，梅花香自苦寒来。我 1993 年写的报告文学《夏令营中的较量》，全文仅 3000 字，为什么会引发中国教育界乃至全国的热烈讨论，到现在还会经常被提起，主要就是写出了中国教育的危机。不是中国的孩子不行，而是中国的教育误区太多。所以，《人民日报》当时在头版发表的文章，题目就是《为孩子改造成年人的世界》。

北京一位中学老师告诉我，某中学组织学生到军事博物馆参观，有些父母都不敢让孩子去，一是怕走的路太远，二是怕孩子不认识路，走丢了。可是，据《中国教育报》报道，日本参加夏令营的孩子到了北京，第一个行动就让中方的一些工作人员吃了一惊。日本的孩子（小学生、中学生）到了天安门广场，老师说："现在解散，给大家三个小时的时间自由活动，去买一点食品当作晚餐，你们三个人一组，五点回来集合。"然后孩子们就自由行动了。更让中国工作人员担忧的是，那天日本孩子解散之后，很快就电闪雷鸣，雷雨交加。想想看，我们要是带着几十个中国的孩子到国外去，谁敢轻易说解散，三个小时以后集合。所以，许多中国老师带着孩子出去活动就总是在集合队伍，总是在点人数，就怕少一个人。从这一个细节就可以看出差异是非常大的。为什么会有这样的差异？这是值得我们深思的。

孙云晓 生活感悟

1. 父母们往往希望孩子学会独立，实际上父母是否独立是影响孩子成长的关键因素。如马志国老师所分析，社会上有一种"啃老现象"，人们往往在指责孩子，其实许多家庭是父母离不开孩子，是父母也缺少独立性。因此，孩子的青春期也是父母成长的重要机会，两代人都需要学会独立。

2. 长大的标志是独立，独立绝非来自赐予，而是来自自己的磨炼。因此，好父母和好教师一定是儿童的解放者而不是束缚者。如蒙台梭利所说，儿童必须通过自己动手获得身体上的独立，必须通过自由地使用其选择能力获得意志上的独立，必须通过没有干扰的独立工作获得思想上的独立。

3. 儿童长大的过程是逐步走向独立的过程，但我为什么说让10岁以下儿童独自出远门是父母失职的危险行为呢？因为10岁以下儿童行为能力不足，难以应对独自出远门过程中的风险。当然，就近入学的孩子可以独自上学，也可以与伙伴在家或学校附近玩耍。儿童有发展权，也有受保护权。

4. 骑自行车去游学吧，这可能是让你终身受益的选择。2012年6月16日参加"游学与青少年成长"主题沙龙活动，一位惯于骑车游学的李老师的建议打动了我的心。游学是用旅行的方式探索外部世界的学习过程，其灵魂是自由探究。对于今天的青少年来说，游学是丰富人生的求知途径。

第四节　确定人生目标，让孩子找到成功的方向

> 成功永远是属于那些有目标、有计划的人，一个人只有知道怎样能实现自己的梦想，才会有干劲，更会有信心。

学生自然是指在学校学习的人，我却觉得学生二字有更为深刻的含义：学生就是要学会生存，而学会生存就需要学会选择，比如做什么样的人，走什么样的求学路，进什么样的职场，过一种怎样的人生，等等。显然，这关系到每一个人一生的幸福，也是需要早做准备的，尤其需要自己积极主动来把握前途命运。

什么是世界上最幸福的事情呢？在《你这辈子最大的成功，是有能力培养一个拥有幸福感的孩子》一文中，清华大学社会科学学院院长彭凯平教授介绍，1975年，美国著名心理学家米哈里·希斯赞特米哈伊教授在研究中发现，那些特别成功的人，自己的事业做到极致的人，并不是因为他们的智商比别人高，也不是因为他们的学历比别人好，更不是因为他们的家境比别人优越，能够唯一概括这些各行各业领军人物的特点是：他们做自己的工作和事业的时候，能够沉浸其中，物我两忘，如醉如痴，忘掉时间，忘掉空间。这种全神贯注而产生的快乐心理体验，被米哈里称为"FlOW"，彭凯平他们将其翻译为"福流"。

"福流"是一个学术名词，但我们每个人都很容易理解，就是做自己喜欢又适合自己的事情，那种专心致志，那种快乐愉悦的感受，就像幸福的暖流在全身涌动。为什么呢？因为兴趣盎然，因为家国情怀，因为渴望探索与创造，因为充满自信，因为是成功的体验。今日的青少年儿童是强国一代，将报效祖国与实现个人梦想紧密结合，这是他们的创造与幸福之源。显然，让孩子拥有幸福感，是父母们内心深处的强烈愿望，他们在面对现

实时却有些茫然。实际上，中国的俗语"三百六十行，行行出状元"，哈佛大学加德纳教授的多元智能理论，都告诉我们一个共同的道理：选择适合自己的道路，并且坚定不移地走下去，就是成功的人，就是幸福的人。

《中国青年报》社会调查中心曾与搜狐新闻客户端、手机搜狐联合发起一项调查（10005人参加），调查结果显示，当初在填报考志愿时，67.0%的受访者并不了解自己所选的专业，67.9%的受访者承认自己是"盲目的"，71.2%的受访者表示，如果有可能，想重新选择一次专业，92.1%的受访者认为，现在学生盲目选专业的情况很多，其主要原因有：高中阶段只注重学习，社会信息闭塞（57.9%），对高校专业了解有限（41.6%）。

谈及今天教育的挑战，不能不面对教育的"内卷"困扰。感谢《中国青年报》资深教育记者樊未晨，她在《孩子的人生"卷"不赢》一书中深刻剖析了教育的"内卷"，让我们认清了教育的真相。她告诉我们，有数据显示，我国大学生毕业后就业与专业的相关度只有60%左右，甚至有人说自己所从事的职业跟自己大学四年所学的专业"一毛钱关系都没有"。还有报道称，一些大学生毕业之后为了更好找工作又到职业院校去"回炉"。究其原因，一些中国的孩子是缺少职业生涯规划的，其实不仅是他们的职业生涯缺少规划，他们的人生都是缺少规划的。很多父母不再纠结自己的孩子是否获得了世俗意义上的成功，一些父母把兴趣和适合当作了为孩子做选择的首要条件。越来越多的孩子也意识到，跟着自己的心走才能走出属于自己的精彩。

等到大学毕业才发现专业选择错了，浪费了最珍贵的青春好时光，令人何等痛惜！高考综合改革正在"倒逼"学生们从高一入学起，就对未来的学科兴趣和职业发展进行选择和规划。学生最晚到高一时，就应该对自己有比较清晰的认识，比如自己的能力特点是什么，是更偏逻辑思维还是动手能力更强；也要知道自己适合学什么，擅长逻辑思维的可能更适合数学、物理等基础理论专业的学习，动手能力强的可能更适合工科专业，而感性思维更强的可能更适合文学等专业领域；还要知道自己真正感兴趣的是什么，自己适合的和自己想学的有时候是并不统一的。所以，孩子要在充分了解自己的能力特点的基础上，真正了解自己的内心，最好能找到"适合的"和"喜欢的"的结合点。如果一个中学生不进行职业生涯规划，那么他可能连课都没办法选。

从事青少年教育50年了，我一直坚信一个成长规律，即所谓天才就是选择了适合自己的道路，所谓蠢才则是选择了不适合自己的道路。问题在于，怎么引导孩子发现自己的潜能优势。值得父母们注意的是，青少年是在体验中长大的，他们只有在丰富多彩的体验中才能认清自己，我们不能代替孩子成长，就不能代替孩子体验，所以我们尽可能支持孩子投身于社会实践。

青少年的体验需要家庭、学校和社会的共同支持，也需要青少年本身勇于抓住机遇。百年职校是为贫困的家庭提供免费教育的公益学校，也是中国首家全免费的公益职业学校。来自大凉山的彝族青年马巫打是该校2017级学生，他奇迹般的命运转折，就发生在百年职校之中。

2018年，负责体育课的张力老师新开了游泳课。马巫打长期生活在缺水的环境里，从小就没有见过游泳池，可进入到水的世界，自己竟如此放松舒展，几下子就把教练的教学计划完成了。别的同学还在练习换气呼吸，他已经自由地游了起来。游泳馆的专业教练毕竟不是一般老师，迅速发现马巫打的潜能，给他提出了新的要求——考救生员证。为了鼓励马巫打多下功夫，教练还承诺以后让他到游泳馆实习当救生员。马巫打开心极了，游泳可是自己非常喜欢的事。为了考证过关，他把业余时间都用在锻炼体能上了，实习时真到游泳馆当了救生员。

马巫打在游泳馆从事救生员工作以后，并没有停止学习提升。之后他考了游泳教练的证书，现在已经成为一名专业游泳教练。他和张力老师联系时，说自己给家里还清了债，还为父母盖了房子。他制订了继续学习的计划，为了提升自己的教学水平，要考下中级教练证书，还要学习教育学和心理学等，争取更高质量的工作与生活。

我比较欣赏有些德国父母的做法，给大家举一个例子：有一个德国孩子说:"爸爸,明天我要去滑雪。"他的父母问:"你的计划呢?"孩子说没有计划。父母就说:"没有计划的事不要做,做事一定要有计划。"孩子只好做计划,而一做计划就会发现计划中的事可行不可行。这或许从一个角度说明为什么德国的产品质量比较好,因为他们往往有非常详细的计划和精细的操作。

中学生成功的关键在于人生有目标,做事有计划,这句话讲起来容易,但要真正实施起来,就需要父母注意一个重要的问题,就是孩子的目标一定与他自己的兴趣有关,是他愿意为之奋斗的,而不是由外人决定的。

成功永远是属于那些有目标、有计划的人。这就是为什么说这个问题对中国的学生来说特别重要。如今很多学生,特别是中学生,没有清晰的目标,没有详细的计划,甚至连父母也想不太清楚。不过可能有些父母觉得自己想得很清楚:我希望孩子好好学习,考名牌大学。这个目标还是太模糊了。什么意思呢?就是说你到底有哪些潜能优势,你要走什么路,通过哪些环节才能够实现你的目标,你每一步该怎么奋斗,这些问题都需要非常清楚,你才可能成功。

因此,确立目标,做好计划要以孩子为主体,父母要在孩子成长的过程中给孩子各种各样尝试的机会,在尝试中发现孩子的潜能优势和兴趣所在。首先要发现孩子有什么潜能优势和梦想,一定要尊重孩子的梦想,其次要和孩子一起分析如何才能实现梦想,让孩子知道自己每一步应该怎么做。

一个人只有知道怎样做才能实现自己梦想的时候,才会有干劲,更会有信心。但是,父母不宜过早地单方面地替孩子确立人生目标,特别是职业目标,这是很危险的,容易限制孩子的发展。父母应该给孩子的成长留下足够的空间。

**孙云晓
生活感悟**

1. 儿童虽小，也需要目标，因为目标是成长的方向，也是自我管理的动力。但调查显示，四成以上的儿童缺乏目标与未来意识，这显然与缺乏教育引导有关。明智的父母和教师会培养孩子的目标与未来意识，既有大目标指向未来，也有小目标近在眼前。小目标最有可能给孩子成功与幸福的体验。

2. 目标是灯塔，也是巨大引力，目标越明确，奋斗越有效。爱默生提出，一心向着自己的目标前进的人，整个世界都给他让路。拿破仑·希尔则认为，如果要获得成功，那么有两个条件是必须具备的，一个是明确的目标，即清楚自己想要什么，另一个是实现目标的迫切愿望。

第五节　惩戒孩子的前提是尊重

教育惩戒的核心是教人勇于承认自己的过失并对过失承担起相应的责任，其方法则是以尊重的态度唤醒有过失者心中沉睡的巨人，靠自己的力量战胜错误。教育惩戒的原则是尊重，之所以惩戒人，是因为人美好而非丑恶，是相信人而非鄙视人。用中医之说比喻教育惩戒，最形象准确的说法就是扶正祛邪。

一、惩戒是一种教育艺术

对孩子以表扬为主永远是对的，但这并不意味着不能批评孩子。没有批评的教育是不负责任的教育，是"缺钙"的教育，是危险的教育。当孩子做错事或走错路的时候，父母的职责是对孩子说"不"，并且坚持到底。当然，说"不"需要理解和尊重，需要讲究分寸和程度，需要表达出更深层的爱。

或许可以说，一等父母用眼睛教孩子，二等父母用嘴巴教孩子，三等父母用拳头教孩子。只靠表扬是不能够让孩子健康成长的，孩子成长需要多种营养，其中就包括批评甚至惩戒。

当我们谈了如何捍卫童年、如何尊重孩子之后，也需要探讨一下如何严格要求乃至如何惩戒孩子的问题，即智者需要把握教育的平衡性。我曾多次在接受媒体采访时谈论"没有惩戒的教育是不完整的教育"，这个与众不同的观点自然备受争议。

现在社会上流行着一种无批评教育，似乎对学生多加鼓励就可以解决一切问题。的确，教育应该以表扬为主，正面引导，这是符合人的成长规律的。但是，以表扬为主，并非以表扬为唯一的、全部的方法。教育是讲究分寸的，适当为佳，过之或不及均不能取得理想效果。我们需要看到，与表扬相对的批评,与奖励相对的惩戒,对每一个人,尤其是成长中的孩子,具有特殊的意义。

那么,该如何对孩子进行惩戒教育呢?我的建议是:

父母要建立亲子间的信任。因为没有信任就没有教育。父母和教师要以身作则,教育孩子才有权威性。如古人云:"其身正,不令而行;其身不正,虽令不从。"

强化规则意识,培养孩子养成遵守规则的习惯。现代社会的重大特征是由人治走向法治,而法治社会必定是规则社会。人之优劣其实就看人是否遵守规则。所以,家应有家规,校应有校规,并且严格遵守,方能培养出高素质的人才。批评惩戒孩子应依规则行事,切不可随心所欲。规则即轨道,出轨即生祸,这应当成为共识。

给孩子陈述的机会。著名心理学家皮亚杰认为,孩子是在犯错误中长大的。因此,面对孩子的错误,父母不必惊惶失措,而应视为成长的良机。事实上,孩子犯错误的时候,往往是最容易教育的时候,因为人人都有的向上之心已经在悄悄地起作用了。关键在于因势利导,促使孩子内心的矛盾向真善美转化。如果这样做了,就能引导其明辨是非及原因,激起其强烈的自信心和责任感。

惩戒的前提是尊重。教育惩戒绝不等于体罚,更不是伤害,不是心理虐待、歧视,不是让孩子觉得难堪,更不是打击孩子的自信心。在孩子犯下严重错误的情况下,对其进行适当的惩戒是必要的,但一定要在尊重孩子人格、维护孩子自尊的前提下进行。这也是我一直强调的,教育惩戒的前提是尊重。

下面我要分享一个故事:

> 受联合国教科文组织的委派,身为《芝加哥快报》编辑总监的道格拉斯先生来中国做教育援助志愿者。他讲述了发生在自己身上的真实事情。

道格拉斯先生有一个5岁的女儿叫琼妮，他常和女儿探讨人最宝贵的品质是什么，最终父女俩达成共识——诚实、善良和勇于承担责任。

一天，小琼妮把幼儿园里的拼图游戏板偷偷地带回家，并撒谎说这是同学给她的。毋庸置疑，撒了谎就要受到惩戒。小琼妮除了退回玩具并当面道歉外，还要接受三选一的惩戒：1.一个星期内不能吃冰淇淋；2.周日下午中央公园的滑草游戏及野餐活动取消；3.屁股被狠狠地揍两巴掌。

小琼妮只用了5秒钟就决定接受第三种惩戒。此外，父女俩在执行惩戒前，还定下一个特别的程序：寻找一个"监刑官"，以证实惩戒是承担过错的必然结果，并且没有伤害受罚者的尊严。

背景原因是这样的：父女俩曾经一起观看影片《勇敢的心》，当苏格兰起义军的首领高昂着头走向刑架，行刑官在一旁高喊"请这位绅士体面地受刑"时，道格拉斯提醒女儿注意这个细节并与她进行了探讨。父女俩得出结论——因为过错，我愿意接受惩戒，但任何人都不能剥夺我的尊严，我有权选择至少一位目击者来判断惩戒是否伤害了我的尊严。

惩戒而不伤人，是尊重孩子的表现，对父母而言，也是尊重自己身份的表现。但是，有的父母把批评和惩戒理解为让孩子对自己的错误行为产生"罪恶感"，似乎孩子的感觉越痛苦、越深刻，他"悔过自新"的决心就越大，改得也越彻底。对成人来说也许如此，但对孩子来说，这种要求是不现实的。孩子犯错，改错，再犯错，再改错，是很正常的成长过程。因而，如果批评和惩戒让孩子产生"罪恶感"，有可能打击孩子的自尊心。

但究竟在什么情况下应该惩戒孩子呢？孩子犯一般性的错误是正常的，如不小心把碗打碎了，或者把什么事情忘记了等等，这些问题只需要提醒和指导就行了，不必惩戒。如果孩子是明知故犯，尤其是在道德品质方面犯错误，比如撒谎骗人或者伤害别人等，那就需要惩戒孩子。

惩戒孩子的原则和方法是什么呢？我的建议是：

惩戒孩子的前提是肯定孩子。每个孩子都有值得父母赞扬的优点，当父母要惩戒孩子的时候，内心里首先要相信孩子还是好孩子。同时，父母也要在惩戒孩子的时候把自己的内心感受跟孩子说清楚，让孩子知道他在父母眼里依然是品质良好的。

犯错后立即惩戒。一些父母常常说："看我回家怎么收拾你！""你等着，等你爸回来了，有你好看的！"这些话对孩子来说大多会起到两个作用：要么诚惶诚恐，只想赶快逃离家庭；要么不当一回事，把父母的话早忘了。这样无法起到惩戒的作用。所以，当您发现孩子犯下严重错误时，赶快执行您的惩戒措施。

平日要把您对孩子的要求讲清楚。有些父母平时很少和孩子谈要求，即使谈了也未必清楚明了，总觉得自己明白的事，孩子就一定明白。但孩子毕竟是孩子，他的理解力和成年人之间是有差距的。所以，父母们要把自己的希望、要求、规则都对孩子讲明白，并且与孩子达成共识，甚至提前约定好。这样，当孩子违反规则时，您可以惩戒他。

惩戒之前可以先对孩子进行警告。小孩子的自我控制能力往往不如成年人，因此，父母务必慎用惩戒。在惩戒之前告诉孩子，如果再不改错，就要受到惩戒，这样就可以给孩子一个自我改正的机会。

要向孩子说明惩戒的原因。在对孩子进行批评之前，先给孩子讲道理，让他明白您为什么惩戒他，这样有利于他改正错误。如果孩子在迷迷糊糊中被惩戒，他会感到很委屈。

惩戒前后要一致，要说到做到。如果您告诉孩子，因为他犯了错而惩戒他，不允许他去看他最喜欢的电影了，您就一定要做到说话算数，不要一时心软又改变主意，那样将使您所说的许多话都失去效力。

惩戒不要"翻箱倒柜"。有些父母爱唠叨，孩子一旦犯了错，就忍不住把孩子过去做错的事情都拿出来数落一番。在父母没完没了的唠叨声中，孩子往往已不记得自己的哪一个错误才是需要惩戒的了。

惩戒要适度。父母给孩子的惩戒，要因人因事而定。有些孩子性格比较内向和敏感，对这样的孩子，也许瞪他一眼，或者冷落他一会儿，他就受不了了。而有些孩子则比较皮实，即使父母打他的屁股，他也不觉得怎么样。因此，父母要了解自己的孩子，知道他是个怎样的孩子，以免惩戒过度或无效。另外，父母也要根据实际情况来惩戒孩子，如果在公共场合，或者孩子所犯错误不那么严重，就不要用过于严厉的方法对待孩子。

惩戒要对事不对人。父母之所以要慎重使用惩戒方法，就是因为不当的惩戒会给孩子的心灵带来巨大的伤害。因此，建议父母们在惩戒的时候要让孩子明白，您惩戒的只是他的错误行为，他仍然是您喜爱的孩子。

巧妙运用自然后果惩戒法。儿童需要奖励，也需要惩戒，而对儿童最巧妙的惩戒可能是自然后果惩戒法。自然后果惩戒法之所以有效，是因为它符合孩子的认知水平，并且是用体验事实的方式让他刻骨铭心。

有个孩子叫威尔逊，他是一个马虎的男孩子，经常丢三落四。有一天，他回到家高兴地说："妈妈，我们明天要去夏令营！"

妈妈说："哦，是吗？那你要把东西带好呀！"

男孩说："放心吧，我自己来准备，一定能准备好的。"

儿子把衣服、鞋子、水壶等东西收拾起来，等他收拾好了，让妈妈来看，以表示自己很能干。妈妈发现儿子没有准备手电筒，而且衣服带得也不够。但是妈妈很有智慧，她只是提醒了孩子："儿子，夏令营可是有晚上的活动，而且可能出去会凉一点。你自己再考虑考虑带的东西够不够。"儿子信心满满地说："你放心吧，我全都准备好啦！"妈妈不说话了。

儿子走了，过了几天从夏令营回来了。妈妈问儿子："玩得怎么样？夏令营过得开心吗？"儿子说："挺开心的，可就是衣服带得不够，冻得够呛。真没想到山里面这么冷！我还忘了带手电筒，想跟别人借，可是别人都得用，我就只好跌跌撞撞地走，差一点出麻烦。"

妈妈说:"是吗?这可以说是个教训呀,以后如果再有这样的活动,你应该知道怎么办了吧?"

儿子说:"以后我再出去活动,就要像爸爸一样先列一个清单,好好想想,再问问别人,到底需要什么东西,要准备充分一些才对。"

听到孩子像这样吸取教训,作为父母,能不感到欣慰吗?

让孩子自己承受行为过失或者错误造成的后果,感受因此产生的不愉快甚至痛苦的心理惩罚,这就是自然后果惩戒法。

自然后果惩戒法是法国教育家卢梭提出的一种教育方法,就是当孩子在行为上发生过失或者犯了错误时,父母不给孩子过多的批评,而是让孩子自己承受行为过失或者错误直接造成的后果,使孩子在承受后果的同时感受到不愉快甚至是痛苦的心理惩罚,从而引起孩子的自我悔恨,自觉弥补过失,纠正错误。

卢梭说:"我们不能为了惩罚孩子而惩罚孩子,应当使他们觉得这些惩罚正是他们不良行为的自然后果。"这也许就是自然后果惩戒法的要旨。

孩子是在体验中长大的,不是在说教中长大的。教育家陈鹤琴曾经说过,教育有一个原则,孩子进一步,大人就退一步,凡是孩子自己能做的,大人就不要替他去做。孩子进一步,大人退一步,孩子就长大了,这就叫成长,这就叫教育。自然后果惩戒法就是让孩子去体验,自己在体验中进步。

如何运用自然后果惩戒法,让错误成为孩子成长的催化剂?我提出下列建议:

让孩子对自己的行为负责。学会对自己的行为负责,是每个孩子成长过程中重要的一步。"自然后果惩戒法"的目的是让孩子体会到他们的行为所带来的自然后果,从而知道要对自己的行为负责任。在这种方法运用的过程中,父母要尽量减少对孩子行为的干涉,让孩子自己选择,他会在实践中尝到自己选择的后果。如果父母总是不停地唠叨、埋怨,孩子们就会转移注意力,他们觉得保护自己不受谴责和维护自尊心才是最重要的,因而有时候甚至可能适得其反。

父母可以提醒孩子，但不要教训孩子。父母可以和孩子讲清道理，让孩子懂得某种行为可能带来的后果。当孩子出现某种不良行为的时候，父母可以提醒他，但不要教训他，因为过失所造成的后果将会给孩子适当的教训。

父母要态度坚决，同时又要充满爱心。有的父母在运用这种方法的时候，只记得要惩戒孩子，因此常常放弃了父母应该具备的爱心。当孩子没有按照事先说好的去做时，父母不是让自然后果去惩戒孩子，而是过于严厉，对孩子大声斥骂。这样的教育不再是自然后果惩戒法，而变成了父母对孩子的惩罚行为。

自然后果惩戒法并不是对孩子的所有行为都适用。一般来说，当过失后果不会损害孩子身心健康的时候，父母才可以让孩子尝尝这种后果带来的惩罚。如孩子挑食，父母可以让孩子尝尝挨饿的滋味；孩子不好好穿衣服，父母可以让孩子尝尝受冻的滋味；孩子固执，父母可以不管他，让孩子感受到固执带来的麻烦。如果过失造成的后果可能给孩子带来严重的身体上的伤害或心理上的折磨，父母最好不要采用惩戒的方法，因为孩子的健康、自尊、自信比什么都重要。

二、宽容高于惩戒

有位母亲跟我说："今天孩子的作业又做得一塌糊涂，我实在没有办法，一冲动把她的作业给撕了！现在我也后悔了！"

在日常生活中，这位母亲的做法可能与有些父母的做法是类似的。孩子的作业没做好，把孩子的作业撕了，目的是想提醒孩子下一次要做好；但往往事与愿违，孩子的下一次表现可能会更糟，而且孩子对做作业可能会更紧张。我想，撕孩子作业就等于撕了孩子的自尊心和自信心。其实，孩子不喜欢父母发火，而更喜欢父母多露出笑容、多宽容一点。

宽容，有时候比惩戒更有力量。对人宽容，是做人的一种美德。对孩子们宽容，则不仅是美德，还是一种教育艺术。

孩子涉世未深，难免会犯错，有时孩子犯错并非是有意的。儿童期是许多人一生中犯错误最多的时候。与成年人的犯错不同，孩子们大多不会明知故犯。也许，孩子出于好奇或无知，不能像成年人一样控制自己的行为，这时父母需从心底里宽容孩子的过错。

孩子在看待问题上常常容易夸张自己的问题，以为自己犯了错，父母再也不会喜欢自己了。如果父母还不能给孩子适当的宽容，他可能会感到绝望。另外，如果因为一些无意的过错训斥、处罚孩子，不利于感化和教育孩子，成年人也会因此失去孩子们的信任。

有一件事我至今难忘。

女儿上初中三年级的一个星期六，提出要去庆贺同学的生日，并在人家那里吃晚饭。说心里话，我不愿意女儿晚上出去，可又体谅她对友情的珍惜，并且答应了人家，一旦爽约是挺难为情的。所以，我装作平静的样子同意了。我问女儿几点回家，她答应晚上8点之前。当时，我家刚迁入新居，我不放心女儿夜归，与她约定晚上8点在家附近的地铁站等她。

那是一个寒冷的冬天。我准时赶到地铁站，等候女儿归来。不料，等了一个小时，也不见她的身影。我又担心又气愤：言而无信，不知其可，今后再也不能信她了！我伸长了脖子，冻僵了身子，心里却火烧火燎。她如果出现，依我当时的坏心情，有可能一脚将其踹出去几丈远。

又过了20分钟，女儿终于出现了。隔着好远，可以听见她急促的喘息声。显然，她是跑着冲出地铁口的。

在那几秒之中，我猛然醒悟过来，使劲克制住自己的情绪。我平静地说："回来了。""对不起老爸，我回来晚了。"女儿一脸愧意，一边走一边解释。原来，那名同学家又远又不靠车站，而女儿去时迟了，人家又不让早走，加上归时又找不着车站，又等车又倒车，折腾下来就害苦了我这个老爸。

我宽容地笑了,说："没关系，谁都可能碰上特殊情况，你回来就行了。"我又与女儿分析：学生过生日，选在中午比晚上好，否则让多少人着急呀？

而且大黑夜里东奔西走,也不安全,岂不扫兴?女儿听了连连点头,还夸我很理解人。父女俩的心一下贴近了许多。

这件事给我一些启示:孩子做事不妥当或犯了错误,常常与他们生活经验不足有关,或者说与社会化程度低有关。成年人务必给予理解,做出合乎情理的分析,而不宜夸大问题的严重性,更不应曲解孩子的动机。同时,孩子犯错误之后,往往有后悔自责之意,是接受教育的黄金时期。此时,如果以宽容之心与和颜悦色,同其剖析事情原委及是非曲直,对孩子而言可能是字字入心、声声入耳,成为进步的一个推动力。相反,如果不问青红皂白,猛批猛打,不许辩解,孩子也可能因恐惧而撒谎、抗拒,甚至离家出走等,使问题复杂化,甚至化为一场悲剧。

也许可以说,宽容是一种智慧,是一种特殊的爱,是一种胜过惩戒的教育。父亲有了宽容之心,效果会格外明显,因为严父的宽容让孩子更为难忘。

当然,教育也需要惩戒。惩戒不是体罚,是教育惩戒,是让孩子学会为自己的过失负责任。

批评和惩戒要讲艺术,事实上,宽容也是一种深层意义上的"惩戒"。

许多父母对孩子往往缺乏宽容。孩子有了过错,要么责怪、谩骂,要么讽刺、体罚,要么干脆撒手不管,这都是不能宽容孩子的表现,这样的教育难以产生积极的效果。

其实,宽容的力量往往更强大。"恨铁不成钢"的父母们,选择以宽容之心对待您的孩子吧!您将看到孩子身上闪耀着比以往更夺目的光彩!

如何以宽容的方式在孩子心中留下更深刻的印象?我的建议是:

第一,关注孩子做对的地方,而不是做错的地方。父母可以尝试改变对孩子的评价,如把"做错了两道题,太可惜了"变为"做对了八道题,真不错啊",可能效果就会不一样。

第二,与孩子一起评论是非曲直。如果确实是孩子的错误,应该帮助他认识到错误,然后促其改正;如果不是,父母应该反思自己的教育方式和态度，心平气和地与孩子交流。教育家魏书生有一个绝招，学生犯了错误要写说明书，自己分析为什么犯错误。我想，这是以错误为教材，引导孩子认识错误的好方法。

第三，陪孩子一起进步。父母不要单纯从口头上要求孩子改正错误，而忽略了在行动上帮助孩子。如孩子的家务劳动没做好，你可以心平气和地和他一起做，让孩子知道具体该怎么做，既掌握了技能，也密切了亲子关系。

孙云晓 生活感悟

1. 惩戒是一种不可忽视的教育手段，也是高难度的教育艺术。惩戒要以尊重为原则，让孩子感受到理解和信任，并且促使其反思与省悟。魏书生老师的惩戒方法值得借鉴，一是写犯错误的心理说明书或心理病历，二是罚唱歌，三是做好事将功补过。父母也可以让孩子自我分析和将功补过。

2. 有父母问："当孩子犯了错误，在不能打骂的情况下，如何有效地惩戒？"实际上，孩子往往是在犯错误中长大的，父母处理这样的问题，核心原则应该是怎么有利于孩子成长就怎么做。《家庭教育促进法》要求父母"尊重未成年人人格尊严""严慈相济，关心爱护与严格要求并重"，这就是有利于孩子成长的原则。具体该怎么做呢？要明确告诉孩子你是好孩子，但犯这个错误不是好孩子应有的行为，好孩子要敢于承认错误，承担责任。孩子可能一时难以明辨是非，父母需要耐心分析，关键在于激发孩子改正错误的自信心和勇气。当孩子真正觉悟了，被唤醒的责任感会让他心甘情愿地接受惩戒。当然，惩戒应当是适合孩子身心发展水平的，更是有利于成长的。还有一点需要注意，惩戒之后不能总是提及孩子犯错误的过程，而是关注孩子如何改正错误的进步。完全可以相信，正确的引导可能将错误化为孩子健康成长的营养。

3. 父母当然可以惩戒孩子，但必须看到，惩戒的效果往往取决于亲子关系的质量。如果没有理解和尊重，再多的爱也让孩子难以接受。教育孩子要从尊重孩子做起。我之所以反复强调好的亲子关系胜过许多教育，也是因为深厚的情感是健康人格最坚实的基础，也是抗挫折教育最重要的条件。

4. 对孩子严格是有益的，因为严格是一种深沉而理性的爱，但过度惩罚是一种伤害，其源自人格的歧视。如教育家陶行知在《糊涂的先生》一诗中写道："你的教鞭下有瓦特，你的冷眼中有牛顿，你的讥笑中有爱迪生。"他认为爱是一种力量，真教育是心心相印的活动。

第六章

性教育是孩子的必修课

2019年发布的调查结果显示，中国男生的性成熟年龄从14.43岁提前到13.03岁，而女生则从13.38岁提前到12.21岁。在初中，12.6%的男生与8.7%的女生有恋爱体验；在高中，48.9%的男生与38.1%的女生有恋爱体验。就性交体验比例而言，高中男生和女生的这一比例分别为13.3%和4.6%。

2004年，我与张引墨女士合作，出版了《藏在书包里的玫瑰》一书，其中对13位发生过性关系的中学生的深度访谈，尤其是5个数据引发了社会的强烈关注：

> 在发生性关系的中学生里，半数以上是师生公认的好学生；
> 在发生性关系的中学生里，1/3来自重点中学，甚至是声名显赫的学校；
> 他们初次发生性行为时，100%不用安全套；
> 他们有过性行为的事实，父母与老师100%不知道；
> 他们对学校与家庭的性教育100%不满意。

在中国，性教育是一个千古难题，并且让许多父母与教师陷入尴尬的境地。

我们为什么要关注青春期的性教育？《藏在书包里的玫瑰》一书提供的5个数据或许可以证明。我们在访谈中颇为感慨的是，有些男女中学生在稀里糊涂发生性关系之后，后悔莫及。直到考入大学之后，有的女生还是万分自卑，说已经那样了，再去做"鸡"（指卖淫）也无所谓了。

我曾与著名作家毕淑敏谈过以上事实，她用四个字表达自己的感受："滴血之感"。我想，这是青春的生命在滴血！是父母与教师的爱心在滴血！

其实，早在20世纪60年代，周恩来总理就郑重提出，应当在男孩子首次遗精之前，在女孩子来初潮之前，将性的知识教给他们。应当说，这是一个科学的建议，可半个多世纪过去了，至今未在中国普及科学的性教育。

第一节　孩子的成长是不能等待的

> 性健康教育是一个内容丰富而严密的体系，至少包括性知识（包括性别知识）、性心理、性道德、性法律、性美学等内容。换句话说，性教育绝非只是知识性的，更不仅仅是技术性的，而首先是一种人生理念教育、一种价值观教育、一种高尚的情感教育。

毫无疑问，中国的性教育，特别是青春期性教育，已经面临严峻的挑战，必须高度重视和大力改进。

2009年4月27日，英国政府宣布一项政策，向10岁至11岁年龄段学生强制推行性教育课程。所有中小学自2011年起必须开设性教育必修课，向5岁以上学生讲授性知识。学生年满15周岁后，父母无权以任何理由让孩子免修这门课程。

这是英国首次以必修课程方式向青少年推行性教育。根据规定，性教育必修课内容将随学生年龄增长逐步深入。小学阶段，学生将学习有关人体器官、青春期以及生命等内容；中学阶段，学生将了解有关怀孕、避孕、性关系、艾滋病、同性恋等内容。时任英国儿童、中小学与家庭事务大臣鲍尔斯认为，这一举措是为孩子们在"21世纪生活"做准备。

这一政策的背景是英国青少年怀孕率在欧洲排首位。英《泰晤士报》公布数据显示，2007年英国15岁至17岁少女中，平均每1000人就有约42人怀孕。一些相关调查结果显示，英国16岁以下少女怀孕率创下新高。英国政府希望，在全国中小学强制推行性教育必修课能减少少女怀孕现象。鲍尔斯说："性教育是相当关键的一个因素。我们认为，它对降低少女怀孕率至关重要。"

相当一些人认为，中国国情与西方不同，不适合公开谈论性问题。我们一代代中国人没受过什么性教育，不也照样结婚生孩子嘛。其实，这个观点是非常片面的。过去的时代是性信息封闭的时代，未受性教育似乎也能稀里糊涂生活。而今天，早已进入性信息开放的时代，甚至是一个充满性诱惑的时代，不接受良好而系统的性教育，青少年怎么从容应对呢？

在2010年3月全国政协大会期间，时任全国政协常委、副秘书长潘贵玉拿出了一系列的调查数据，呼吁加强性教育，培养青少年的健康人格。她指出，我国19岁以下青少年平均5%~10%的男孩、3%~8%的女孩有过性经历。1998年以来，在北京妇产医院接受中期引产的女性一半未婚，其中20岁以下的女孩占14%。近年来，人民法院审理的刑事案件中，青少年犯罪超过了30%，性犯罪案件占18%~25%，并呈上升趋势。

上观新闻2019年5月31日报道，据课题组主要负责人、上海社科院青少年研究所所长杨雄介绍，30年来，我国于1989年、1999年、2004年、2019年连续4次进行性教育调查，发现中国特大城市青少年发育状况及青春期教育现状是：性成熟持续"前倾"，性行为"滞后释放"，男生性体验比例超女生一倍。

早在1999年，上海社科院青少年研究所的性教育跟踪研究选择在上海、北京、广州、武汉4大城市进行，调查结果显示：科学、开放化的青春期教育更有利于青少年一代的成长。

统计数据显示，中国女孩子平均来初潮的时间是12.54岁，男孩子平均第一次遗精的时间是13.85岁。青少年对性方面问题的关注程度大幅度上升，就女生而言，"想和异性交往"的峰值由10年前的14~16岁提前为12~14岁，但其交往的目的已从单纯意义上的"谈朋友"转变为更具有社会化意义的交往需要：10年前，22%的女生表示和男生接触是因为他们有力量、能提供帮助，如今这一比例却下降了，表示接触是为了学习社交技巧（占20%）、获得新知识（占12%）。在对待男女关系问题态度更为理性化的前提下，29%的女生坦言有亲密的异性朋友，19%的人表示有过与男生的单独约会，分别上升了14%和9%。青少年敢于表露有特别喜欢的异性的比例从 25% 上升为 40%，认为性"光明磊落、人皆有之、纯洁快乐"的比例上升为 75%。

2019 年发布的调查结果显示，中国男生的性成熟年龄从 14.43 岁提前到 13.03 岁，而女生则从 13.38 岁提前到 12.21 岁。在初中，12.6% 的男生与 8.7% 的女生有过恋爱体验；在高中，48.9% 的男生与 38.1% 的女生有过恋爱体验。就性交体验比例而言，高中男生和女生的这一比例分别为 13.3% 和 4.6%；大学男女生的这一比例分别为 19.5% 和 8.7%。当青少年面对性困惑时，有何途径获得解答呢？通过老师和父母来解惑的比例分别只有 10.7% 和 10.4%，而网络则是最重要的解惑途径，这一比例高达 23.6%。

性教育应当是一个终身的过程，要在不同的阶段完成不同的任务，特别需要抓住有利时机。

我们可以从未成年人的权利、生命的珍贵这些角度来考虑性的教育问题。孩子有权利知道这些问题，他也有责任保护自己的生命、珍惜自己的生命，性是他成长的重要部分。

综上所述，性健康教育是刻不容缓的。问题是，性健康教育应当怎样进行？性健康教育应当包含什么内容？如何在中国推行科学的、系统的、开放的性教育，我的建议是：

父母和教师首先要接受性健康教育。性健康教育是一个内容丰富而严密的体系，至少包括性知识（包括性别知识）、性心理、性道德、性法律、性美学等内容。换句话说，性教育绝非只是知识性的，更不仅仅是技术性的，而首先是一种人生理念教育、一种价值观教育、一种高尚的情感教育。因此，父母在家庭中，教师在学校里，都应该给孩子树立现代的情感观念，让孩子懂得爱的美好与珍贵。

性健康教育是一个长期的过程。作为循序渐进的设计，可在小学二三年级开设性教育课，主要讲解性的生理知识，让孩子懂得自己是怎样来的、自己的身体结构是怎么样的；到小学高年级或初中，重点向学生讲解性心理与性道德；到高中和大学，则以讲解性道德、性法律和性美学为主，让学生深刻了解爱情与婚姻。家庭教育也要借鉴这样的步骤和方法。

性健康教育是神圣的、科学的，也是浪漫的。在中学和大学，可在优美的环境里，朗诵赞美爱情的诗歌、散文，讲述古今中外的爱情故事，讨论什么是真正的爱情。同时，为满足青少年与异性接触的合理需求，可组织一些舞会、体育比赛、野营和拓展训练等活动。家庭教育应发挥自己的特点和优势，对孩子进行个性化的性教育和爱的熏陶。

孙云晓 生活感悟

1. 无论家庭、学校还是社会，青春期性教育犹如救火般紧急。《2013年世界人口状况报告》以"儿童母亲"为主题报告：发展中国家每年有730万不满18岁的女性怀孕生子，发展中国家儿童母亲中有200万是15岁以下少女。具体建议：优先保护和特殊保护未成年人，无条件理解和接纳怀孕的女孩。

2. 在性发育提前而性诱惑增多的时代，回避性教育是一种不负责任的行为。少男少女需要爱情教育，需要在激情中不丧失必要的理性与责任意识。何为爱情？北京大学的庄明科老师在人民网做访谈时，提出激情、亲密关系和责任是爱情的三要素，激情可能消退，但亲密关系和责任长存。

3. 性教育应当成为小学生的必修课，甚至从婴幼儿时期就需要开始启蒙。这一说法的依据之一是今日中国孩子性发育的平均年龄已经显著提前：女孩9.2岁，男孩11岁。与著名性问题专家马晓年教授讨论时，他认为这个变化是可信的，也是正常的，只有女孩8岁前和男孩10岁前性发育才叫性早熟。

4. 性教育越来越紧迫了。据中华儿科学会发布的中国儿童成长发育专项调查显示，中国女孩的青春期发育年龄平均为9.2岁，比30年前提前了3.3岁。北京协和医院的调查显示，中国男孩的青春期发育年龄平均为11岁。也就是说，二三年级的小学生已经特别需要性教育了，家庭和学校都要做好准备。

第二节　告诉孩子，性是美好的

异性伙伴的纯真友谊是儿童健康成长过程中不可缺少的。苏霍姆林斯基说，在童年时期，男孩和女孩之间的相互关系越是细致入微，精神关怀越多，越是亲切诚恳，性本能就会变得越深刻，越高尚。这或许就是异性交往的启蒙，在两小无猜的体验中理解和尊重异性，使人生美妙而成熟。

一、小男生的难题

一天夜里，我在审读《少年儿童研究》杂志的稿子时，被侯雅丽妈妈的文章深深感动了。她写道：

> 儿子十一二岁了，长得瘦瘦小小、天真烂漫的样子。有一天，儿子突然吞吞吐吐地问妈妈：
>
> "您说要是男生收到'我爱你'的纸条该怎么办？"
>
> 妈妈心里一动，故作轻松地回答：
>
> "这得具体情况具体分析。"
>
> "您这话跟没说一样，没劲！"
>
> 儿子一甩手，回到了自己的房间。
>
> 不料，晚上儿子房间飘出了焦煳味儿。妈妈急忙问儿子，儿子说烧了一张草稿纸。细心的妈妈在垃圾桶里发现了秘密：一张未烧尽的贺卡，粉红色的玫瑰绕成心形图案，下面是小孩子稚拙的笔迹："我想天天看到你。你能告诉我你的爱好和生日吗？"还有一行英文：I LOVE YOU，后面的签名一看就像个女生的名字。
>
> 当妈妈问起此事原委，儿子脸红了，说："她有毛病！自作多

情！没事老来烦人！"

多情的女孩是邻班的学习委员。最让人感动的是，那个女孩不但费尽心机问到了男孩的生日，还在他生日的那一天，抱着一个玩具熊来到男孩子的班里，说要亲手送上生日礼物。这一来，男生的班里轰动起来，有些女生还往外推他，说多浪漫啊！快去呀！这男生哭笑不得，无地自容，生怕老师看见，只好接过礼物，赶紧跑掉了。

最让人欣慰的是，妈妈没有用暴风骤雨对待初绽的小花，而是告诉儿子，爱是一种很美好、很圣洁的感情，要珍惜同学间的情谊，但太小的时候不可能产生爱情。在妈妈的建议下，儿子给所有送他礼物的同学回了礼，妥善地处理了这段曾让他尴尬万分的关系。

二、美的觉醒

说来也巧。正在我为上述故事感慨之时，我接到了某刊物编辑的电话，约我写自己少年时代的情感故事。

如果是在平时，我会毫不犹豫地婉言谢绝，因为我的少年时代没有谈情说爱的条件，况且，我也不愿意写太多个人隐私。但这次，因为侯妈妈的故事，我欣然答应了约稿。

于是，我坐在写字台前，打开记忆的匣子，开始在少年时代的情感频道里搜索。

也许，我的"爱情故事"会让今天的少男少女失望，因为我在小学和初中阶段，没有什么曲折的感情纠葛，更没什么轰轰烈烈的恋爱风波。

十一二岁的我一心沉醉在玩耍游戏之中，几乎每天都与小伙伴们在一起玩。50多年之后，我哥哥回忆说："那时候，你整天只穿一条短裤，拎着一只小桶，在街上与人玩赢杏核的游戏，别的事很少管。"

在那段时光里，还是有一个女生的身影。记得有一天，班长杨霞（化名）突然来到了我家所在的工人宿舍，代表老师逐户家访。

杨霞是一个文静秀气的小姑娘。她穿着白衬衣和花裙子，微笑着向我家走来。说来奇怪，尽管左邻右舍也有不少女孩子，可杨霞的出现，似乎使我头一回看到了天使！一种从未有过的、强烈得使人晕眩的美，险些让我窒息。可是，这美丽也使我自惭形秽。试想，一个只穿短裤的野男孩，怎么与穿花裙子的女班长站在一起？于是，我一猫腰，钻进了院子里的小黑屋躲藏起来，心却怦怦狂跳。

我已经不记得杨霞与我的父母说了什么，反正是没有告状，只是友好地提醒别忘了学习等等。其实，她说什么都不重要，重要的是她来到了我的家。从此，她成了我心中的偶像。

有一回，亲戚送了我一套精美的画片，这对我们这个清贫的工人家庭来说，是十分难得的礼物。可我的脑子连个弯儿都没打，立刻想到它可以送给谁。第二天，在做操结束的时候，我第一次，也是唯一的一次，鼓起勇气冲到杨霞面前，将全套画片塞进她手里，却什么话也没说就跑开了。假如杨霞婉言谢绝或问东问西，我真不知该有多么尴尬。谢天谢地，她什么话也没说，笑眯眯地接受了。那一刻，我感到天空是蓝蓝的，风儿是柔柔的，世界美丽无比。

到今天，我对当时的每个细节仍记忆犹新，这常常让我既感慨又惊讶。也许是一个狂野男孩心中沉睡的情感，无意间被一个女孩的温情体贴唤醒了，我第一次感受到了女孩的魅力，第一次感受到了美的冲击。

小学毕业之后，我们一直没有联系，但我会经常想起她。50年后的一天，我终于找到她的联系方式，利用回故乡的机会约她喝茶叙旧。我们聊了一些往事，令我惊讶的是，初中我们也在一个学校，我却对此一无所知。我问她小学时代对我有何印象，她诚实地摇摇头回答："没什么印象。"那一刻，我有一种梦碎的感觉。但是，我童年的感情是鲜活的、诚挚的，是千真万确、无法更改的。我永远感谢她。

三、来自法兰西的爱

性教育中最重要的一个观念就是：爱情是珍贵的，性是美好的。我的文学启蒙老师、著名儿童文学家刘厚明先生讲过一个故事，非常耐人寻味。

刘厚明先生在文化部工作的时候，带一个中国少年艺术团到法国去演出。其中，一个14岁的男孩子武术表演得特别棒，结果在法国演出的时候，他被一个12岁的法国女孩喜欢上了。

怎么说明喜欢上了呢？中国少年艺术团在法国很多地方去演出，发现这个女孩一家老跟着去看演出，看了一场又一场，你到哪儿她到哪儿，慢慢大家就熟悉了。

这个女孩叫露易丝，她开始给这个中国男孩用绘画的方式写信。她画了幅画：两颗红心贴在一起。这个男孩看不明白，就来问团长："团长，您看这个法国女孩送我一幅画，什么意思啊？"刘厚明一看就明白了，但是他说："这个心和心贴在一起是友谊，中法友谊。你看她还送给我画呢，我的画上是中国国旗和法国国旗，这不是友谊吗？"男孩明白了。

这个女孩怕男孩不明白，又给他画画，画了一堵墙，那边是个男孩，这边是个女孩，女孩在墙这边哭泣，画上还写着"我爱你"。

这不能不明白了吧？男孩又来问团长，团长一看，觉得这个问题有点严重了，就来找这个法国女孩的父亲沟通："某某先生，您看您的女儿爱上我们这个小伙子了，怎么办呢？您知道吗？"那个父亲听了哈哈大笑，说："当然知道了，要是不知道，我还跟着她到处看你们演出啊！"刘团长说："您这个父亲知道了怎么不做工作哪？老这么下去可怎么办呢？"这个父亲开怀大笑，说："哎呀，孩子是个做梦的年龄，我们就让她把这个美好的梦做完嘛！"

中国人的思维就是很现实：一个中国男孩，一个法国女孩，远隔千山万水，怎么办啊？法国爸爸并不烦恼，说："我相信她做了这么多美梦，等梦醒来的时候，该怎么办就怎么办，不用担心。我们希望他们能在一起照个相，全团一块儿照个相。我希望我的女儿能在你们这个小伙子的前边很亲密地合个影，满足一下心愿就行了。"后来就安排照了相，还保持通信关系，因为法国爸爸把它看作一个美好的梦想，并没有发生我们担忧的事情。

我再讲一个德国的故事。

中国一个五年级的女孩跟着妈妈到德国生活，进入当地一所小学读书。不久，就有一个德国小男孩宣布他爱上了这个中国小女孩。他特喜欢这个中国小女孩，可是中国小女孩不太喜欢他。

有一天，中国小女孩病了，没来上课，这个德国小男孩上课就上不下去了，上着上着课就哭了。老师说："你怎么了？""那个中国小姑娘没来上课，我很难过，我不能上课了。"老师说："你很难过，那你先回家吧，回家休息休息。"男孩就哭着回家了。他妈妈就问："你怎么回来了？"他说："我很难过，中国那个女同学没来上课，我很难过，我很喜欢她，我将来要和她结婚。"

这个德国的妈妈很会教育孩子，她说："是吗？你喜欢一个中国的女孩，很好啊！可是你要结婚，有条件吗？结婚得买房子啊，你得有自己的房子啊，你得有车，德国人结婚得有房子有车啊，你有吗？""没有。""所以啊，你得好好学习。你现在好好学习，将来找个好工作，挣了钱，你有条件了，就可以向她求婚了。"男孩一听，对呀，就又回去上课了。

你看，一个法国的父亲和一个德国的母亲面对孩子的情感问题，他们都用了一种美好的方式来引导孩子。这种积极而理性的态度和方法是值得我们借鉴的。具体该怎样做呢？我的建议是：

一是尊重孩子。面对孩子感情的萌动，理解和尊重才可能有好的引导。有一个妈妈就很不明智，她偷看女儿的日记，一看孩子在日记里写了性幻想，就训斥女儿："真丢人，这么小就下流。"其实青春期的孩子产生性幻想是非常自然的事情。这个妈妈还把日记拿到学校给老师看，这个女孩子跟父母没法沟通，痛苦至极，就离家出走了。现在的中学生都特别在乎自己的形象，如果家长不注意这一点，最后孩子跟父母间的矛盾就会非常大，亲子关系也会变得十分恶劣，还谈什么教育影响？所以我们要特别理解和尊重孩子，不要用成年人的想法揣度孩子。

二是适时帮助孩子。当孩子面对性的问题产生困惑时，需要以理解和尊重的方式对待，给孩子适当的开解与引导，以舒缓孩子心中的压力。

> **孙云晓
> 生活感悟**
>
> 1. 我敢说，每一个人的初恋都是美好的，而性教育的最大误区是把美好的感情变得邪恶。卢梭认为，把一个年轻人日益滋长的欲望完全看成理性教育的障碍，这是多么狭隘的眼光啊！我们始终要从天性本身去寻找控制它的适当工具。我建议，父母与教师首先要理解和尊重孩子美好的情感。
>
> 2. 许多父母发现孩子和异性伙伴在一起就担心，担心他们会恋爱甚至可能发生性行为。其实，孩子恰恰需要与异性交往的经验，他们即使情感萌动，也往往是纯洁无瑕的，引导得当就不会出问题。一个人只有具备了与异性交往的丰富经验，才可能处理好自己的爱情与婚姻，这是水到渠成的结果。
>
> 3. 青少年接受性教育不会增加性活动，这是联合国教科文组织委托牛津大学全球调查的结果（详见2018年2月2日《中国教育报》中的《性教育，要培养基本态度和价值观》）。建议父母们不要回避孩子的性教育，最好是坦然告知，与孩子讨论更佳，或为孩子提供具有科学性的性教育读物。

第三节　性教育的核心是培育健全人格

教育的本质在于帮助人成为一个真正的人，而没有性则没有人，不懂性也无法成为人。因此，性教育是整个教育过程中不可缺少且尤为重要的组成部分。

一、别做"鸵鸟"父母

有的父母认为，对孩子提出的性问题，最好什么也不说，沉默或者打岔才是最好的办法。一位母亲说："我自己总相信孩子长大以后就什么都懂了。我父母从来都没有直接给我讲过性知识，这倒不是因为他们保守，而是觉得没有必要。水到渠成嘛，性知识并不是非说不可。我不就这样过来了？我也不准备对自己的孩子说什么。"

这样的态度，实际上就是一种"鸵鸟"式的教育，即当孩子提出问题以后，父母往往保持沉默，或者回避问题。生活中有很多父母会对孩子有关性的提问保持沉默，在他们看来，对孩子讲多了性知识肯定不是什么好事，认为那是有意"惹"他们。但这样闭口不谈性，往往会使孩子觉得，性是不能谈论的问题，是丑陋的事情，从而可能产生神秘感，或者形成对性持否定态度的价值观念。

渐渐地，孩子也许不再向父母提出性问题。他们会认为大人根本不想谈这方面的问题，会感到性是应该禁忌的话题。亲子之间越是回避性话题和交流，孩子就越会觉得那是一件不该启齿的事，但是他们对性的兴趣与日俱增。一些性问题成了他们比较感兴趣的事情，也会让他们觉得越来越神秘。

一个男孩的母亲对此深有体会。

儿子刚升入小学五年级，很好问，提的问题经常涉及性知识，令我和他爸都很难堪。我们曾密谋如何对付这难题，但我们两人分歧很大。他爸认为儿子年纪还小，能搪塞就搪塞过去，等他长大了自然会晓得。可儿子偏对其中的"疑点"发问不止，就连我洗澡，他也敲门想跑进来看个究竟。在儿子面前，我和他爸小心翼翼地生活着，真害怕露出"性"的蛛丝马迹。我们活得很累，担心尤甚，害怕因为我们的反常举动，让儿子对女性产生神秘感，这同样不是件好事情。

一次看电视时，儿子又发问了："'苏菲'有什么用？"我支支吾吾："这是女性的曲线，你看，这很美。"儿子听后咪咪地笑道："这是女人的卫生巾，男孩子有什么不知道的？"这时他爸把我叫到一旁，很紧张地说："我们越遮掩，他越感兴趣，还不如趁早告诉他，免得他走入歧途。"

面对孩子的性疑问，我的建议是：

不欺骗孩子。许多父母仍然对性的问题比较保守，喜欢用"谎言"回答孩子的提问。大多数孩子在受了欺骗之后，随着他们年龄的增加，慢慢会识破成年人的谎言，但成年人的做法有可能让他们也变得虚伪、不诚实。同时也会让他感到，在性的问题上是不能说真话的。另外，成年人一些不恰当的玩笑，也可能会使孩子对性知识有误解，这需要父母注意。

如实回答。当孩子向你提问时，尽量如实回答，不要遮遮掩掩。如果当孩子向你提的问题对你来说是陌生的，甚至你自己也存在疑问，遇到这样的情况，不必紧张，只要把自己的或自己了解的真实情况告诉孩子就行。例如，可以对孩子说："这个问题妈妈也没有弄懂，不如我俩一起去查查资料吧。"

准备一本性教育的书。家中如果有一个青春期的孩子（10~20岁），一般都需要准备几本性教育的书。当然，要尽量选择专家写的较为科学的书。这样，当父母无法回答性问题时，可从容地让孩子看书。

二、孩子需要什么样的性教育

2004年9月23日《中国教育报》读书周刊上,登载了中国性学会副理事长朱琪教授对性教育的归纳,他认为当前世界上主要存在两种性教育模式,一种重视性道德教育,另一种强调避孕和预防性病、艾滋病。他认为单纯"技术性"的性教育有负面影响。

我认为,这两种性教育模式都是有缺陷的,因为人的社会性是高于生物性的,尤其对青少年的社会化过程来说。较为合理的性教育是把两种模式结合起来。

《藏在书包里的玫瑰》一书中介绍了一个名叫历历的女孩。她初一正式交男朋友,高一发生性行为。她一直很后悔,后悔不应该在16岁就发生性行为,也不应该这么随便就发生了。在她看来,16岁应该拥有的是纯洁的爱情。可以说,性行为对历历的爱情观、婚姻观产生了很大的影响,她开始对爱情产生很大的怀疑,人生观也随之破碎了,竟然会想如果为钱去做"鸡"也无所谓。她内心一直在挣扎,在之后的学习生活中,伴随她的是灰暗的想法以及对自己的自暴自弃,在她心灵深处笼罩着一层黑幕。

如果撇开孩子的无知与好奇,我们应该反问:造成这样的结果,父母和老师是不是应该负一定的责任?

教育的本质在于帮助人成为一个真正的人,而没有性则没有人,不懂性也无法成为人。因此,性教育是整个教育过程中不可缺少且尤为重要的组成部分。

性教育是生命教育,也是终身教育,它是需要科学精神与人文精神的紧密结合才能完成的教育。

公平一点说,近年来中国的性教育有了长足的进步,但为什么少男少女们依然对性持否定的态度呢?这是因为与当代青少年的身心发展相比,性教育还是太滞后了,难以满足他们的强烈需求。与此相关的是,家庭与学校对少男少女们交往的限制与反对,更是激起了他们的不满与怨恨。

心理学家斯坦利·霍尔被誉为青春期心理学之父。早在1904年,他率先把青春期作为个人发展中的一个关键时期加以研究，发表了两卷本的《青春期》，提出有关人的发展的"复演说"。霍尔认为，每个人的生命都是整套地重复整个人类的发展过程，而青春期（12~25岁）则代表着一种新生，是产生更高级、更完美的人类特征的时期，是"可望改善我们人类的唯一阶段"。

霍尔的发现是青春期的赞歌，同时也为青春期的性教育提出了更高的标准。关于这一点，1985年，美国锡拉丘兹大学儿童和家庭教育教授索尔戈登有一个较为完整的构思。在《我们的孩子需要从性教育中得到什么》一文中，他指出，没有价值标准的性教育是没有价值的教育，必须促进性道德的教育。他认为，性教育至少应该包括以下内容：

促进自我概念的形成，教育青少年不要去剥夺别人的权利，也不要受他人剥夺；应该有自尊心，建立成熟的人际关系，对性行为负责。

为结婚和做父母做好准备，了解人与人之间的关系，加强对家庭生活的责任感。

理解爱情是人的性爱的基本组成部分，认识到"性"绝不是对爱情的检验，帮助学生确定自己是否"确实在恋爱"。

要准备为自己做出的决定负责，在性的领域中，也要依据一种普遍的价值标准，即不要伤害他人或剥夺他人权利，用他人的牺牲来满足个人的私欲是错误的。

帮助学生理解（男女）机会平等。

帮助学生养成宽容的态度。

帮助学生了解和理解我们生活中的性，认识我们生来就有性欲，而且继续不断有性的需要；要了解性产生的广泛内容，认识性不仅仅表现为异性间的性交，也不仅是生育；应当集中讲解情感、交往和价值观在性中的体现。此外，在性教育中还可以向学生介绍有关妇女运动、决策机会平等、职业选择机会平等和同工同酬等方面的情况。

实际上，青春期少年需要的性教育正是这样，是一些从生活中来的、富有生命力的知识与情感。健康的性生活使每个人都能感受到人生幸福，激发创造能力，培养人格尊严。

我对父母们的教育建议如下：

父母不要谈性色变，要以平常心对待性。家庭性教育是要家庭成员共同来学习与性有关的科学知识，保持一种健康进步的观念，并在家庭生活中培养一种理解、豁达、和谐的气氛。

家庭性教育要先从父母做起，父母在家庭中要保持一种良好的性形象。性，不仅指性生活，也不仅指性知识，它还包括性心理，包括亲密与爱的表达、体验。因此，父母应当经常地、有意地让孩子看到父母间问寒问暖、拥抱接吻、谈笑风生，这样可以使孩子初步形成对美好生活、爱情、婚姻的向往心理，为其未来的幸福生活打下良好的心理基础。

父母在孩子面前要亲近得体。亲密不等于过分亲热，父母可以让孩子看到彼此之间亲密的身体接触，但不宜在孩子面前无所顾忌地性交。

关注孩子的性成熟。男孩的遗精、女孩的月经都是孩子青春期来临的重要标志，在此前后父母都要注意做好引导，让孩子感受到成长的喜悦和自豪，同时也感受到长大的庄严。

及时给孩子讲一些与他们年龄、理解能力相符合的性知识。对于孩子的白日梦、手淫等现象，父母要给予充分的注意和理解，并及时给孩子讲解有关的知识，而不是对孩子进行责骂。

不要轻易地给孩子扣上"早恋"的帽子。一些父母看到孩子的信中出现了"爱"的字眼，就惊慌失措。实际上，青春期的孩子们往往会盲目甚至错误地使用"爱"这个字眼，但这并不一定表明他们真的在恋爱。有时，他们会错把异性之间的吸引看成"爱"。如果父母轻易就说孩子早恋，要么会让孩子有罪恶感，要么会使孩子弄假成真。

帮助孩子正确地接纳自己。青春期的孩子往往容易对自己的相貌、体型进行评判，他们未必能够真正理解心灵美的价值，大多容易按照时髦的标准去看待自己，因此容易产生偏差。如有的人虽然已经很瘦了，但仍然喊着要减肥；有的人仅仅因为耳朵眼儿旁边的一个小痣或小斑就会产生自卑感。这时父母要做好引导，使孩子的注意力转移到学习上或其他感兴趣的活动上，不要因为体型和相貌而产生自卑或自傲。

**孙云晓
生活感悟**

1. 性教育的核心是健全人格的培养而非性技术的训练。如苏霍姆林斯基所说，进行性教育的明智做法在于，尽可能少涉及有关两性关系的生理方面的内容，至关重要的是身体发育与精神生活的和谐一致。具体该如何做呢？我建议在中学开设爱情与婚姻课，爱情启蒙教育应该成为青春期少男少女的必修课，这是人的教育。

2. 性教育的核心不是知识而是人格。有位父亲把几个孩子都培养成名牌大学的学生。有人问他如何对孩子进行性教育，他说："我把孩子带到农村，看看牛或马的交配，他们就明白孩子是怎么生出来的。"把人类性爱文明降低到动物交配的水平，无疑是对爱情与人生的亵渎，是对孩子的误导。

3. 性教育最重要的原则是适合孩子的需要，不可提前，也不宜过量。如果把孩子还无法适当掌握的性知识都告诉孩子，有可能引发他们不恰当的兴趣和好奇。如阿德勒博士所建议，最好的做法是先了解清楚孩子希望知道什么，并只对他们正在思考的问题给予解答。也就是说，问什么答什么。

第四节　呼唤阳光法性教育

性教育的成败取决于价值观与态度。如果以阴暗心态进行性教育，非但无成功之希望，反倒可能留下无尽隐患。因此，我建议父母与教师们以阳光灿烂的美好心态，公开而艺术地与少男少女谈情论性，这就是阳光法性教育。

我认为，性教育要早，我建议在小学阶段就进行性的生理知识的教育，告诉学生男孩女孩的区别、孩子是怎么生出来的、要怎样爱护自己。

在我国，开展性教育尽管困难重重，但仍有不少教师突破重围，以令人敬佩的责任感和科学精神，开始了大胆的探索。北京八一中学心理教师张丽丽就是其中一位。

张丽丽兼任过《中国青年报》青春热线的咨询员，又接受一些性健康教育的培训，她的课受到学生热烈欢迎，成为颇有魅力的课堂。

据 2002 年 10 月 17 日《中国青年报》报道，张老师的课几乎是在欢呼中开始的，中学生们并不如她想象的那样害羞，而是十分踊跃。

最初的提问千奇百怪："人妖是性变态吗？""太监是怎么回事？""同性恋是否遗传？""两性人的原理是什么？"这些问题与张老师原来的设想差出十万八千里，但她还是尽其所能告诉他们一些道理，主要也是想传递一些观念：比如太监，她讲到那是对男性的摧残和不尊重；而同性恋，他们也和正常人群一样，只是性取向有差别。她知道，作为一个教师，保持坦然和开放的态度非常重要。

果然，几轮提问大战之后，学生们问得越来越大胆，也越来越直接。一个小男生问：

"性交是怎么回事？什么是强奸呢？"

教室唰的静下来，所有的目光投向了张老师。她定了定神儿，微笑着解释道："性交是成人之间表达爱慕的一种方式，是通过男女生殖器的结合完成的。性交的时候，男性的阴茎会进入女性的阴道，并有射精行为产生。而强奸是以强迫性交形式表现的暴力，是对女性的侵犯和不尊重，是一种犯罪行为，应该受到惩处……"

看到老师坦然的态度，学生们似乎一下子就放松了，又重新兴奋起来。一个男生甚至打断老师，迫不及待地要亲自回答这个问题。他讲精子射入阴道后，会有成千上万的精子展开竞争，并且只有一个精子进入卵子，能够取得最后的胜利。他骄傲地总结道："我们每个人都是千挑万选的那个精华！"张老师与全班同学为他鼓起掌来。

一次，张老师被一群男生围住，谈起13岁少女生子的事情。张老师刚说青春期少女应当注意自我保护，一个男生表示反对，他说："青春期的女孩是喜欢被强奸的。"话音刚落，马上有几个男生表示支持这一说法。

张老师知道男生们显然受了网络、光盘或色情书的影响，便让他们详细阐述。男生们提到了女孩的性幻想。张老师说："不管男孩还是女孩，都会有一些性幻想存在。但是，就像男孩的性梦不能代表男孩的性现实一样，女孩的性幻想也不等于她们真正的愿望。没有一个女孩是愿意被侵犯的。强奸践踏了女性的尊严，是被女孩们所憎恨的。"她又说，"有一些色情影片或小说会有一些对女性歪曲的描写，这是不可信的，绝不等于生活现实。"

男生们恍然大悟，纷纷点头。

性教育的成败取决于价值观与态度。如果以阴暗心态进行性教育，非但无成功之希望，反倒可能留下无尽隐患。因此，我建议父母与教师们以阳光灿烂的美好心态，公开而艺术地与少男少女谈情论性。这就是阳光法性教育。

一、对中学生应把性交和避孕知识讲得明明白白

性教育的一大失败，就是在关键的知识点上说得模模糊糊，似乎以孩子弄不明白为己任，结果导致了许多少男少女糊里糊涂地受到伤害。譬如，

我们在访谈中惊讶地发现，很多勇吃禁果的少男少女，几乎不采取任何避孕措施。他们根本不清楚流产对女性身体的伤害，更意识不到传染性病或艾滋病的危险。这不能不说是性教育的严重失职。

造成这一重大失误与性教育观念落后关系密切。许多父母与教师以为，告诉了孩子性交方法与避孕知识，会引诱他们尝试行为。事实证明，这一看法是错误的。2003年6月1日《参考消息》介绍了美国的一项研究结果，即学校提供避孕套的高中学生发生性行为的可能性并不比其他高中生大。研究人员在鼓励学校制订避孕套计划的马萨诸塞州进行调查，将9所提供避孕套的高中学校与50所不提供避孕套的高中学校进行对比。结果发现，无避孕套计划的高中有49%的学生报告曾经有性行为，而有避孕套计划的高中有42%的学生报告有过性行为。这说明，当了解了有关性知识之后，孩子们对性行为的态度可能会更加谨慎。

我们应当相信少男少女们，当真正懂得了性交和避孕的知识之后，他们会权衡利弊，少做蠢事，尽量减少对自己和对他人的伤害。把选择权与决定权交给一天天长大的孩子，尽管他们会为此付出代价，但只有经历了这一切，他们才会成长为真正的人。

二、鼓励男女青少年正常交往

在青少年长大，即社会化的过程中，同伴交往乃至与异性的交往是不可缺少的一课。再好的父母和老师也不能代替伙伴。所谓性教育的本质特征就是学会交往。

然而，中国青少年研究中心1997年在城市独生子女人格调查中发现：64.9%的中小学生父母"不愿意孩子有较亲密的异性朋友"；81.6%的父母"要求孩子选择学习好的同学做朋友"；45.3%的父母"为了学习，我要求孩子减少与朋友的交往"；49.3%的父母"怕孩子学坏，所以我严格限制孩子交朋友"……毫无疑问，父母们这些干涉或限制的态度，是构成代沟冲突的重要因素。

请父母与老师们回忆一下，你是怎么学会与异性相处的？是仅靠父母的说教？还是靠自己的体验？恐怕绝大多数人是实践出真知。因此，当你剥夺了孩子体验的渠道，你怎么让孩子学会交往呢？许多条件很好却难以恋爱结婚的中青年，究其原因，常常发现是与青春期里被严格限制与异性交往密切相关。充满爱心的父母们怎能让悲剧重演？

当然，鼓励不等于放纵。我们只是建议父母与教师们，对于少男少女的交往，要多一些鼓励，少一些训斥，要多一些理解，少一些怀疑，要多一些引导，少一些限制。即使出现一些问题，也不要大惊小怪。心理学家认为，孩子是在犯错误中长大的。父母给孩子最好的礼物是尊重与信任。

三、父母应当为孩子做出表率

一谈到性教育，许多父母就在想该怎么对孩子讲道理。实际上，父母怎么做比怎么说更为重要。

可能有些父母会疑惑，做什么呢？其实，在孩子心目中，父母的行为是最好的性教育"模板"。天下父母哪个不是一男一女的结合？哪个不是与孩子关系最亲密的人？孩童时代过家家，孩子们不都在模仿父母的角色吗？这种对父母不自觉的模仿，或许会持续孩子的一生。

可是，父母们想到这一点了吗？许多父母亲热时背着孩子，却当着孩子的面吵架甚至打架，这是多么可怕的性楷模表现呀！如今，夫妻离婚的多了，有些离婚者面对孩子痛说对方劣迹，犹如江河滔滔，怨恨一泻千里。他们可能没有意识到，这样做是播种了仇恨，这样做会扭曲孩子的心灵，使孩子不能正确看待异性，将来会影响下一代的爱情与婚姻。

有责任心而又明智的父母，应当从点点滴滴做起，表现出夫妻之间的互敬互爱、互谅互助。开放一些的父母，当着孩子的面拥抱接吻，更是良好的性教育行为。

总之，请父母们记住：你们每时每刻的行为，都在以最自然的，也是最有力的方式告诉孩子什么是性，什么是爱，什么是婚姻，什么是幸福……

孙云晓
生活感悟

1. 性教育是中国最落后的教育。如果在幼儿园和中小学开展性教育，可能会遭到一些父母的反对甚至抗议。也许可以借鉴英国等国家的经验，从5岁开始，国家强制性地进行性教育。当然，性教材要经过科学论证，各界人士包括青少年参与讨论。这是青少年健康的需要，也是幸福的需要。

2. 儿童性教育要以儿童为本，要尊重儿童的需要和权利。在女孩子9岁以前和男孩子11岁以前，也就是性发育之前，就需要对他们进行性教育。某幼儿园用布娃娃讲清楚人是怎么来的，一位母亲用画册来讲生命的诞生，都是简便易行的好方法。从小接触科学的性知识和观念，孩子将终身受益。

3. 性教育不是禁欲的教育，而是爱的教育，是真善美的教育。生命的本能是人类文明最重要、最强大的动力，为什么总是视其为洪水猛兽呢？只有爱才能让人热爱生命、热爱生活，只有爱才能让人勇敢奋斗、担当责任，也只有爱才能让人成为真正的人。所以，爱情是青少年的必修课。

4. 对于孩子来说，父母的爱情与婚姻是最好的性教育。原央视主持人周洲在姐姐姐夫结婚15周年的纪念日里，通过外甥的一段浪漫而深沉的话，感慨道："如果在一个14岁的男孩眼里，父母的婚姻是这样的，那我相信他未来的家庭也一定会美满。"完全可以相信，父母之间的关系会深刻影响孩子未来与异性的关系。

第七章 培育两颗良种，成就孩子一生

通过对208个孩子20多年的跟踪对比研究，北京师范大学心理学家陈会昌教授得出一个重要结论：那些发展理想的孩子最为突出的特点，就是自制力与主动性两颗种子发达，而这是健康人格的核心要素。

我与陈会昌教授有几十年的友谊,他的研究成果中我最重视的,就是对 208 个普通的中国孩子长达 20 多年的跟踪研究。《用心教养——孙云晓与中外心理学名家的对话》一书中,收录有我们的长篇对话,题目就是《教育的核心在于培育"两颗种子"》。他告诉我,在这项研究中,他们把孩子的自控力看作第一个维度,孩子的主动性是第二个维度,把情绪看作孩子的第三个维度。这三个维度基本构成了孩子的天性,即人格的全部素材。最后还有第四个维度,那就是年龄,在不同的年龄,孩子会有不同的差异和变化。

我想对父母朋友说,成为强大父母,把孩子教育好的秘诀,就在于能否在孩子心里培育出自制力和主动性两颗优良的种子。为什么是种子?因为种子是生命,它在时时刻刻地生长,需要父母们像勤劳的农民对待庄稼那样用心。

第一节　自制是做人的准则

> 自制力是善于控制和支配自己行动的能力。自制力的作用就像是汽车的刹车,刹车是一部车子最重要的部件之一。高速行驶的汽车如果没有刹车,谁也不敢驾驶。父母们应该清楚地认识到,自制是做人的准则,培养孩子的自制力是引导孩子走向成功的基石。

古今中外,许多杰出人物都将用理智控制自己视为做人的基本准则。孔子强调"修身"和"克己"。古希腊的柏拉图提出:"节制是一种秩序,一种对欢乐和欲望的控制。"亚里士多德则说:"人与动物的区别,正在于行为与理智。""不仅应该把对敌人的斗争取得胜利的人看作勇敢的人,而且也应把那些对自己的欲望控制取得胜利的人看作勇敢的人。"正如很多成功人士的共识："美好的人生建立在自我控制的基础上。"

2004年在北京举行的世界心理学大会上，澳大利亚专家莫尼卡·屈斯克利博士介绍了她和中国心理学家合作的研究成果，其中设计了一个关于儿童自制力的实验：孩子们面前有两盘巧克力，一盘多，一盘少，只要能多忍耐15分钟，就可以吃到多的那盘，反之则只能得到少的那盘。这项延续了7年之久的跨文化实验的结果显示，在参加该实验的上百名3~4岁的中国儿童中，超过80%的儿童只忍耐了几分钟就按铃呼唤试验人员，要求得到巧克力。这意味着：许多孩子的自制力不容乐观。

这次实验令人想起斯坦福大学的棉花糖实验，其结果让我久久难忘。这个实验考验的是孩子的忍耐力和自制力，即能否为了更根本、更重要的利益而克制自己暂时的欲望。欧美国家许多类似的实验和跟踪研究发现，在日后的发展中，那些不能等待的孩子长大后表现出孤僻、易固执、易受挫、优柔寡断等问题，而那些能够等15分钟或者半个小时的孩子，长大之后较多地成为适应性强、具有冒险精神、受人欢迎、自信、独立的孩子。我马上产生了疑问：我们的孩子为什么不会等待、不会节制？今天的中国教育是否在培养不能等待的孩子？

也许，因为许多父母习惯了过度满足孩子，使太多的孩子变成了不能等待、不能忍耐的孩子，而这样的孩子难以得到真正的幸福。我们现在的生活好了很多，有些父母不想让孩子再受委屈了，要什么给他什么，甚至有的父母收入低微还尽可能给孩子穿名牌。社会心理学研究发现，当一个人的需求被过度满足的时候，他的快乐被随之剥夺，这就是"饱享剥夺理论"。孩子喜欢吃巧克力，好，那我再给你一块。好吃吗？好吃，原来孩子这么喜欢吃巧克力，给孩子一箱、两箱，放他床头，想吃就拿。结果发现，他越来越觉得巧克力不好吃，越吃脾气越大："真讨厌，最难吃的就是巧克力了。"

我们的孩子不愿等待、不能等待，其实是教育的结果啊！从教育的智慧来说，好父母不能无条件地满足孩子，要让孩子适当地节制。这就是教育的艺术，这就是培养健康人格的重要方法。

高尔基说过："哪怕对自己一点小的克制，都会使人变得强而有力。"

父母如何培养孩子的自制力，我的建议是：

第一，和孩子来个约定。例如带孩子去超市，为防止孩子见到自己喜欢的东西就想要，可以在去超市之前和孩子来个约定："咱们说好了啊，你的东西已经很多了，今天我什么都不给你买。假如你看上了什么东西，回家后咱们好好商量一下，再决定买不买。"或者约定："这次只能买一样，买的时候你自己要考虑清楚啊。"当然，运用约定来约束孩子的行为，父母要注意坚持原则，当孩子不遵守约定甚至哭闹起来时，不能轻易妥协。

第二，通过游戏培养孩子的自制力。游戏是孩子特别喜欢的活动，而游戏本身具有一定的规则性，经常做游戏，可以使孩子不断得到抗诱惑锻炼的机会，自制力会得到发展。我们小时候经常玩"我们都是木头人"，这个游戏会让孩子学会遵守游戏规则，也提高了孩子的自我控制能力。年龄大些的孩子可以教他们玩棋类游戏。有专家指出，教孩子下棋既可以满足孩子玩的需要，还有利于孩子自制力的培养。因为玩棋有玩法，可以培养孩子的规则意识，而且玩棋的时候需要动脑筋，能锻炼孩子的思维能力。所以，父母如果有条件的话，教孩子玩中国象棋、国际象棋、围棋、军棋等棋类游戏，对孩子的身心是有益的。

第三，引导孩子学会控制情绪。一个人是否能够有所成就，机会和能力是最主要的，不过，学会控制情绪也是不可缺少的重要条件。某国军队曾有过一项纪律：当内部发生冲突时，如果这个矛盾一时难以解决，当天谁也不许再谈论这件事，第二天再说。任何人睡一觉起来，火气就会小多了，头脑就会冷静多了，自有适当的办法解决矛盾。仔细分析，这是符合心理规律的。一个人要想做成大事，需要有稳定的情绪和成熟的心态。缺乏对自己情绪的控制，是做事的大忌。试想，如果一个人一会儿心情忧郁，情绪一落千丈，一会儿又怒火冲天，使朋友们对你敬而远之，一会儿又情绪高昂，手舞足蹈，谁还愿意与这样情绪不定的人交往合作？而且，情绪不稳定的人对于自己确立的目标也常常不能坚持到底，做事容易情绪化，朝三暮四，高兴了就做，不高兴就扔在一边，丝毫没有计划和韧性。这样的人能成功吗？

第四，适当运用表扬和惩罚的方法。如果孩子做到自制，应给予表扬或让他得到某些满足。如果孩子一时无法遵守约定，那就要有适当的惩戒，有惩戒才会让孩子知道什么是应该做的，什么是不应该做的。渐渐地，孩子知道要按约定、规则办事，自制力也就能慢慢增强了。

孙云晓
生活感悟

1. 父母们大都希望孩子自由快乐，这本身并没有错，但如果把严格要求丢到九霄云外，恐怕孩子的自由快乐也难以持久。北京师范大学心理学团队长达24年的跟踪研究发现，青少年健康发展的奥秘在于自控力和主动性"两颗种子"都发达，这也是健康人格的核心要素。

2. 自由与自控的结合才是最好的教育。一位学者对此有形象的比喻：主动性就像油门踏板，自控力就像刹车踏板，对于开车的司机来说，缺失任何一个踏板都是不可想象的。其实，人生之路和教育原则同样如此。

3. 如果您要培养一个英才，就去激发他的主动性；如果您要培养一个好人，就去训练他的自制力；如果您希望孩子既是英才也是好人，既富有创造力又有高情商，那就需要把培养主动性与自制力结合起来，从小播下两颗种子，让两颗种子都生机勃发，进而开花结果。这就是平衡教育，这就是和谐成长。

第二节　培养孩子学会选择

明智的父母一般会注重培养自己孩子的综合素质，其中很重要的就是选择能力。所谓选择，就是两害相权取其轻，两利相权取其重。选择能力是自制力与主动性的结合。

一、"你的女朋友可能还在幼儿园"

在培养孩子选择能力方面，我觉得辽宁大连有一位母亲做得颇有新意。这位母亲是一所职业学校的校长，她想写本书，因为她觉得她儿子特别优秀，所以到北京来找我，希望和我讨论一下这本书怎么写。跟她聊了后，我就发现，她最重要的成就是将她儿子培养得很会选择，比如说生活中买这个还是买那个，今天干这个还是干那个，这位妈妈都是让孩子自己做比较并自己决定怎么做更合适。

比如说有一件事就特别逗。这个儿子上初中的时候就特别喜欢追女孩子了，他妈妈知道后就说："儿子别着急啊。"这母子俩因为关系很好，儿子心里话也就直接说了："妈妈，不着急不行啊，我同学都找女朋友了，找晚了，好的女孩就没有了。"

这位妈妈平静地说："儿子，你女朋友也许不在你们班里。"儿子愣了，疑惑地问："那在哪里呢？""你的女朋友很可能还在小学呢，也可能在幼儿园呢。"儿子对此回答当然颇为意外，但又忍俊不禁。转念一想，是啊，着什么急啊。

这位妈妈并没有说"早恋不好，你可别犯傻"，也没说"早恋的都是坏孩子"，她只是给孩子列出了另一种可能：也许恋爱是很好的事情，但是你眼界要开阔一点，可能你未来的女朋友还在幼儿园呢。你现在不用着急，只要你优秀了，将来一定会找到好女孩。

话题回到网络上来，父母可以告诉孩子，上网是可以的，玩游戏也是可以的，但是在目前这个阶段需要有节制。比如我认为小学生一天中上网和看电视的时间最好不超过一个小时。中学生上网或看电视一天也不要超过两个小时，这是我的建议。

有研究发现，孩子在10岁以后就有选择使用媒介的能力，如果选择看印刷媒介的时间多于电子媒介的时间，孩子的智力发展会加快，道德得分也会提高。也就是说，孩子看书看报对他的智力发展和他的道德水平提高有好处。在电子媒介中，广播对孩子有特别的益处。如果孩子不喜欢看书看报，就喜欢看电视上网，是容易出现问题的。我们大家都明白，看电视和读书的效果是完全不一样的，看电视时，往往坐了一个小时、两个小时还不知道看了什么，因为你太轻松了，坐在沙发上，喝着饮料，吃着东西，肥皂电视剧一集接着一集，看了半天你都不知道看的是什么。可是看书就比较费劲，看书若是看了半天还不知道看的是什么，那肯定是没用心看，用心看的话，你的大脑就在紧张地工作，这个时候你记忆深刻。

讲到选择，我觉得很多孩子不太会选择，因为缺乏实际锻炼，所以很盲目。我想起老子的一句名言："勇于敢则杀，勇于不敢则活。"我的理解是：此处的"勇"是勇气，"敢"是鲁莽。如果你有勇气但很鲁莽，你就会走向危险，走向困境。"勇于不敢则活"，就是有勇气但你不鲁莽，就能获得平安、获得发展、获得成功。我觉得这话很有智慧，所以说，我们要从小培养孩子不要那么鲁莽，不要那么不顾一切，要让孩子学会过一种有智慧的生活。

蒙台梭利是享誉全球的教育家，她就特别强调针对孩子选择能力的培养。在她所列出的儿童教育中父母的六大职能中，其中一项就是：发现孩子的意愿，让孩子自己去选择感兴趣的内容，自由选择工作。蒙台梭利认为，在日常生活中要尊重和利用孩子的自发冲动，给孩子以极大的自由活动权，让孩子根据内在需要，按照自己的兴趣，自由选择想做的事情。

我们拿看电视来打个比方。比如家长可以和孩子一起研究电视节目预告,这样对看什么节目就可以做选择,可以和孩子讨论哪些节目可以看,哪些节目不值得看。通过这种选择,你会发现有很多非常好的节目就不会漏掉,而且为了保证能看这个节目,事先需要做出时间的安排。这样的话,你就会发现孩子自己慢慢学会了选择,在生活中面对各种诱惑的时候,他也会做出一些有利于自己的选择。

二、父母与教师携手激发孩子的主动性

父母们首先要了解老师、尊重老师,经常和老师沟通,和老师要处在相互配合的关系中,这样的话,你可能会发现跟老师处得比较好。

我给大家讲一个故事。北京有一个五年级的孩子,有一天他回家说:"我再也不上学了,我可不喜欢上学了,上学没意思,活受罪。因为老师不喜欢我,同学也不喜欢我,学习我也学不好,我也不喜欢学习了。"妈妈说:"儿子,你才五年级就不上学了,不上学你干吗呢?你就得上学去学本领。"可孩子死活说不想上了,这妈妈就很着急,到处找人想办法,找人咨询,后来找到了著名女作家毕淑敏。

毕淑敏在西藏当过军医,她写作成名之后又到北京师范大学读了心理咨询方面的博士课程。这位妈妈找到她,说:"我儿子不想上学了,您看怎么办呢?"毕淑敏很幽默,拿纸写了个处方。这妈妈一看,哭笑不得。咱们看看,这处方是怎么写的:"这个孩子有病,需要表扬,表扬一个星期。"他妈妈一看这有什么用啊?毕淑敏说:"你把这方子拿给老师看看,可能有用。"

这位妈妈没辙,就把这处方给老师看了。老师一看说,问:"是什么大夫开的啊?"这妈妈说军医开的。老师沉思了一会儿,说:"那好吧,我试试看。"

星期一,上课了,老师就看看那个男生,看来看去也没看出什么优点。老师心想,试一下表扬的效果吧,就说某某同学今天上课很认真。那孩子听到老师表扬自己了,太阳真是从西边出来了,于是腰板挺直认真听课。第二天上课,老师又看那个男生,发现这孩子的确有进步,就坚持表扬,

说某某同学作业写得有进步。结果，五天下来，这孩子像变了一个人，爱上学、爱写作业，还特别喜欢他的老师。

为什么孩子的变化这么大呢？我给老师和父母们讲课经常讲这个道理：对小学生来说，老师要是摸一摸他的脑袋，孩子会非常开心，会昂着头回家："妈妈，今天老师摸我脑袋了，老师喜欢我。"

不过，中学生不能被摸脑袋，中学生被摸脑袋会浑身起鸡皮疙瘩，但是中学生更渴望被欣赏和鼓励。人都是喜欢被欣赏和鼓励的。其实没有一个孩子不想学习，没有一个孩子不想成为好孩子。这个男生的问题就在于没有学习的兴趣，失败感太强。所以，刚才讲这个道理，就是孩子要想好好学习，最好的方法是激发出学习的兴趣。而学习的兴趣来自哪里？来自成功的体验。成功的体验越多，孩子的兴致越高，自信心越强。

主动和老师沟通，建立起支持性的关系，可以让孩子获得更多的成功体验。如果只是简单地抱怨和否定老师，我觉得是没有益处的。比较好的方式是理解，是相互的支持。但是从另一个角度来说，我们和老师的这种沟通，并不等于让老师给自己的孩子吃偏饭，吃偏饭不利于孩子的健康发展。

我非常理解父母的心情，当父母把孩子送到学校去的时候，有人说，就好像把自己最心爱的宝贝交给一个不熟悉的人保管，是很不放心的。有人就想给老师一些好处，希望老师能特别关照自己的孩子。这种心情可以理解，但是要注意，不要把这个关照变成吃偏饭。

当然，让孩子经历曲折、受点委屈，对孩子成长是有好处的，毕竟酸甜苦辣组成人生百味。家校携手需要发挥正向功能，才真正有益于孩子的成长。

孙云晓 生活感悟

1. 教育需要平衡，不能走极端。何为平衡？在孩子心里播下两颗种子，让自制力与主动性相辅相成，就是平衡发展。有主动性就有自然、自由、自主的探索精神，有自制力就有扬善抑恶的道德原则。这就是平衡的两端，也是健全人格的两个要素。平衡之法的特点是你中有我、我中有你，彼此相互促进、互为保障。

2. 如果学会选择，失败可能转为成功的开始。尽管赫本痴迷于芭蕾舞，但因为个子太高等原因，不少专业人士认为她绝对无法成为首席芭蕾舞星。后来，赫本尝试出演电影，她的芭蕾基本功成为她的优势，并因《罗马假日》获奥斯卡最佳女主角奖。失败并不可怕，可怕的是放弃。

3. 学会选择是智慧的教育。孟母三迁妙在何处？就是学会选择。古人说，两利相权取其重，两害相权取其轻。这是智者的处世原则。因此，现代父母与教师要拓展自己的视野，以大海般的胸怀，引导孩子做出最有智慧的选择。或许可以说，做有智慧的选择，才会有幸福的人生。

4. 教育其实是一种选择，选择智慧，拒绝愚蠢，选择真善美，拒绝假恶丑。教孩子学会选择是父母的大智慧，也是对孩子的尊重。当然，这是两代人的选择，并且是互动的选择，有父母的智慧选择，才有利于孩子的智慧选择。

第三节　网络时代的教育最需要赋权和赋能

在新媒体时代，剥夺孩子使用网络的权利是不现实的，明智的做法就是赋权和赋能，即尊重孩子使用网络的权利，提高他们使用网络的能力，这是让人终身受益的教育原则和引导方式。

毫无疑问，孩子沉迷网络是让父母和教师特别头痛的难题，因为他们会有一种空有爱心却无能为力的无助感。实际上，父母和教师并非无能为力，只是太多的失误才导致了教育的困境。2008年11月29日，应北京大学新闻与传播学院的邀请，我与六位教授一起参加赵春梅的博士论文答辩时，这是我最深的感悟之一。作为中央电视台国际部的编辑，赵春梅在职读博士用了6年多的时间。因为10岁的儿子迷恋电子游戏，她选择了一个富有挑战性的题目，即《家庭环境对初中生电子游戏使用问题影响因素的研究》。

一、沉迷网络的孩子迷失在哪里

赵春梅博士为这项研究下了很大的功夫，一般的博士论文十五六万字即可，她却辛辛苦苦写出几十万字。请看她的访谈记述：

在我的访谈中，大多数父母都谈到了孩子是如何喜爱甚至迷恋电子游戏的，特别是沉迷组孩子的父母。A2的母亲这样描述儿子迷恋游戏的情景：

"每天一放学，他就急急忙忙地回家，赶紧就开电脑，中午回来也玩，然后吃完饭还是玩，玩到仅剩够上学路上的时间才走。他上学比较远，骑（自行车）大概15分钟。中午就这样，晚上回来也是，作业也不好好写了。"

由于A2迷恋游戏，不写作业，老师说让他回家玩够了再去上学。他的母亲也以为让他在家玩两个星期他就会玩够了，但结果根本不像她预想的那样：

"从那以后就在家玩。玩了一个星期之后，老师打电话了。我跟他说：'丁老师打电话了。'我跟他说什么呀？他玩那游戏特紧张，根本就不说话，什么也听不进去。"

从此以后，A2再也没去上学，一天到晚沉迷在电子游戏里：

"三月开始不上学，'五一'我们搬到这儿的，玩了一个多月，就玩那个《三国》。就趴在床上玩，成天趴在那儿玩，觉不睡，饭都不吃。他一玩那游戏，跟他说话眼红着呢，急着呢。然后有两个月吧，没电脑，他急得上蹿下跳的。"

为了能够再次上网玩游戏，他不停地向父母求情。父母经不住他一再恳求，就答应了他的要求，没想到他一头扎进网络游戏里：

"他就不停地求我，磕头啊什么的，求得我实在没辙了，那就上吧。这一上网，就再也离不开了。他只在玩游戏的时候跟人家聊天，生活中自从开始上网，这两三个月就没说过话。哪儿也不去了，姥姥家也不去了。"

孩子到了这个地步，A2的母亲也很后悔，可是已经没有办法再把他拉出来了。

这样的案例举不胜举。那么，究竟是什么让沉迷网络的孩子魂牵梦绕？赵春梅博士向我们介绍了电子游戏的使用与满足理论。施拉姆等在其著作《儿童生活中的电视》中指出，在儿童和电视二者的关系中，儿童是非常主动的，是他们使用了电视，而不是电视使用了他们。儿童不是被电视袭击的束手无策的受害者，而是像在一个巨大的、食物丰盛的自助餐厅里就餐一样，根据他们当时的需要，选择他们想吃的食物。电子游戏作为一种孩子直接参与的互动娱乐，能为他们提供更多形式的满足，因此对孩子的吸引力也更大。

赵春梅博士最后总结了四个家庭环境因素，即家庭结构、家庭社会经济地位、家庭关系和父母教养方式。这四个因素对初中生沉迷于电子游戏产生影响。

我认为，她关于家庭关系和父母教养两个家庭环境因素的分析建议尤为深刻，例如关于家庭关系对初中生电子游戏使用问题有着非常关键的影响的观点，格外值得重视。

在赵春梅博士看来，破坏性的父母冲突使孩子难以应对、自责、夹在父母之间左右为难，并感到父母婚姻关系不稳定，无法获得情绪上的安全感，更有可能选择玩电子游戏来逃避烦恼并重新获得情绪安全，而且更倾向于玩暴力程度高的游戏。

父母冲突还会影响父母对待孩子的态度和方式，给亲子关系带来负面影响。亲子关系冷漠或冲突激烈的孩子往往自我价值感很低，以消极的方式对待自己和他人，缺乏成就动机，因此往往学习成绩和人际关系都比较差，攻击性也比较强。亲子关系不和谐还会影响父母对孩子监管的意愿，也会降低孩子对父母监管的接受程度，从而削弱父母教育的效果。这些孩子更容易沉迷于电子游戏而出现沉迷倾向，所玩游戏的暴力程度也较高，而且更看重游戏中的暴力内容。而家庭关系和谐的孩子则往往情绪稳定，进取心强，而且对人友善，发展情况良好，沉迷于电子游戏的可能性也比较小。

我之所以如此肯定赵春梅博士的论断，并非只是出于个人偏好，而是依据科学研究的发现。2009年，我们中国青少年研究中心进行过青少年网络沉迷问题课题研究，课题组成员深入到27家网络沉迷矫治机构，对受害青少年及其父母、矫治工作人员等进行立体式的访谈，小组访谈和深度个案访谈近千人。研究中最重要的结论是：缺乏支持性的人际关系是未成年人沉迷网络的根本原因。比如，沉迷网络的未成年人的人际关系（如亲子关系、师生关系和同伴关系）不良的现象都较多，较非网络伤害者更孤独，与人初次交谈更困难。尤其是与父亲关系不良的问题突出，父母与这些孩子的交流、共同活动相对较少。显然，这些发现与赵春梅博士的结论是一致的。

科学研究的目的是发现问题和解决问题。那么，究竟该如何预防青少年沉迷网络呢？在赵春梅博士看来，要有效地预防未成年人电子游戏沉迷以及沉迷于暴力游戏所引起的种种问题甚至悲剧，不能靠简单地阻止他们接触电子游戏。毕竟电子游戏已经成为青少年最喜爱的娱乐活动之一，本身并不是必然有害，禁止他们玩是不现实的，也是不明智的。解决初中生电子游戏沉迷问题的关键在于，从根本上消除导致他们对电子游戏产生依赖的心理压力，改善孩子的生活环境，首先就是家庭环境。做父母的应当致力于建立和谐的婚姻关系和亲子关系，改善不利于孩子身心健康的教养方式，给予孩子足够的关爱和鼓励，善于发现和肯定孩子的优点，并及时有效地帮助孩子解决成长过程中遇到的困难。还要注意培养他们建设性的兴趣爱好，减少电子游戏对他们的吸引力，同时使孩子发现自己的优势和潜能，提高自我价值感和自信心。

电子游戏使用问题只是青少年的行为问题之一，而不良的家庭环境和人际关系是引发孩子心理和行为问题的极为重要的原因。要防范网络沉迷，建立良好的亲子关系是关键。

那么，如何建立良好的亲子关系？我认为，创设良好的亲子关系，第一责任在父母。我的建议如下：

平等。家庭是一个整体，家中发生的事情，每个人都有知情权。中国的父母大都喜欢把爱埋在心里，喜欢含蓄，但是如果我们不说出来，又怎么能让孩子理解和体会到呢？别把爱只埋在心里，要把它放在嘴上。如果有工作上的欢乐，建议父母以通俗的方式讲给孩子听，不要认为孩子太小，他理解不了，或是不想让孩子知道，而怕他伤心。那样做，孩子始终会觉得自己游离于家庭之外，家里的事都不知道，他会有一种孤独感。要知道，家庭成员之间需要真正平等的关系，每个人不因年龄的大小、地位的高低，作为一个人互相尊重，每个人都有发表意见的权利。

理智。父母要学会控制自己的情绪，碰到让自己感到不愉快的事情，要克制自己的冲动。有的父母往往不能容忍孩子当面顶撞，和孩子吵起来的时候，孩子声高，我比你声还要高。父母需要保持理性，不要和孩子一争高低。如果实在不能保持常态，可以对家人说一声"希望我能够单独呆一会"，待自己能够冷静地表达自己想法的时候，再来解决这个问题。这也是理智的方法。

激励。家庭员之间要互相激励，父母激励孩子，孩子也可以激励父母。父母应该对孩子少一些挑剔，而多一些欣赏，表现出对孩子的信任，才能建立好的亲子关系。有一位母亲给孩子准备了一份"表现进步记录表"，她把孩子的每一次进步都记录下来，以提醒孩子，同时也能让孩子看到自己的成绩，从而增强自信，这一做法最重要的结果是让孩子有荣誉感和自信心。

开放。家庭成员之间可以很开放地谈自己的想法，父母尤其要鼓励孩子发表自己的意见，说错了也没有关系。只有这样，家庭成员之间才不至于积下一些不可调和的矛盾。当一个人遇到问题的时候，他的家人才能够很好地理解他，真正达到一种默契。

二、如何与孩子有效地沟通

父母与孩子的沟通和对孩子的管教是儿童进入社会的桥梁。儿童降生后的最初几年内，父母是孩子的第一任教师。理想的父母，不仅是孩子的父母，也是孩子的老师，更是孩子的朋友。学会与孩子良好沟通可以把父母的厚望和挚爱充分地传递给孩子，并为孩子提供最适当的成长环境、最适宜的学习机会，以及最愉快的生活空间。

作为父母，如果要培养一个成功的孩子，就应该努力成为与孩子沟通的高手。如果能成功引导孩子的想法和理想、行为，那么培养出一个有主见、有选择能力的孩子就不是件难事。

著名心理学家劳伦斯·斯泰因伯格教授经过 3 年的调查研究，发现缺乏与父母沟通、不常向父母吐露心声的孩子，在学业方面遇到麻烦的可能性较大，沾染上吸毒或酗酒等恶习的可能性也较大。另外，缺乏与孩子的有效沟通，忽视孩子身上发生着的变化，更会让孩子从感情上疏远父母，甚至会造成孩子性格心理上的缺陷。研究证明，孩子在11岁以前，倾向于把心中的想法告诉自己的父母，父母在他们心目中排在第一位；但孩子进入青少年时期，这个顺序就完全颠倒了，他们会把心中的想法告诉自己的朋友，而后才是他们的老师，最后才是他们的父母。更为可悲的是，疏远父母的结果，增大了孩子们走向悲剧的可能性。

例如，在校园暴力中受欺辱的学生自杀的事件，人们感到奇怪：为什么这些孩子受到欺负不敢向父母诉说，非要选择自杀这条路呢？一个可能的原因是亲子间平日缺少沟通，孩子们误认为如果告诉父母，父母不会相信，自己反而会更加倒霉。可见，亲子间如果不能沟通，孩子远离父母，实际上等于父母完全丧失教育能力。

2008年，我们中国青少年研究中心在"中日韩美四国高中生权益状况比较研究"的调查中发现，日本高中生最经常和父母聊天，而中国高中生最少和父母聊天。调查中，82.0%的日本高中生、73.8%的美国高中生、70.1%的韩国高中生表示"经常和父母聊天"，但只有54.8%的中国高中生"经常和父母聊天"。综合调查结果还发现，尽管在各国高中生中，母亲都不是倾诉烦恼的首选对象，父亲更位居朋友、母亲和兄弟姐妹之后，但是相比较而言，中国高中生更不愿意向母亲和父亲倾诉烦恼。

中国高中生跟父母沟通少，这跟我们的文化有很大关联。中国人更为含蓄，不鼓励个人表达意见，无论父母还是孩子，都不习惯相互公开表达内心感受和想法，因此给亲子沟通造成障碍。而且，有些父母在和孩子的沟通上过于急躁，总幻想一两次聊天就能和孩子成为知心朋友。这几乎是不可能的，因为两代人有"年龄差"，又成长在不同时代，理解需要有一个过程。如果只有急切的心情，缺少扎实的行动，那就只好在亲子关系上长期吃着"夹生饭"。

父母和孩子的沟通，实际是两种生命的交融。应该说，交融所产生的内容是无限丰富的，它所达到的高度也是没有止境的。如何保证与孩子的有效沟通，我的建议是：

一是多陪伴孩子。多陪伴孩子才可能与孩子有良好的沟通。更重要的是，父母陪伴是孩子成长最好的营养品。我的感悟是，儿童如果远离父母，年龄越小，伤害越大，甚至可能会缺乏安全感和依恋关系。孩子12岁之前是特别需要父母陪伴的，这也是最有效的陪伴阶段。

二是掌握交流的秘诀。跟孩子交流的秘诀是"大耳朵、小嘴巴"，意思是要多问、多听、少说。有很多父母忙着工作，特别是父亲，回到家里很晚，跟孩子说的话往往很少。"吃饭了吗？作业写完了吗？"这样的问候就不太好。孩子不是机器人，孩子需要你更细心一些。比如说你可以换了衣服，到孩子身边坐一会儿，摸摸脑袋、拍拍后背，问问他今天有没有开心的事，有什么事跟老爸说说。这时要注意观察孩子的表情，孩子的表情写满了成长的密码。不要以为孩子天天都是高高兴兴上学去，开开心心回家来，其实未必如此，你要注意孩子的表情是忧郁还是轻松。你非常关心孩子，孩子一看挺感动，爸爸妈妈都这么和蔼可亲，就说了今天谁谁打我。有的爸爸一听就说："谁打你了？你打他啊！"孩子回答说自己打不过他。父亲说："你还是我儿子吗？你就狠狠打他！"父母滔滔不绝地说个没完，孩子就不说话了，孩子不说话，什么问题都解决不了，因为你说的脱离了他的实际。建议你换一种方式，可以靠近孩子，问他："是吗？打你哪儿了？我看看伤得厉害不厉害。你是不是很难过？为什么啊？当时谁在场呢？你准备怎么办呢？"好父母首先得让孩子把受到的委屈说出来，从容地、放心地说出来。只要把问题说出来，这就解决了一半。然后父亲可以说："爸爸也经历过，给你出几个主意，你看看行不行，你先试试。如果还不行，明天爸爸再帮你出主意，这个问题一定能解决。"这样，孩子就觉得父母是比较可靠的，是可以商量的，这才是良好的关系。

三是善于倾听。许多明智的父母就是善于倾听（即使是自己不感兴趣的话，也要耐着性子听），让孩子十分乐意与你交谈，使沟通变得容易。父母如果确实在交谈时有许多工作要做，千万不要装着在听，最好说出来，如："我希望有时间听完你说的话，但是如果现在不走的话，我就会失约了。等我回来，我再和你长谈。"如果以这种方式表示理解孩子的感情，就会使孩子有机会和父母倾诉自己的内心想法。另外，倾听的过程中还要发现孩子谈话中的闪光点。发现孩子第一次正确运用成语，要给予赞赏，第一次引用了一首古诗，要表示受到感动等。这样，孩子不但愿意经常和父母沟通，而且还会自动提高沟通的质量。

四是经常和孩子沟通。有的父母一高兴，就整天和孩子泡在一起；工作忙了，就很长时间不理孩子。这种冷热病，不利于和孩子建立牢固的联系。应该建立一种规则，如坚持定期开家庭民主会，每到星期六、星期日，洗干净全家的衣服，打扫好屋子，然后全家人坐下来，倾心交谈。

孙云晓
生活感悟

1. 用恰当的文字与孩子沟通或许有神奇的效果。罗叶红妈妈创造了"便条留言"的沟通方法，她不仅偶尔会把便条与巧克力放在一起，有时候还用方格纸留言，为孩子做书写工整的示范。在一次家教分享会上，她说，良好的亲子沟通会让家庭更亲密。心与心相通，才是一个家庭最美好的模样。

2. 疫情"带火"了在线教育，却也带来诸多挑战。父母看孩子整天在网上，岂能不担心？由浙江省妇联主办的《家庭教育》杂志2020年3月发表了我与卢宇合写的长篇文章《网络时代我们怎样做父母》，对网络时代亲子沟通难题做出分析和建议。其实，父母也可能沉迷手机和电脑，而如何为孩子做榜样的问题难以回避。需要改变观念才能走出困境。网络时代未成年人保护的首要原则是赋权与赋能，而不是将网络妖魔化。

3. 避免沉迷网络的根本对策是做网络的主人。网络是一个工具，绝不是我们的全部，我们不能成为网络的奴隶。网络时代是以孩子为师的时代。虽然上网有风险，但是上网是当代青少年走向世界、走向未来的必由之路，也是走向成功的必由之路。文明兴，网络兴，文明亡，网络亡。

4. 如何面对孩子的叛逆呢？许多父母想用高压的方法把孩子的叛逆压下去，这未必是明智的做法。实际上，孩子的叛逆常常反映了成长的需求，甚至有一些珍贵的品质在生长。因此，采取倾听的方法，让孩子讲清楚自己的想法，然后客观地分析引导，才是有利于孩子发展的方法。

第四节　提升教育素养是强大父母的成长之路

一般来说，代际关系能否融洽，关键是成人是否民主，是否支持和尊重孩子的合理意见，是否鼓励孩子参加对事务的决策。事实上，今天的孩子不但有很强的参与能力，在信息等方面还具有许多优势。21世纪最好的代际关系是两代人相互学习、共同成长，这也是构建和谐的代际关系的主要目标。

一、飞出笼子的小鸟

在构建和谐的代际关系方面，王怡（化名）同学的尝试令人赞叹。

王怡曾经是上海闵行区上宝中学的学生，当她在闵行区汽轮小学读书的时候，因为负担重，与妈妈发生许多矛盾。她是个小忙人，例如某个星期天，她要上钢琴课，参加红领巾理事会会议、鼓号队演出和儿童剧比赛，还要上英语课。除学校布置的作业之外，父母还给她加一些作业。结果，王怡说她就像一只被关在笼子里的小鸟，失去了飞翔的自由空间。

与有些同学的抱怨或厌学态度不同，王怡先是反思自己做事拖拉的毛病，并在"雏鹰争章"活动中立下自己的"破笼章"争章目标：1.更加珍惜时间，养成争分夺秒、今日事今日做的好习惯；2.以较少的时间学更多的知识，用省出来的时间做更多自己喜欢做的事。

为了尽快冲破"鸟笼"，王怡还热情主动地与妈妈商议，母女俩制订了一份"加一减一、减一奖一"的作业量平衡计划书。所谓"加一减一"，就是每逢孩子学会一个本领、获取一点知识、感悟一个道理、取得一项荣誉等，都可以减去一个小时的家庭作业时间；所谓"减一奖一"，就是每减去一小时的作业时间，父母再奖励孩子一小时属于自己的时间。

王怡的自主精神感动了妈妈，妈妈与女儿一起制订了"放飞章"。争章目标是：1. 做孩子的生活导师，认真解答孩子的生理及心理成长问题，促进身心健康；2. 倾听孩子的呼声，理解孩子，平等相处，互相交流，减压增乐，提高孩子的学习能力；3. 与孩子一起学习，互相探讨，互相监督，共同进步。考章办法是：1. 在孩子获得一项能力的同时，自设的家庭作业可以减少或全免；2. 双休日的课外学习任务完成出色，可获双倍自由时间。"破笼章"与"放飞章"的实践效果如何呢？一个月下来，王怡的家庭作业完成情况全是良好，助人为乐和锻炼能力的事做了许多，奖励自由活动时间19个小时。在这些可以完全自由支配的时间里，王怡看课外书、与同学出去玩、玩电脑游戏、与爸爸下棋、与妈妈唱歌等等。可以看到，充满自主性、富有趣味性和可操作性的争章实践，使王怡成为了学习和生活的主人。后来，她被评选为"勇于填平家庭代沟"的上海市"十佳"少先队员。王怡开心地说："现在，我求知的范围更广了，学习的内容更深了，玩的时间反而更多了。"

  王怡的经历说明，父母要学会理解和尊重孩子的创造精神，孩子内心的自觉和行为的自主远胜于父母长期的唠叨。家庭中签订亲子协议，其意义在于它是一种相互制约、共同提高的手段。亲子协议不是单方面的要求，对孩子和父母都有相应的要求与规定，这样的协议使双方相互信任、相互督促。

  亲子之间签订的协议是一种教育方法或手段意义上的"君子协议"，即使它并不像法律条文那样严格、正规，但对亲子都具有约束力，避免了口说无凭和随意更改，体现了亲子之间相互尊重和平等相处的良好关系。

  如何与孩子签订一份合理的亲子协议，我的建议是：

  第一，约定的内容要具体。每一个约定要客观、具体，不能太笼统。

  第二，确定协议的有效期。这能提醒父母和孩子，任何行为都必须坚持下去，不能出尔反尔，哪怕有困难，也要克服困难坚持。

  第三，规定惩戒方式。可能由于孩子年龄小，一时无法遵守协议，或者父母由于某些原因违反协议规定，这该如何处理呢？一个完整的协议必须有违反协议的惩戒措施，这对于违反者不仅有一个警示作用，而且会渐渐使家庭形成按规则办事的氛围，这能更好地促进家庭内部形成民主的相处模式。例如，有的亲子协议规定，孩子如果违约，一天不能看电视，父母如果违约，去爬12层楼梯，因为父母较胖，这也是孩子为父母着想的惩戒。这就是可行的惩戒措施。

第四，双方签字。让父母和孩子都感受到协议的严肃性，只要签下自己的名字，协议就开始生效，就开始对各自的言行具有约束力。

二、强大父母的成长之路

强国一代需要强大的父母，强大的父母强在教育素养。本书介绍了大量的成功案例，其中许多父母就是强大的父母，他们强就强在教育素养。那么，究竟什么是教育素养呢？

经过多年积累并与诸多专家学者反复探讨，我们终于总结出了五元家教法。毫无疑问，要提高孩子的素养，首先要提高父母的素养，父母的教育素养是教子成功的关键。一般来说，父母的教育素养包括教育观念、教育方式和教育能力三个方面，具体可以归纳为五个元素，即与时俱进的教育理念、科学的教育方法、健康的心理、良好的生活方式、平等和谐的家庭关系，将这五大元素融会贯通即为五元家教法。

与时俱进的教育观念是父母教育素养的核心，对家庭教育的目标、方向以及父母的教育行为起着制约和指导作用，也是影响家庭教育质量的决定因素。教育观念至少包括儿童观、亲子观、人才观、教子观四个方面。儿童观，即父母对儿童本身及其发展的认识，如孩子是人，是走向成熟的人，是终将独立的人，等等；亲子观，即父母对子女与自己关系的基本看法，如两代人相互学习、共同成长等；人才观，即父母对人才价值的理解，如选择最适合自己的路是成功之路，等等；教子观，即父母对自身、对子女发展的影响力和对本身能力的认识，如把培养健康人格视为家庭教育的核心，等等。

科学的教育方法是教育观念和教育行为的综合体现,并直接关系到孩子在家庭中所受教育的效果。最重要的教育方法至少有4点：1.教育孩子的前提是了解孩子,了解孩子的前提是尊重孩子；2.培养健康人格要从培养良好习惯做起；3.父母身教重于言教；4.让孩子在体验中和群体中长大。

健康的心理是指父母心理健康才会给孩子带来积极的影响。不论在什么情况下,父母在以身示范的前提下,引导孩子力求做到认识自己、悦纳自己、控制自己,而这正是心理健康的重要标准。这就要求父母有自知之明,由自知而自信而自强,不因成功得意忘形,也不因失败惊慌失措,始终保持乐观向上的稳定情绪,这将使孩子终生受益无穷。

良好的生活方式是保证孩子健康成长的基石。家庭教育的本质特点是生活教育,如陶行知所说,好的生活就是好的教育。一切都是从童年开始的。教育就是培养习惯。良好的生活方式才能养成良好的习惯,而良好的习惯才是真正的素质。在养成良好的生活方式方面,父母的榜样作用尤为重要。

平等和谐的家庭关系是家庭教育成功的必备条件。家庭的本质是家庭关系。没有平等,培养不出现代儿童；没有和谐,建设不成民主家庭。因此,父母不仅应尊重儿童的权利,还要善于发现孩子的独特个性,真诚地学习孩子身上的优点,使教育过程充满理智之爱。

简而言之,能够在孩子的心里培育出主动性和自制力两颗优良的种子,让孩子拥有健康的人格与良好的习惯,就是强大的父母。

孙云晓生活感悟

1. 家庭教育指导者主要有四大任务，即知识传授、咨询服务、课题研究、活动组织。父母教育孩子不是靠学历、地位和收入水平，而是靠优良的教育素养，即与时俱进的理念、科学的方法、健康的心理、良好的生活方式、平等和谐的家庭关系，可以总结为五元家教法。五元家教法当然不是唯一的方法，却是全面指导家庭教育的重要原则。

2. 生活水平提高了，许多父母却更加焦虑，似乎不把孩子送入名校就是人生的失败，这显然是一个误区。实际上，不论如何竞争，能进入名校的孩子都是少数，智商平平而超常努力的孩子进入高竞争备加坎坷。真正有智慧的父母是了解并尊重孩子的父母，引导孩子发现自己的潜能优势，走适合自己的道路。是大树就挺拔入云，是小草则自由舒展，两者各美其美，无须纠结。如某知名教授发现女儿数学能力弱而音乐能力强，就支持女儿成为一名中学音乐教师，开启了幸福人生之路。教育孩子与家长的价值观有关，而最理性也最理想的价值观是儿童友好，即儿童优先，儿童利益最大化。

3. 高水平的父母教育孩子的特点是收放自如，之所以"自如"，是因为尊重成长的规律，保持发展的平衡。何为平衡？一是主动性，二是自我控制力。有主动性就有自然、自由、自主的探索精神，有自我控制力就有扬善抑恶的道德原则，两者相辅相成，就是幸福人生。

附录

孙云晓个人著作目录

孙云晓教育作品集（新版）

1. 《教育的魅力在生活》　　　　　2023 年，江苏凤凰教育出版社
2. 《孩子需要理性爱》　　　　　　2023 年，江苏凤凰教育出版社
3. 《良好习惯缔造健康人格》　　　2023 年，江苏凤凰教育出版社
4. 《文化反哺呼唤共同成长》　　　2023 年，江苏凤凰教育出版社
5. 《梦想是成长的发动机》　　　　2023 年，江苏凤凰教育出版社

孙云晓教育作品集（旧版）

6. 《教育的核心是培养健康人格》　2007 年，江苏教育出版社
7. 《唤醒孩子心中沉睡的巨人》　　2007 年，江苏教育出版社
8. 《教育就是培养好习惯》　　　　2007 年，江苏教育出版社
9. 《捍卫童年》　　　　　　　　　2007 年，江苏教育出版社
10. 《教育从尊重开始》　　　　　　2007 年，江苏教育出版社
11. 《与孩子一起成长》　　　　　　2007 年，江苏教育出版社

孙云晓教育研究前沿书系

12. 《习惯养成有方法》　　　　　　2016 年，浙江文艺出版社

13.《亲子关系——决定孩子一生幸福的密码》

2016年，浙江文艺出版社

14.《发现童年的秘密》　　　　2016年，浙江文艺出版社

15.《成功智力——比智商更重要的潜能》

2016年，浙江文艺出版社

16.《五元家教法——好父母的必修课》

2016年，浙江文艺出版社

17.《孩子，你有无限可能》　　2017年，浙江文艺出版社

孙云晓家庭教育精品课系列

18.《好习惯》　　　　　　　　2021年，浙江文艺出版社

19.《学习力》　　　　　　　　2021年，浙江文艺出版社

20.《亲子关系》　　　　　　　2021年，浙江文艺出版社

儿童教育专辑

21.《习惯决定孩子一生》　　　2013年，北京师范大学出版社

22.《用心教养——孙云晓与中外心理学名家的对话》

2014年，浙江人民出版社

23.《好方法教出好孩子——孙云晓家庭教育16讲》

2010年，青岛出版社

24.《我的家怎么了》　　　　　2006年，长江文艺出版社

25.《懂方法的父母成就孩子一生》　2011年，长江文艺出版社

26.《孩子，别慌》　　　　　　2012年，中国少年儿童出版社

27.《9个好习惯成就孩子一生》　2019年，湖南教育出版社

28.《有尊重才有教育》　　　　2012年，作家出版社

29.《有自由才有成长》　　　　2012年，作家出版社

孙云晓与你面对面丛书

30.《教育就是以爱育爱》　　　　2010 年，安徽教育出版社

31.《爱孩子要敢于说不》　　　　2010 年，安徽教育出版社

32.《美好习惯决定美丽人生》　　2010 年，安徽教育出版社

33.《每个孩子都可以成功》　　　2010 年，安徽教育出版社

博客书

34.《教育是人的解放——孙云晓教育随笔精粹》

　　　　　　　　　　　　　　　2009 年，安徽教育出版社

35.《让人幸福的教育——孙云晓教育随笔精粹》

　　　　　　　　　　　　　　　2010 年，安徽教育出版社

报告文学集

36.《少年巨人》　　　　　　　　1986 年，海燕出版社

37.《青春阶梯——孙云晓获奖报告文学选》

　　　　　　　　　　　　　　　1992 年，贵州人民出版社

　　　　　　　　　　　　　　　2016 年，长江少年儿童出版社

38.《唤醒巨人》（获 2004 年中国图书奖）

　　　　　　　　　　　　　　　2003 年，安徽少年儿童出版社

39.《夏令营中的较量》　　　　　2008 年，新世纪出版社

40.《16 岁的思索》（获全国优秀儿童文学奖、百年百部中国儿童文学经典书系之一）

孙云晓教育文学丛书

41. 长篇儿童小说《金猴小队》　　2017 年，浙江文艺出版社

42. 长篇青春小说《握手在 16 岁》 2018 年，浙江文艺出版社

43. 长篇传记小说《少年探险家》　2019 年，浙江文艺出版社

44. 长篇传记小说《孩子，抬起头》2020 年，浙江文艺出版社

45. 长篇传记《解放孩子》　　　　2021 年，浙江文艺出版社

后记

到2023年,我从事儿童教育整整50年了,已经出版40多部个人专著,所以,写作和出书的速度明显放慢了许多,原因是对质量的要求越来越高,希望真正出一点有价值的作品。感谢江苏凤凰教育出版社编辑俞婷多次热情地与我联系,希望我的教育著作能够再版,并介绍了许多推广的计划。我一向对江苏凤凰教育出版社怀有感恩之心,因为早在2007年,该社即出版我的一套《孙云晓教育作品集》。如今,面对多年支持我的读者朋友,我怎么能只是将旧书再版呢?于是,我开始回顾近年来的新探索,有许多学术交流和思想激荡的珍贵成果,就像积存多年的山泉喷涌而出。我陆续写下一些前沿性思考的文章,加上一些重要的讲演,这些作品都曾经引起强烈的社会反响,其中有许多较有新意和分量的作品,我愿意与大家分享。所以,我决定把广大父母和教师及家庭教育工作者最关心、也最重要的内容集中起来,出一套新版的《孙云晓教育作品集》。

一本书,凝聚着众人的心血,可谓万人糕。感谢长期给予我支持以及与我合作的朱永新、陈会昌、李玫瑾、边玉芳、康丽颖、刘秀英、孙宏艳、李文道等著名学者;感谢洪明、陆士桢、卜卫三位著名的教授为我作序,他们独特而精到的分析极大地拓展了作品集的思想内涵;感谢首都师范大学教育学硕士卢宇老朋友，她协助我做了大量的书稿整理工作；感谢江苏凤凰教育出版社各位领导和刘煜、俞婷等编辑及有关工作人员的热情与严谨，因为有你们的辛勤劳动，最终才能将书送到读者手中。

我相信这五本书是有独特价值的。当然，还要特别感谢读者朋友的鼎力支持，只有读者有效的阅读和实践，才能最终实现本书的价值。对于作者来说，读者朋友的认可是最高的奖赏！

孙云晓
2023 年 10 月于北京云根斋

感谢您使用本书。您在使用本书时如有建议或发现质量问题，请联系我们。

【内容质量】电话：4008283622
【印装质量】电话：4008283610

图书在版编目（CIP）数据

孩子需要理性爱 / 孙云晓著 . —南京：江苏凤凰教育出版社，2023.12
（孙云晓教育作品集）
ISBN 978-7-5743-0807-7

Ⅰ.①孩… Ⅱ.①孙… Ⅲ.①儿童教育—家庭教育 Ⅳ.① G782

中国国家版本馆 CIP 数据核字（2023）第 256813 号

	孙云晓教育作品集
书　　名	孩子需要理性爱
作　　者	孙云晓
责任编辑	俞　婷
出版发行	江苏凤凰教育出版社（南京市湖南路1号A楼　邮编210009）
苏教网址	http：//www.1088.com.cn
照　　排	南京私书坊文化传播有限公司
印　　刷	南京顺和印刷有限责任公司（电话：025-83682876）
厂　　址	南京市江宁区麒麟街道天和路78号
开　　本	787毫米×1092毫米　1/16
印　　张	17.5
版　　次	2023年12月第1版 2023年12月第1次印刷
书　　号	ISBN 978-7-5743-0807-7
定　　价	58.00元
网店地址	http：//jsfhjycbs.tmall.com
公 众 号	苏教服务（微信号：jsfhjyfw）
邮购电话	025-85406265，025-85400774
盗版举报	025-83658579

苏教版图书若有印装错误可向承印厂调换
提供盗版线索者给予重奖